우리 경제의 새로운 가능성

문화관광에서
길을 찾다

우리 경제의 새로운 가능성

문화관광에서 길을 찾다

이광희 지음

산수야

우리 경제의 새로운 가능성

문화관광에서 길을 찾다

초판 인쇄   2019년 6월 25일
초판 발행   2019년 6월 30일

지은이   이광희
발행인   권윤삼
발행처   도서출판 산수야

등록번호   제1-1515호
주소   서울시 마포구 월드컵로 165-4
우편번호   03962
전화   02-332-9655
팩스   02-335-0674

ISBN 978-89-8097-456-6   03320

이 책을 만드는 데 도움을 주신 모든 분들께 감사드립니다.

이 도서의 국립중앙도서관 출판시도서목록(CIP)은
서지정보유통지원시스템 홈페이지(http://seoji.nl.go.kr)와
국가자료공동목록시스템(http://www.nl.go.kr/kolisnet)에서 이용하실 수 있습니다.
(CIP제어번호: CIP2019022072)

들어가는 말

미국이나 유럽 선진국들은 관광산업도 일류다. 우리보다 창의적이었고 도전적이었으며 빨랐다. 제2차 세계대전이 끝나자 디즈니랜드, 그랑모뜨(La Grande Motte), 유니버설 스튜디오, 빌바오 구겐하임, 나오시마 예술 섬 같은 명품 관광개발을 줄기차게 추진해 세계인들을 놀라게 했다. 창의적인 놀거리와 볼거리, 설거리 등 관광거리를 풍부하게 만들어 나갔다.

우리나라는 어떠한가? 과거 70년대 한창 경제개발을 추진하던 시절부터 관광발전을 위해 정부가 앞장섰다. 요즘 국내 관광거리의 대표급인 제주도 중문관광단지, 한국민속촌, 롯데월드, 에버랜드, 예술의 전당이 그때 다수 개발되었다. 그 후 2000년대 들어 수도권 문화관광단지, 제주국제자유도시, 태안 관광레저형 기업도시, 용산 국립박물관처럼 비교적 규모가 큰 사업들이 추진되었지만 아직 세계 일류급 관광시설들은 찾아볼 수 없다.

디즈니랜드 미키의 툰타운

프랑스 랑독루시옹의 그랑모뜨

유니버설 스튜디오 미국 LA

스페인 빌바오 구겐하임 미술관

일본 카가와현 다카마츠시 나오시마

제주 중문관광단지

경기도 용인 한국민속촌

21세기 들어 국민들의 소득이 늘어나고 일과 여가를 똑같이 중시하게 되면서 많은 사람들이 관광여행에 참여하게 되었다. 특히 1989년 여행 자유화 이후 국민들의 해외여행은 놀라운 속도로 급증하고 관광외화수지상 적자가 계속되고 있어, 우리나라 관광산업은 국가경제발전에 부담이 되고 있다. 선진국이 그랬던 것처럼 경제성장률이 낮아지고 취업난이 심화되는 시기를 극복하려면 관광산업의 역할이 무엇보다 중요하다. 정부와 민간이 적극 협력하여 세계 일류급 관광거리를 개발하고 국내 관광산업의 경쟁력을 획기적으로 강화시켜야 한다. 해외로 나가려는 국민들과 중국, 동남아, 일본 등 인접국 관광객들의 관심과 주목을 끌 명품 관광개발을 위해 정부가 선도적 역할을 전개해야 한다.

　요즘 전 세계 관광객들은 단순한 자연경관 감상이나 휴양 관광 이외에 지적 호기심을 충족시키고 자기계발에 도움이 되는 문화관광을 선호한다. 다행히 우리나라는 고유한 문화유산과 이야기, 한류처럼 문화관광을 발전시킬 자원이 풍부하다. 국내외 관광객들을 위한 볼거리, 놀거리, 할거리, 쉴거리, 팔거리, 먹거리를 문화자원으로 활용해 개발하고 문화와 관광을 창의적으로 융복합시킨 명품 개발 프로젝트들에 인재와 자본, 정보와 기술이 몰려들도록 조치하는 등 국내 관광산업을 국가전략 산업으로 발전시키려는 정책을 서둘러 추진하는 것이 필요하다.

　이러한 관점에서 몇몇 선진국에서 세계인들을 놀라게 하고 감동시킨 명품 관광 개발 사업이 추진된 배경과 개발 과정, 성공 요인을 살

롯데월드

에버랜드 별빛 동물원

서울 예술의 전당

서울 예술의 전당 내부

남한산성 수어장대

제주 중문관광단지

펴보고, 1990년대 이후 국내에서 시도된 명품형 관광개발 프로젝트
들의 내용을 되짚어 보았다. 문화와 관광을 고도로 연계시켜 성공한
지역들의 문화관광 개발 사례를 살펴보고, 세계문화유산으로 등재된
남한산성을 대상으로 문화유산관광에 대한 이야기와 세계 일류급 문

화유산관광의 명소로 남한산성이 자리매김될 수 있는 아이디어도 담았다. 그리고 우리나라의 특별한 섬 제주도를 국제관광 중추지역으로 발전시키기 위한 정부의 여러 가지 노력들과 제주도다운 국제자유도시개발을 성공시키기 위한 몇 가지 생각도 함께 제시했다.

1980년대부터 수십 년 간 관광과 문화 현장에서 경험하고 배웠던 것들을 기반으로 우리나라도 세계 일류급 관광거리들을 확보하고 관광산업이 국가발전을 촉진시키는 핵심 산업으로 발전할 방법을 정리하면서 우리가 보유한 각종 문화자산들을 지혜롭게 활용하여 세계인들이 환호할 문화관광 명소들이 조기에 개발되도록 관련 정책과 법제도 마련, 전략적 프로젝트 발굴 제안도 구상해 보았다.

문화관광을 통해 독특한 관광거리가 만들어지고 매력 있는 콘텐츠들이 다양하게 개발되어 우리나라 경제가 새롭게 도약할 지름길을 문화관광 분야에서 찾아내길 기대하는 마음으로, 부족한 글을 세상 밖으로 내보낸다.

차례

PART 1

세계가 놀란
유명 관광개발 사업

PART 1

오늘날 세계적으로 수많은 관광객들이 해외여행과 국내관광을 즐기고 있다. 세계관광기구(UN WTO, World Tourism Organization)가 발표한 자료에 의하면 2017년 한해에 국경을 넘어 해외여행에 참여한 사람들이 전 세계적으로 13억 명을 넘었다. 그보다 5년 전인 2012년에는 10억 명을 넘겼는데, 연평균 6% 이상씩 계속 늘어나고 있다. 그들이 해외로 가서 소비한 관광지출 규모가 어마어마하다. 2017년의 해외관광 지출액이 총 1조 3천억 달러가 넘었다. 이렇게 현대인들이 세계 여러 곳들을 여행하면서 먹고, 자고, 보고, 즐기며, 물건 사는 데 소비하는 금액이 막대하므로 세계 각처에서는 관광객을 더 많이 유치하려고 적극 노력하고 있다.

이런 세계적 노력과 경쟁에서 미국이나 프랑스, 스페인 등 구미 국가들이 선두를 달리고 있다. 그들은 관광산업에서도 선진국 자리를 계속 차지하고 있다. 물론 우리나라가 속한 아시아 – 태평양 지역도 상당한 노력과 실적을 올리고 있다. 특히 이웃나라 일본이 괄목할 성과를 내고 있어 많이 부럽다.

한편, 국내에서 관광을 즐기는 사람들은 해외여행에 비해 수십 배가 더 많은 실정이다. 여행비용이나 소요 시간이 덜 들기 때문에 국내 명소를 찾아가는 사람들이 훨씬 많다는 것은 충분히 이해가 된다. 우리나라도 작년 한 해 동안 연인원 약 4억 명이 국내관광을 즐겼던 것으로 발표되었다. 국민 1인당 연평균 7회 이상 국내관광에 나선 셈이다.

급격한 도시화와 산업화의 결과로 일상생활에서 스트레스를 많이 받고 있는 현대인들은 틈나는 대로 각종 운동오락이나 휴양위락 활동에 참여하려고 한다. 기회만 되면, 해외나 국내로 관광을 떠나 힐링하고 웰빙하려는 생각뿐만 아니라 일과 삶의 균형을 잡는 관광여가 생활을 지속하려는 욕구를 많이 가지고 있다.

이미 20세기 후반부터 오늘날까지 세계 여러 나라들은 국내외 관광객들의 욕구와 행태, 경제적 중요성 등에 주목하여 각종 놀이시설과 휴양시설, 축제 등 매력적 콘텐츠를 개발하는 데 경쟁적으로 노력해 오고 있다. 이런 과정에 이미 미국에서는 디즈니랜드라는 혁신적 놀이시설을 개발해 전 세계인들로부터 폭발적 인기를 지속적으로 끌어내고 있다. 프랑스에서는 버려진 해안지대를 세계적인 리조트벨트로 변모시켜 수많은 휴양 관광객들이 즐겨 방문하게 만드는 등 몇몇 선진국들에서는 다른 분야 못지않게 관광 분야에서 명품들을 만들어 톡톡히 효과를 거두고 있다. 우리나라도 50여 년 전부터 관광개발 사업에 여러 가지 노력을 해왔으나 아직까지 세계인들이 환호할 일류 명품을 만들어 내지는 못했다. 반면에 반도체 등 제조업 분야에서는 나름 큰 성공을 이룩했다. 이제는 우리도 선진국처럼 세계 일류급 관

15

광명소들을 확충하고, 관광서비스를 고급화시키는 등 질적으로 관광환경을 조성하여 국민소득 증대와 나라 발전에 획기적 전기를 마련해야만 할 때이다.

이런 관점에서 미국이나 프랑스, 일본 등 선진국에서 세계인들이 놀랄 만한 명품 관광개발 사업을 성공시키게 된 배경이나 과정, 방법 등을 이 책을 통해 살펴보고 앞으로 우리나라가 그런 사례를 능가할 명품 관광자원을 개발하는 데 타산지석으로 삼았으면 한다.

17

세계 최고 테마파크의 발명, 디즈니랜드

월트 디즈니라는 기업가가 1955년에 미국 캘리포니아 주 남서부에 위치한 애너하임에 개발해 세계를 놀라게 한 디즈니랜드는 세계 최고의 놀이시설이다. 그 이전까지 사람들이 경험해 보지 못했던, 주변에서 흔히 보았던 유원지나 공원과는 완전히 다른 놀이시설이었다. 새로운 테마파크 출현에 당시 미국인들이나 유럽 사람들은 열광했다. 애너하임이란 서부의 시골지역은 단박에 세계적 관광명소가 되었고 주말이면 디즈니랜드에 입장하려는 사람들이 텐트까지 치며 밤을 새워 기다리는 진풍경이 연출되기도 했다.

디즈니랜드는 20세기 인류가 발명한 최고 창조물 중 하나였다. 디즈니랜드를 체험하기 위해 몰려오는 관광객들로 인해 주변 지역이 급변하게 되고 예전에 없었던 새로운 직업들이 만들어지는 등 디즈니랜드는 지역발전과 연관 산업의 발전, 고용증가를 촉진시켰다. 디즈니랜드라는 세계 최고의 테마파크가 개발됨으로 인해, 오늘날 전 세계에 테마파크라는 관광놀이시설들이 여러 곳에 개발되고 박물관 등 문화시설들과 야구장, 축구장, 골프장 등 운동시설들을 능가하는 최고의 관광위락시설로 자리 잡게 만들었다. 마치 21세기 초 애플의 스티브 잡스가 스마트폰을 만들어 세계인을 열광시키고 새로운 경제 분야를 개척해 낸 것과 같은 엄청난 효과를 가져왔다.

디즈니랜드가 개장하던 1955년 당시 우리나라는 6.25전쟁이 끝나고 얼마 되지 않은 폐허 속에서 국민들이 먹고사는 기본적 문제 해결에 노심초사하던 시절이었다. 그런 시기에 미국에서는 디즈니랜드라는 독창적 관광시설을 발명해 냈고 오늘날까지 세계인들이 꼭 가 봐야 할 필수 관광목적지가 되도록 했다. 제조업 등 다른 분야에서와 같이 관광산업 분야에서도 디즈니랜드라는 새로운 놀이시설을 개발한 미국은 세계적 관광 강대국 자리를 이어가고 있다.

관광개발 분야에 오래 종사한 나로서는 1955년이라는 까마득한 시절에 세계 최고의 관광위락시설인 디즈니랜드가 미국에서 탄생될 수 있었던 배경이 궁금했다. 우리나라가 관광으로 크게 발전하길 바라는 마음을 늘 가지고 있었고, 디즈니랜드가 미국사회에 가져다준 경제적 효과 등이 대단했기 때문에 그랬다.

세상을 놀라게 하고, 세계인을 즐겁게 한 디즈니랜드가 탄생한 제 1의 이유는 월트 디즈니라는 독창성을 지닌 천재 사업가가 그 시기에 미국에 존재했었다는 점이다. 월트 디즈니는 어린아이들과 부모, 어른들이 모두 함께 즐길 수 있는 혁신적 놀이시설을 만들어 보려는 생각을 갖고, 불철주야 노력해서 그런 관광위락시설을 새롭게 발명

월트 디즈니와 미키 마우스 등   디즈니랜드 메인 스트리트 야경 모습

했던 것이다. 월트 디즈니는 그때까지 주변에서 흔히 접하던 유원지나 공원과는 달리 아이들과 부모들이 함께 즐길 수 있는 놀이시설을 바랐으나, 적당한 시설이나 장소가 없다는 것을 알고 나서, 자기가 직접 만들어 보자는 생각을 했다. 단순히 돈을 많이 벌어서 부자가 되려는 생각만으로 놀이시설 개발을 추진한 것이 아니었다. 놀이시설과 전용 공간을 새롭게 개발해서 사람들이 더 행복해지고, 가족들을 더 사랑하며 인생을 풍요롭게 하도록 기여해 보자는 뜻이었다. 창조가이고 천재인 월트 디즈니로 인해 현대인들이 흠모하는 디즈니랜드라는 세계 최고의 테마파크가 개발되게 되었고 세계 관광발전사에 큰 획을 긋는 명품 관광놀이시설 개발이 성공하게 된 것이다.

서구문화를 창의적으로 융합시킨 테마파크를 창조한 월트 디즈니는 아무리 생각해 봐도 대단한 천재다. 만화 영화를 최초로 만들어서 성공시킨 발명가이자 도전적인 젊은 사업가로 이미 유명했던 사람이지만 디즈니랜드라는 명품 놀이시설을 세계 최초, 최고 수준으로 개발해 내어 또 다른 자신의 능력을 세계에 알린 사람이다. 그는 어린 시절에 갖고 싶었지만 그럴 수 없었던 것들을 디즈니랜드라는 동심의 공간, 환상 세계에 모두 넣어 보려고 했다. 가난하고 어려웠던 어린 시절의 콤플렉스를 40세가 넘어 혁신적 놀이공간을 창조하려는 사업을 통해 탈피해 보려던 것이다. 그의 이런 도전적이고 혁신적인 생각들을 일정 공간에 구현시키기 위해서는 기존의 공원이나 유원지를 만들었던 '토목, 건축, 조경, 기계' 등의 전문가들과 과거 방식으로 노력해서는 도저히 할 수가 없었다. '권선징악, 꿈과 우주, 상상세계, 도전하려는 정신' 등 참다운 어른이 되는 데 필요한 교육적 의미가 내포된 놀이시설을 제대로 개발하려면 소설가, 만화가, 미술가, 음악가, 영화감독 등 문화적 창의력과 추진력을 가진 전문가들의 참여와 협력이 필요했다. 그래서 창조적 인재들, 아티스트들과 기존의 놀이시설 개발 기술자들이 상호 긴밀히 협력토록 했다. 신데렐라 성과 같은 디즈니랜드를 상징하는 환상적 건축물이나 구조물, 놀이시설, 각종 쇼와 이벤트 등은 월트 디즈니에 의해 과거와 다른 새로운 작업 방식의 결과로 탄생된 것이다.

디즈니랜드 입구부터 펼쳐지는 '미키의 툰타운, 프런티어랜드, 크리터 컨트리, 뉴올리언스 스퀘어, 어드벤처랜드, 판타지랜드, 투모로우랜드, 메인 스트리트 USA' 등 여러 테마공간들에 배치되어 있는 각종 건축물들과 놀이시설, 상징물, 거리구조물, 조경시설 등은 수많은 창조적 인재들의 노력과 끈질긴 협업의 결과로 만들어졌다.

디즈니랜드가 탄생한 두 번째 원인으로는 당시 작은 기업이었던

디즈니랜드 툰타운

디즈니랜드 뉴올리언즈 스퀘어

디즈니랜드 세일링 쉽 콜럼비아

디즈니사와 월트 디즈니라는 젊은 사업가가 제출한 사업계획서를 믿어주고, 자금을 지원해 준 그 당시 미국 금융사들과 관련 제도들이 디즈니랜드 탄생과 성공의 주요인이었다. 당시 디즈니사는 자본 여력이 충분치 않았으나 미국 사회가 민간기업가들에 대해 갖고 있던 긍정적 생각과 자세, 신용대출 등 금융정책과 관련 법제도는 젊은 사업가의 도전적 사업계획이 궁극적으로 실현되게 했다. 과거에 전례가 없고 성공 여부를 담보할 방법도 별로 없던 관광놀이시설을 개발하려는 사업 제안에 금융기관이 동의하고 자금을 밀어주기는 쉽지 않았을 텐데도 결국 긍정적 조치를 해 주었기 때문이다. 이런 두 가지 요인으로 디즈니랜드라는 새로운 놀이시설이 탄생할 수 있었다. 이미 수십 년이 지났지만, 우리나라의 경우 이런 사업제안에 대한 금융기관의 긍정적 결정과 자금 지원은 아직도 어렵다. 특히 관광개발 분야에서는 더욱 그러하다. 우리나라 관광산업의 획기적 발전을 위해서는, 디즈니랜드처럼 혁신적 사업계획을 제안하는 창조적 인재나 중소기업들에 대한 금융관련 기존 지원정책이나 제도가 수요자 입장을 중시해 주는 긍정적 방향으로 개선될 필요가 있다고 생각한다.

디즈니랜드의 발전과 세계경영

디즈니랜드로 급격히 발전한 애너하임의 땅값은 폭등했다. 그 결과 그런 변화를 가져다준 당사자인 디즈니사조차도 땅값이 비싸서 추가 개발부지 확보를 포기하게 될 정도였다. 예나 지금이나 부동산이 문제인 것 같다. 그야말로 '재주는 곰이 부리고 돈은 되놈이 번다'는 우스갯소리 같은 상황이 벌어졌던 것이다. 결국 디즈니사는 EPCOT센터 등 각종 관광위락시설을 추가 개발하는 데 필요한 토지를 애너하임이 아닌 다른 지역에서 찾게 되었고, 미 동부 플로리다 주지사와 올랜도 시장 등의 통 큰 기업유치 제안과 동부지역 사람들의 열망에 부응하여 늪지 투성이의 소규모 도시 올랜도 지역으로 진출하게 되었다. 자그마치 3,400만 평(여의도의 약 38배 규모)에 달하는 거대한 부지를 저렴하게 확보하게 된 디즈니사는 미래를 향해 날개를 활짝 펼쳐나갈 수 있게 된다.

1971년 제2의 디즈니랜드인 매직 킹덤이 오픈되고 연달아 넓은 부지를 활용하여 에프콧(EPCOT)센터 등 주요 놀이시설들이 출현하면서 올랜도 지역은 미국에서 제일 잘사는 도시 중 하나로 발전했다. 디즈니사도 발전하였지만 올랜도가 더 많이 발전하였으므로, 역시 미 서부 애너하임에서 나타났던 사례처럼 '재주는 곰이 부리고 돈은 되놈이 버는 효과'가 재현되었다.

널리 알려진 대로, 현재 세계 여러 곳에는 디즈니랜드가 진출해 성업 중이다. 디즈니그룹의 세계 경영전략에 따른 것이다. 1955년도에 최초로 미국 캘리포니아 주 남서부에 위치한 애너하임에서 디즈니랜드가 탄생한 이후 1971년도에 올랜도에 매직 킹덤이라는 이름으로 두 번째 디즈니랜드가 개장되었다. 해외판 디즈니랜드 시설 중 최초는 1983년에 일본 도쿄 인근 해변 매립지에 도쿄디즈니랜드가 개장되었다. 그 후 계속해서 대도시에 디즈니랜드를 진출시키고 있다. 프랑스 파리 인근의 유로디즈니랜드, 중국의 홍콩과 상하이의 디즈니랜드, 도쿄디즈니랜드 바로 옆의 디즈니씨 등이 그것들이다. 디즈니랜드라는 테마파크는 개장하는 도시마다 수많은 관광객들이 방문하는 엄청난 집객력을 보이고 있다.

디즈니그룹은 1955년 최초의 디즈니랜드 개발 이후 지금까지 계속 새로운 관광위락시설들을 개발하고 있다. 올랜도 디즈니월드에는 EPCOT센터, 디즈니/할리우드 스튜디오 같은 디즈니랜드와는 주제

디즈니랜드 파리

디즈니랜드 캘리포니아

디즈니랜드 도쿄

디즈니랜드 홍콩

가 다른 놀이시설들을 추가로 개발해 운영한다. 2017년 기준으로 디즈니그룹이 개발한 각종 놀이시설들을 방문한 관광객 총수가 1억 5천만 명을 넘겼다. 세계 최고의 관광위락시설 그룹임을 전 세계에 과시하고 있다. 그럼에도 불구하고 디즈니그룹은 미국의 전통문화와 역사, 민속을 주제로 하는 테마파크라든지, 바다사나이 마도로스들을 주제로 하는 관광위락시설 등을 계속 신규로 연구, 개발하여 인류가 존재하는 한 계속 요구될 새로운 놀이형태에 맞출 관광시설들을 공급하려고 애쓰고 있다. 그들의 사업목표는 인류가 존속하는 한, 인간을 위한 재미있고 가치 있는 놀이시설들을 개발하여 사람들에게

꿈과 즐거움을 계속 제공해 주는 기업이 되겠다는 것이다. 매우 원대하고 심오한 비전을 가진 존경할 만한 기업이다.

디즈니그룹은 세계인들을 상대로 영화사업과 테마파크 운영사업, 상품 판매사업이 고도로 연동되는 방식의 세계경영을 지속하고 있다. 예전부터 '백설공주와 일곱 난쟁이, 신데렐라, 미녀와 야수, 알라딘' 등 수많은 명작 애니메이션을 만들어 세계적으로 히트시킨 후 디즈니랜드를 방문하면 유명한 캐릭터들을 만날 수 있게 다양한 프로그램을 제공한다. 애니메이션 캐릭터는 상품으로 재탄생하여 디즈니스토어에서 판매된다. 영화부터 테마파크와 쇼핑까지 일관되게 제공되는 디즈니 그룹의 OSMU(One Source Multi Use)식 경영방식은 장점이 많다.

아직까지 우리나라에는 디즈니사가 만든 관광위락시설이 하나도 없다. 이웃나라 일본에는 도쿄디즈니랜드와 디즈니씨 등 2개가 있고, 중국에도 홍콩과 상하이에 디즈니랜드가 개발되어 있다. 우리나라 관광산업이 국제적 경쟁력을 갖고 발전해 나가려면 지금부터라도 문화관광 분야의 세계 최고인 디즈니그룹과 새롭게 협력할 필요가 있다. 그들의 창조력과 추진력, 마케팅 능력 등을 활용해 우리나라에도 세계적 수준의 볼거리와 놀거리 등 관광거리를 확보할 필요가 크다. 그렇게 되면 우리나라 관광의 국제적 경쟁력이 일거에 세계 일류급으로 격상될 수 있을 것이다.

이와 관련하여, 세계 유일의 분단 현장으로써 우수한 자연생태계를 보유하고 있는 비무장지대(DMZ)에 가능하다면 "세계 평화와 인류의 밝은 미래"라는 주제를 표현하는 테마파크를 디즈니그룹과 협력해 개발하는 것이 효과적이라고 생각한다. 만약 그러한 테마파크(가칭 '디즈니피스랜드')가 DMZ에 개발된다면, 인류가 공존·공영하며 행복하게 살아가는 21세기 지구촌의 모습과 관련된 독창적 볼거리, 놀거리 등이 풍부한 디즈니 스타일의 새로운 테마파크가 우리나라에 최초로 개장하게 되므로, 세계인들의 관심을 끌어 관광객들이 다수 몰려오게 될 것이다. 그로 인해 임진각 등 주변 지역 연계관광이 촉진되며 수도권 북부지역의 개발이 활성화되는 등 부수적 효과가 많이 발생되고 우리나라는 국제적 관광경쟁력을 빠르게 높여갈 수 있다.

만약 DMZ 지역이 여러 가지 사정으로 디즈니 스타일의 테마파크를 개발하기에 부적절하다면 새만금 등 다른 지역을 대상으로 추진해 나가도록 국가전략과제 차원에서 정부가 디즈니그룹과 긴밀히 협력할 필요가 있다고 생각한다.

해안 불모지를 세계적 리조트로 바꾼
프랑스 랑독루시옹 지방

관광서비스산업이 발전하려면 무엇보다 국내외로부터 끊임없이 관광객들을 끌어들일 수 있는 집객력이 강한 관광자원과 관광시설들이 있어야 한다. 산, 바다, 들, 폭포, 섬, 기후 등 자연환경과 경관요소들 그리고 도시나 문화시설, 역사유적 등 각종 관광자원을 보유하고 있으면서 숙박시설과 놀이시설, 운동오락시설 등 관광시설들이 매력 있고 수준 높게 마련되어야 한다.

세계 각국은 고부가가치를 창출하는 관광산업을 발전시키기 위해서 20세기 후반부터 각종 관광개발을 계획적으로 추진하고 있다. 우리 정부도 1970년대부터 관광외화획득 등을 위한 정책차원의 관광단지개발 제도를 고안해 제주도 서귀포 중문에 제1호 관광단지를 개발하는 등 나름 노력해 오고 있다.

대체적으로, 연휴나 휴가 등을 이용해 장기 관광을 즐기려는 휴양관광객을 유치하는 데 필수 시설로는 자연공원이나 테마파크 이외에 리조트라 불리는 장기 체류가 가능한 휴양시설이 중요하다. 국토의 대부분이 산악지대이고 삼면이 해안지역인 우리나라는 산악이나 해안가에 리조트를 조성할 여건이 좋은 편이다. 기후조건이 온화하고 주변 환경이 아름다운 남해안 지역이 특히 그렇다.

그런데 아직 우리나라는 세계적으로 평가받는 해양 리조트들이 별로 없다. 동서남 해안의 아름다운 해변과 3천 개가 넘는 섬들을 보유한 나라지만 국내외 휴양객들이 장기 체류할 월드클래스의 해양 리조트가 없어서 아쉽다. 우리나라의 자연환경을 제대로 활용하면 세계적 해양 리조트로 발전할 가능 지역들이 꽤 많기 때문이다.

해양 리조트 개발 측면에서 우리나라가 배울 만한 세계적 성공사례가 남부 프랑스에 있다. 바로 랑독루시옹 지역의 7개 리조트들이 그것이다. 바캉스란 말을 처음 탄생시킨 프랑스인들의 장기간 휴양지에서 생활하는 여행패턴에 잘 부응하는 세계적 리조트들이다. 버려져 있던 해안 불모지를 오늘날 세계 3대 리조트벨트의 하나로 탈바꿈시켜 세계인들을 놀라게 한 관광개발 사례로써 프랑스인의 저력, 끈기를 엿볼 수 있다.

나는 1990년에 프랑스 랑독루시옹 지역을 직접 방문하여 그들이 성공시킨 세계적 리조트개발사업의 배경 등에 대해 파악할 수 있었다. 약 180킬로미터에 걸쳐서 방치되어 있던 해안변 지역들, 왕모기가 많아 악명이 자자하던 해안 낙후지역들이 어떻게 프랑스인이나 유럽인들이 즐겨 찾는 세계적 리조트 벨트로 탈바꿈하는데 성공했는가에 대해 집중 검토했다. 파리에서 900㎞ 떨어진 남부 몽펠리에서로 지방 항공편을 이용하여 이동해 간 후 거기서부터는 차량을 이용해 그랑모뜨라는 새롭게 관광전문도시로 개발된 곳 등을 직접 찾아가 보았다. 우리나라도 따라하고 싶은 매우 부러운 성공사례였기 때문이었다.

남부 프랑스 랑독루시옹 지역이 해안선을 따라 7개 거점관광휴양지를 개발한 사유는 다음과 같다.

1960년대에도 프랑스인들은 해마다 '바캉스' 철만 되면 프랑스의 이웃나라인 스페인, 포르투갈 등 지중해 연안으로 물밀 듯 여행을 떠나가 귀중한 외화를 소비했다. 그런 프랑스인들의 휴양 관광행태를 속수무책 바라만 볼 수 없다고 생각한 당시 샤를르 드골 대통령이 1960년에 대통령으로 취임하자, 이를 극복하려는 정치적 결단을 내렸다. 어떤 방법으로라도 프랑스 영토 내에서 바캉스족을 가급적 많이 수용하도록 하자는 드골 대통령의 결단으로 그때까지 버려져 있던 남부 프랑스 해안의 불모지였던 '랑독루시옹' 지역이 대규모 리조트로 개발되는 사업이 국가전략과제로 추진되었다.

프랑스 정부는 대통령 직속으로 특별 사업단이라는 별동 부대를 설치하고, 이들이 주체가 되어 버려진 해안을 세계적 규모의 정주 가능한 관광휴양지로 개발하려는 '랑독루시옹' 관광개발계획을 수립했다. 이런 구상이 수립되던 1960년대 초기에는 '과연 우리가 실현할 수 있을까?' 라는 의구심도 많았다고 한다. 그러나 설사 불가능하더라도 도전해 보겠다는 대통령의 결단과 도전정신에 충만한 특별행정조직에 의하여 랑독루시옹 관광개발계획은 야심차게 추진되었다.

그로부터 20여 년이 넘도록 프랑스 정부가 초지일관하여 개발했던 랑독루시옹 리조트 벨트 조성사업은 프랑스 국민들에게 수준 높은 휴양지 생활을 영위할 기회를 제공해 주는 동시에 외국 관광객들을 유치해 관광외화 수입을 증대시키며 낙후된 지역사회들이 빠르게 발전하게 하고 양질의 일자리를 창출시키는 등 다양한 기대 효과를 가져온 꿈같은 사업이었다. 프랑스인들의 아이디어와 노력으로 버려진 해안 땅들이 매력적인 휴양지들로 변하게 되었고 결과적으로 큰 성공을 이룩했다. 프랑스가 보여준 해안 불모지를 활용한 휴양단지 개발방식은 세계 각처에 유사한 개발을 부추기는 계기가 되었다. 수많은 낙후 지역들을 관광객 유치를 위한 멋진 관광휴양지로 변모시키는 관광개발 프로젝트들이 여러 나라에서 추진되었다.

아래에서는 프랑스가 저력과 끈기로 밀어붙여 세계인을 놀라게 한 랑독루시옹 지역의 해안리조트 개발 사업에 대해 자세히 살펴본다.

랑독루시옹 프로젝트의 주요 내용

랑독루시옹 내 그랑모뜨 휴양도시 전경

- 1962년부터 시작된 제4차 프랑스 국가계획 수립은 본격적으로 새로운 프랑스 건설을 지향하는 경제 사회 발전기의 정책 전개를 골자로 하고 있었다. 특히 그 기간의 프랑스 미래를 상징하는 국가 프로젝트가 바로 랑독루시옹 연안지역 관광개발 사업이었다. 1963년에 본격 시작된 '랑독루시옹' 연안 개발 계획은 20년 동안 180km에 걸친 남부 프랑스 해안선을 모든 사람들을 위한 '내셔널리조트' 지구로 변화시켰고, 불과 20년 동안에 프랑스에서 가장 가난했던 랑독루시옹 지역을 전국 3위의 지역경제권으로 발돋움하게 만들었다.

- 남부 프랑스에 위치한 '몽펠리에'에서 스페인 국경에 이르는 180km의 해안선, 폭 20km 지구에는 7개의 '리조트' 기지와 자연보호 구역이 조성되었다. 농업 경작마저도 불가능했던 불모의 소택지에 EU 11개 국가의 주민들을 매료시키는 '바캉스' 기지가 건설된 것이었고 3만3천 명이 넘는 고용을 창출했다. 그뿐만이 아니라 인구 20만 명 내외의 배후도시인 몽펠리에에 5만 명을 수용하는 대학이 마련되고 6개의 국립연구기관이 집중되면서 몽펠리에에는 세계의 '하이테크' 산업을 유치하는 허브도시로 변화되어 "태양의 도시 랑독루시옹, 신국제 과학기술 도시"라는 세계적 평가를 받게 되었다. 국제공항 3개, 지방 공항 4개와 편리한 연계 도로망 등 공공인프라가 잘 구축되어 고속수송 네트워크 시스템이 마련된 것도 랑독루시옹 지역의 발전이 지속되게 하는 든든한 버팀목이다.

특별 행정조직의 탄생과 활약

이런 국가적 전략사업을 처음부터 구상하고 계속 전담해 나간 조직은 '랑독루시옹 해안관광개발본부'로서 당시 기존 프랑스 정부조직과는 다른 특별 행정조직이었다. 이 프로젝트 조직은 피에르 라신느 본부장 이하 건축가 7인을 포함한 총 17명으로 구성된 비교적 작은 규모였다.

피에르 라신느가 개발본부의 최고책임자로서 개발에 관한 전권을 위임받았으며, 각 장관부에서 1명씩 파견함으로써 독립적 운영이 가능했다.

프랑스의 지방 분권법에 따라 1982년에 설립된 새로운 조직에 업무가 인계되기까지 20여 년간 주요 멤버는 거의 바뀌지 않았다. 이 적은 직원들로 수많은 계획 수립과 개발사업 결정 등을 추진하였는데 이런 경우는 프랑스 행정 역사에서 이례적인 경우였다고 한다.

해안관광개발본부의 역할 및 권한

- 개발계획의 책임자로서 계획에 참여하는 모든 정부 부처, 지자체, 기업 등에 대하여 업무협조 및 조정을 담당함으로써 주도적인 역할을 수행함
- 수상의 직속기관으로써 각 부처의 위계질서 밖에서 존재하므로 완전한 위임권을 행사함
- 해안관광개발에 관한 한 원칙적인 문제와 정책적인 문제를 독자적으로 결정함
- 개발본부에서 결정된 사항은 어떤 부처의 장관도 수정할 수 없음

1963년에 23백만 프랑의 예산으로 시작한 이 '프로젝트 조직'의 예산은 1986년까지 23년간에 약 30억 프랑에 이르렀다. 이 예산이 5개 지방자치단체의 4개 지방 공기업 등이 추진한 약 1,000억 프랑 규모의 개발 투자와 1,000억 프랑 규모의 민간투자를 유도했다. 마중물 투자치곤 그리 크지 않은 규모였다. 그로 인하여 '랑독루시옹' 지역

이라는 5개 지방자치단체(당시 총 인구 190만 명에 불과한 지역)들은 불과 20년 만에 프랑스 전체 22개 지방자치단체 가운데 제3위의 경제권으로 급발전하게 되었다.

7개 '리조트' 기지 개발을 성공시킨 주요 방법들

1963년 '랑독루시옹 해안관광개발본부'는 황량한 '랑독루시옹' 연안의 25,000ha(약 7,500만 평)를 장기 개발지구로 지정했다. 그로부터 15년간 1㎡당 0.7프랑의 기준 가격으로 땅값을 동결하고 리조트 단지 개발에 필요한 부지 5,000ha(약 1,500만 평)를 32백만 프랑으로 우선 취득했다. 동시에 보전지구로 8개 지구 18,000ha(약 5,400만 평)를 별도로 지정하고 180km의 해안선은 약 2km 폭에 걸쳐 통째로 치솟는 땅값과 마구잡이 개발을 규제해 버렸다.

1967년에는 새로운 협의정비 구역을 지정하여, 왕모기 퇴치사업이 실제로 효과를 올리게 되고, 기반시설 정비사업을 마친 토지들이 계획적으로 처분되며 기본 계획에 따른 하드웨어 시설 건설들이 원활하게 이루어질 수 있도록 법령제도를 새롭게 마련했다. 7개 리조트 기지에는 7개의 리조트 라이프가 각기 개성 있게 제공되도록 개별적으로 도시계획이 강구되어 서로 경쟁적으로 추진하게 했다.

정부 내 프로젝트형 특별조직을 발족하고 유명 건축가 7인에게 건설 계획을 맡겨 5개 데파르트망, 7개 레저 개발지구를 모두 고속도로와 연결하고 마리나를 중심거점으로 한 17개 항구를 개발했다. 개발

황무지에서 프랑스 최고의 휴양지로 변신한 그랑모뜨

랑독루시옹 캡다쥬르 지구 뒷골목

초기에는 부정적이고 비판적인 시각도 적지 않았다. 하지만 30년 동안 일관된 범정부적인 지원으로 성공적인 사업을 이끌어 냈다. 주요 지역을 거점 개발하고, 관광지별로 특색 있는 설계를 도입하여 다양성을 확보했다는 점, 배후 관광지와 연계하여 머무르는 관광지로 육성, 지역 여건에 맞는 휴양지로 개발했다는 점, 관광 비수기 시 지역 경제 활동을 위한 정주정책을 추진하고 요트항 및 카지노 설치로 부대수입을 확보하는 등 지속적 경제활동을 유지했다는 점 등은 눈여겨보아야 할 부분이다.

 1980년에는 '그랑모뜨, 까마르그, 빨라 바스, 캡다쥬르, 그뤼쌍, 나르본, 세뜨' 등 7개 리조트 기지에 숙박 시설만 총 40여 만 실을 확보했고 가족용 휴양콘도시설들도 편리하게 사용할 수 있게 되었다. 아파트나 캠핑카 전용 캠핑장들도 정부가 보증한 별 하나에서 4개 디럭스급까지 다양하게 조성되었다. 동시에 최대한 싼 물가와 싼 숙박비용이 유지되도록 했다. 그 이유는 가격이 비싸면 방문객들은 저렴한 가격대의 이웃나라 스페인이나 포르투갈 휴양지로 떠나버릴 게 자명하기 때문이었다. 그에 따라 랑독루시옹 지역은 리조트 경영의 합리화, 경쟁력 제고를 위한 각종 연구, 기획활동을 활발히 전개하여 왔다.

이런 방식으로 세계인을 놀라게 한 랑독루시옹 연안지역의 휴양 관광지 개발은 프랑스가 바캉스 기간에 관광외화가 타국에서 무분별하게 낭비되는 것을 최소화시키는 데 성공하고 고질적인 해안 불모지였던 낙후지역도 획기적으로 개발시키는 일거양득 효과를 올릴 수 있게 했다.

이러한 성공을 가져오게 된 주요 요인을 살펴보면 다음과 같다.

- 20년 넘게 당초 계획을 초지일관 추진해 나간 정부 정책의 안정성
- 국제적 전문가 우대
- 최고책임자 등 초기 멤버 장기 고용
- 부동산 가격 동결
- 도로, 항구 등 공공인프라스트럭처 개발에 대한 정부지원 약속의 이행
- 랑독루시옹 지역을 관할하는 5개 지방자치단체의 협력 등

이런 성공 요소들은 프랑스가 선진국임을 확인시켜주는 동시에 우리나라에서도 배워야 할 점들이 많다고 본다. 내가 알기로는, 지난 정부 시절에 남해안 지역을 랑독루시옹 방식과 유사하게 개발해 보

려는 시도가 있었으나, 안타깝게도 제대로 추진되지 못했던 것 같다. 자세한 이유는 모르겠으나 프랑스 정부가 추진했던 것처럼 전문 인력이 적절히 활용되지 못했고, 그들이 안정적 근무환경 속에서 역량을 맘껏 펼치도록 관련 법제도가 제대로 마련되지 못했을 것이며, 도로, 항구 등 공공 인프라스트럭처 확충에 대한 정부 지원 약속이 잘 지켜지지 않았을 것으로 생각된다. 프랑스가 세계에 보여준 해안낙후지를 활용한 명품형 관광개발 프로젝트와 같은 사업들이 우리나라에도 국가전략 차원에서 집중적으로 추진될 수 있길 기대한다.

대규모 관광개발 사업의 성공적 추진을 위한 시사점

정부에 관한 시사점

- 사업추진 조직의 영속성과 독자성을 보장해줌으로써 외부의 간섭없이 장기적인 계획하에 일관되게 개발사업을 추진해야 함
- 관광개발 예정지역에 대한 토지투기 방지대책을 강구하여 저가의 토지를 용이하게 매입할 수 있도록 조치해야 함
- 낙후지역에 대한 도로나 철도, 공항, 항만 등의 인프라 건설은 개발초기부터 정부가 적극 지원해야만 함

지자체 및 지역 주민들에 관한 시사점

- 지자체가 대규모 관광시설 건설을 통한 지역경제 활성화 전략을 제시하고 지역 내 이해관계자 집단의 의견을 수렴하고

조정하는 역할을 적극적으로 수행해야 함
- 주민들이 관광개발 프로젝트 추진을 환영하는 우호적인 환경을 앞장서 조성해 나가야 함

기업에 관한 시사점
- 실현가능성이 높은 개발계획을 수립하고 추진하여야 하며, 관광 개발과정에서 물리적 시설 개발 이외에 콘텐츠 상품계획을 동시에 개발해야 하며 마케팅 활동을 수준 높게 추진하는 등 새로운 시장수요를 만들어 나가야 함
- 고용창출, 정주여건 조성 등 지역의 경제발전에 기여함으로써 기업 활동에 우호적인 환경을 적극 조성해 나가야 함

테마파크 유치로
크게 성공한 올랜도

　미국 플로리다 중부에 위치한 올랜도는 늪지대가 많은 평범한 소도시였다. 그러던 중 1970년대 디즈니랜드라는 세계적 테마파크가 이 지역으로 유치되면서 급속히 발전하기 시작했고, 연간 7천만 명이 넘는 관광객이 찾아오는 테마파크 도시가 되었다. 뿐만 아니라 관광산업의 발전과 함께 타 산업 분야도 동반 성장하여 지금은 미국 내 살고 싶은 도시 랭킹 5위에 들 정도로 사랑받는 도시가 되었다. 올랜도는 디즈니사가 개발한 각종 놀이시설들과 유니버설 스튜디오 테마파크 같은 세계 일류 관광위락시설의 유치로 불과 30여 년 만에 세계가 놀랄 만한 고속 성장을 달성한 관광도시로 변모했다.

　특히 제2의 디즈니랜드인 매직 킹덤을 포함한 EPCOT 센터 등 각종 디즈니사가 개발한 테마형 관광시설들이 올랜도에 끼친 긍정적 영향은 놀랍기만 하다. 디즈니사가 두 번째 디즈니랜드인 '매직 킹덤'을 올랜도 지역에 오픈하기 1년 전이었던 1970년의 올랜도 인구

미 플로리다주 올랜도

는 약 45만 명이었다. 그러나 30여 년이 지난 2008년에는 인구가 208만 명으로 4배 이상 늘었고, 2017년에는 올랜도 다운타운과 그 주변 일대를 포함한 인구가 약 250만 명을 넘어서게 되었다.

방문 관광객 수도 1970년도에 96만 명이었던 것이 2017년경에는 7천만 명이 넘었다. 이 수치는 전 세계 관광 역사를 통틀어 가장 높은 성장률을 보인 경우이다. 1970년에 1,050만 명 승객이 이용한 올랜도 공항은 국제공항으로 격상되었고 연간 4천만 명이 넘게 이용하고 있다.

디즈니그룹은 올랜도의 경제적 발전에 가장 큰 역할을 담당하고 있는데 매년 10억 달러 이상의 수입을 벌어들이고 4만 여 명에게 일자리를 제공하며 수십억 달러에 이르는 경제적 파급효과를 창출해 내고 있다. 디즈니 월드 내의 대표급 테마파크인 매직 킹덤, 애니멀 킹덤, 할리우드 스튜디오, 에프콧센터에만 연간 5천만 명 이상의 관광객이 방문하고 있다.

미국 캘리포니아 로스앤젤레스시의 할리우드가 영화의 나라인 것처럼 플로리다 올랜도는 테마파크의 나라가 되었는데, 라이벌격인 라스베이거스와는 달리 성공을 위해 무리하게 주사위를 던지는 카지노산업보다는 가족형 관광위락산업을 선택하여 도시를 대박나게 만든 사례이다. 올랜도는 1970년대부터 디즈니랜드 같은 세계 일류 테마파크들의 유치를 지역 개발을 위한 최고의 전략과제로 결정하고 디즈니그룹 같은 민간기업들을 적극 지원하고 유치하여 신데렐라 도시가 된 것이다.

이렇게 큰 성공이 가능했던 이유는 정부와 올랜도 지방 행정기관이 민간부문과의 협력을 탄탄히 할 수 있는 기반을 마련하여 30년이 넘도록 초지일관하여 일류 테마파크 개발을 유치하는 정책을 추진했기 때문이라고 본다. 올랜도에는 1970년대 이후 디즈니사의 테마파크들 외에 유니버설 스튜디오 같은 세계적 테마파크들이 연이어 유치되었다. 그 중 3,400만 평이라는 거대한 토지를 소유한 디즈니그룹은 매직 킹덤, 애니멀 킹덤, EPCOT센터, 디즈니 할리우드 스튜디오, 워터파크 2개, 포트리스 와일드니스, 다운타운 디즈니 등 8개 핵심 놀이시설들을 개발하여 모두 성공리에 가동하고 있는데, 디즈니그룹이 제공하는 관광위락시설들만 체험하는 데도 약 1주일을 체류해야 될 정도이다.

아래에서 올랜도 지역이 수십 년 간 어떤 과정을 거쳐 발전되어 왔는가를 간략히 살펴보자.

올랜도 지역 발전의 주요 연혁	
1965년	월트 디즈니는 올랜도 주변에 27,443에이커(약 3,400만 평) 규모의 땅을 비밀리에 매입하고, 디즈니월드라는 대규모 위락시설 개발계획을 발표
1971년	디즈니월드 내 The Magic Kingdom 개장
1973년	Sea World Florida 개장
1975년	올랜도 도심에 The Nightlife Complex, Church Street Station 개장
1977년	올랜도의 International Drive에 워터파크 개장
1982년	디즈니월드의 Epcot 센터 개장
1989년	디즈니월드의 MGM Studios Theme park 개장(Hollywood Studios로 명칭 변경)
1990년	Universal Studios Florida 개장
1996년	4,900에이커(약 600만 평)의 디즈니 타운인 Celebration City 개장
1997년	Disney village가 '다운타운 디즈니'로 확장
1998년	디즈니월드의 4번째 주제공원인 Disney's Animal Kingdom 개장

현재 올랜도 지역은 테마파크와 같은 관광위락시설들의 허브를 넘어서 문화와 미식, 컨벤션 관광의 허브 도시로서도 위상을 떨치고 있다. 도시 내에 레스토랑만 거의 4,500개에 육박할 만큼, 미국에서 가

장 활기 넘치는 미식 도시가 올랜도다. 그래서 수많은 유명 셰프들이 올랜도로 속속 모여들고 있다. 동시에 국제적 문화중심지로서의 면모도 착실히 갖춰가고 있는데, 미국 내 유명 복합문화 시설 중의 하나인 '닥터 필립스 공연예술센터'도 개발되어 있다. 물론 올랜도 미술관, 올랜도 과학센터 등 우수한 문화시설들도 운영되고 있다.

미국에서 두 번째로 큰 컨벤션 센터가 조성되어 있고, 미국 도시 가운데 호텔 객실 보유수가 두 번째로 많은 곳이기도 하다. 또한 스포츠 분야도 활발한 도시이다. 올랜도 매직팀은 올랜도를 연고지로 하는 프로 농구팀으로 유명하고, 메이저리그 야구팀인 애틀랜타 브레이브스는 해마다 디즈니월드에 스프링 캠프를 차리기도 한다.

오늘날 올랜도는 테마파크 관광 이외에 각종 비즈니스를 잘 영위할 수 있는 도시로도 인정받고 있다. 그곳은 취업하기가 용이하며 살기가 좋은 도시로서 문화도시, 스포츠 도시로서도 계속 발전하고 있다. 올랜도에는 세계적 수준의 고등교육기관들이 있고 거기에서 교육받은 양질의 젊은 노동력이 풍부한 편이다. 미국 전체 도시 중 인구증가율과 고용증가율, 경제성장률이 늘 상위를 차지하고 있다.

흥미롭게도 플로리다 주정부에는 소득세 제도가 없다. 그에 따라 개인들이 버는 소득에 대해 세금을 내지 않아도 된다. 생활비 또한 적정한 수준이어서 주민들의 생활수준(QOL)이 타 지역보다 우수하다. 그래서 인구가 계속 증가하게 되는 것이다. 1960년대 말 디즈니 그룹을 유치했던 당시 플로리다 주와 올랜도 지역의 정치적 리더들이 선견지명을 갖고 결단력을 발휘했던 것처럼 요즘도 중앙정부와 지방정부는 우수한 민간사업 프로젝트들이 제안되면 준비된 각종 인센티브 제도를 활용해 투자 유치나 기업 유치가 성공하도록 적극 지원하고 있다.

나는 1990년대 중반에 우리나라의 지역관광개발과 관련해서 올랜도를 견학하고 관계자들을 만나볼 기회가 있었다. 그런 기회를 통해 올랜도가 정말 매력적인 관광도시라는 걸 실감했고, 잠깐이라도 살아보고 싶다는 생각에 디즈니그룹이 개발하는 셀리브레이션 시티라는 뉴타운에 대해 관심을 갖기도 했었다. 하여튼 가족들이 관광을 즐기는 데는 최고 도시이고 창의적 관광시설 개발에 관한 아이디어들을 얻는 데도 유리하기 때문에 주변 사람들에게 미리 계획을 세우고 여행비용을 마련해 올랜도를 방문해 보라고 권유하기도 한다.

올랜도가 자기 도시의 획기적 개발을 위해 활용했던 방식을 국내 도시들이 그대로 따르기는 어렵겠지만, 우리 형편에 맞게 보완하여 관광개발을 지역의 미래를 밝히는 최고 수단으로 삼고 관민이 적극 협력하는 전략적 조치를 취할 수는 있을 것이다.

수십 년간 초지일관하여 디즈니랜드 같은 명품 테마파크들을 집중적으로 유치했던 올랜도처럼 국내 도시들도 설령 중간에 리더가 바뀌더라도 흔들림 없이 관광개발 정책과 전략을 밀고 나가면 분명히 성공할 수 있다고 확신한다. 그런 관광위락도시들이 하루속히 국내에서도 여러 군데 나타나길 기대해 본다.

예술 섬으로 변신한
나오시마 이야기

　요즘 문화예술 분야에 종사하는 사람들은 대부분 일본의 나오시마라는 섬을 알고 있다. 일본의 지중해라 일컫는 세토내해에 위치한 작은 섬 나오시마는 혼슈와 큐슈, 시코쿠에 둘러싸인 세토내해의 600여 개에 달하는 자그마한 섬들 중 하나이다.

　세토내해는 푸른 바다에 작은 섬들이 촘촘히 박혀 있는 아름다운 해양경관을 보유하고 있어 유럽의 지중해 같다는 평가를 받는 지역이기도 하다. 그런데 불과 20여 년 전만 해도 나오시마는 구리제련소에서 나온 폐기물 등에 뒤덮여 버려지다시피한 섬이었다. 극심한 자연환경 파괴로 마을사람들이 떠나게 되어 인구도 4천여 명이 채 안되는 희망 없는 섬이었다.

　그런 섬이 예술을 활용해 기적처럼 재탄생했다. 예술의 섬이라는 별칭이 붙어 해마다 세계 각처에서 수십만 명이 넘는 관광객들이 찾아오고, 지역경제가 빠르게 발전하고 있다. 예술을 지역재생 수단으

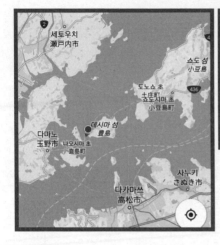

나오시마 섬과 데시마 등 주변 섬

로 활용해 세계를 놀라게 만든 성공사례인 것이다.

　나는 그런 현장을 직접 확인하기 위해 2012년 여름에 그곳을 찾아 갔다. 오카야마 역에서 기차로 우노항까지 가고, 거기서 배를 타고 나오시마 선착장에 내리자마자 일본의 세계적 여류작가 쿠사마 야요이의 호박 작품이 방문객들을 반기고 있었다. 일본이 자랑하는 세계적 건축가 안도 타다오가 설계하고 시공한 지중미술관(=지추미술관)으로 가는 길에서는 교통표지판이나 벤치 등을 통해 나오시마 곳곳에 예술적 분위기가 만들어졌음을 느낄 수 있었다.

　역시 백문이 불여일견이었다. 우리나라에도 나오시마와 비슷한 섬들은 많지만, 문화예술을 수단으로 삼아 관광객을 유치하고 지역을 재생시킨 성공적 사례는 아직 없다.

　원래 섬이라는 공간은 사람들에게 바다와 자그마한 마을이 주는

나오시마의 지중미술관과 전경

편안한 풍경을 여유롭게 느끼게 해주므로, 나오시마와 같이 공공미술이나 음악, 무용 같은 예술을 활용하면 비교적 용이하게 특성화할 수 있다. 그럼에도 불구하고 아직 우리나라는 그런 섬이 없어 많이 부러웠다.

나오시마가 이렇게 유명한 예술의 섬으로 인정받게 된 데에는 베네세라는 일본의 대표적 출판·교육기업 덕분이라고 말할 수 있다. 창업자인 후쿠타게 소이치로 회장은 문화예술을 활용해서 망가져버린 외딴 섬을 변화시키고 사람들을 행복하게 만들 수 있다는 생각을 가지고 있었다.

그는 세계적 건축가인 안도 타다오에게 나오시마 전체를 예술의 공간으로 되살려 낼 수 있는 작업 추진을 부탁했고, 안도 타다오는 그 섬에 그의 예술혼을 아낌없이 불태웠던 것이다. 그 결정체가 바로 섬 남쪽 땅속에 만든 지중미술관이다. 안도 타다오는 나오시마 섬의 아름다운 자연을 가급적 파괴하지 않기 위해 땅속에 미술관을 짓는 구상을 했고 실천했던 것이다. 오로지 '클로드 모네, 제임스 터렐, 월터 드 마리아' 라는 세 거장의 작품만이 돋보이도록 설계된 공간, 그곳에서 명장의 작품을 마주하는 기분은 상당히 감동적이었다.

한편, 지중미술관 옆에는 후쿠다케 회장이 안도 타다오에게 2007년에 제안하여 2010년에 건립된 우리나라의 이우환 작가의 미술관도 있다. 최근에 많이 알려진 우리나라 화가이고 내가 수년 전에 뉴욕 구겐하임 미술관에 갔을 때 아시아 아티스트 중 최초로 그곳 전시를 초대받았던 자랑스런 화가였기에 관심이 컸다. 이우환 미술관은 침묵의 방, 그림자의 방, 명상의 방 등 3개 구역으로 나뉘어져 있다.

입구를 걸어 내려간 앞마당에는 높이 18미터의 육각형 콘크리트 봉이 하늘을 향해 우뚝 서 있는데, 차갑고 딱딱한 콘크리트 건물 공간에 활력을 불어넣으려는 이우환 작가의 발상이라고 했다. 솔직히 나는 우리나라 작가의 미술관을 일본인들이 만들고 전시하고 있다는 사실에 겸연쩍은 기분을 느꼈다.

1992년에 개관된 베네세 하우스는 현대아트 미술관과 호텔이 일체화된 곳이다. 베네세 하우스 뮤지엄을 시작으로 1995년에 호텔 건물을 추가로 개관하고 2006년에는 비치 호텔동을 건설하게 되었다. 자연을 최대한 존중하면서 자연 속에 건물이 녹아들어 있는 듯하게 자리 잡도록 설계했으며 주변 곳곳에 미술 작품들을 배치해 놓고 있었다. 거기서 숙박을 하려면 거의 1년 전부터 예약을 해야 될 정도로 인기가 많은 호텔이 되었다.

이런 베네세 하우스나 지중미술관 등을 개발하도록 후원한 후쿠다

나오시마의 베네세 하우스　　　　　　　　　　　**나오시마의 이우환 미술관**

케 소이치로라는 베네세 회장은 연구대상이다. 그는 1990년에 '인간 중심의 기업'이라는 기업철학을 내걸고 아버지로부터 물려받은 회사 이름 '후쿠다케'를 '베네세'(Benesse. 영어 Well에 해당하는 라틴어 Bene와 영어 Being에 해당하는 Esse를 합성한 명사)로 바꾸었다. 자기 회사는 더 많은 사람들이 보다 나은 삶을 살 수 있도록 만드는 일을 한다는 생각을 정립하고, 버려진 나오시마 섬에 예술을 끌어들이는 일로써 그 생각을 구체화하기 시작해 20여 년이 넘게 지속했다.

우리나라에는 문화예술로 더 많은 사람들이 더 잘 살아갈 수 있도록 만드는 일을 해내겠다는 생각을 하고 꾸준히 실천해 가는 후쿠다케 소이치로 회장 같은 기업인이 아직 없는 것 같아 아쉽기만 하다.

나오시마의 또 다른 매력은 '이에 프로젝트'에서 찾을 수 있다. 일본어인 '이에(いえ)'는 우리말로 '집(家)'을 뜻한다. 이에 프로젝트는 섬 주민이 육지로 떠나면서 남겨진 빈집과 신사 등을 개조해 현대 예술 작품으로 재탄생 시킨 것이다. 이 프로젝트는 혼무라 지구의 한

주민이 동사무소에 오래된 가옥을 기증하면서부터 시작된다. 혼무라 지구는 옛날부터 있던 취락지역이며 성터나 절, 신사 등이 모여 있는 지역이다. 그러나 당시는 과소화와 고령화가 진행되어 빈집이 생기고 있었다. 후쿠다케 회장은 그 당시에 '가옥을 양도받아서 도대체 무엇을 할까? 쉽게 생각하면 길거리 보존의 효과는 있겠지만, 실제 생활과는 그다지 관계되지 않을 것이기에 별로 성공할 가능성이 없을 것 같다'는 생각을 했었다고 한다.

그러나 그는 '현대 예술의 재미는 무엇이 일어나는지 모르는 것에 있는 것이다. 지금부터 다가오는 미래에 대해 여러 가지 생각을 해볼 수 있다. 현대 예술과 관련된 것으로 도대체 무엇이 어떻게 있는지는 잘 모르겠지만, 일단 해보는 것이 폐허 같은 빈집들의 가능성을 더 살릴 수 있는 것이 아닐까?'라고 고쳐서 생각했단다.

우선 가옥을 미술 작품으로 만든 뒤, 과연 마을 사람들이 어떻게 받아들이는지, 그리고 마을 안에서 어떻게 기능하게 될 것인지에 대해서 일단 진행하면서 생각하려고 했다. 그 결과 아무도 의도하지 않았던 일들이 생겨났다. 지금까지 나오시마 예술 섬 사업에 별다른 반응을 보이지 않았던 섬 노인들이 스스로 이야기를 하기 시작했고, 이에 프로젝트를 시작으로 주민들의 직접적인 참여가 이루어졌다.

물건을 고치는 작업은 사람의 기억을 상기시켜 주는지도 모른다. 후쿠다케 회장은 폐가 같은 집들을 미술작품으로 만드는 과정에서 생겨난 나오시마 사람들의 이런 반응이 특히 좋았다고 한다.

또 '집 프로젝트'를 진행하면서 마을 사람들은 예를 들어 '꽃을 한

나오시마의 이에 프로젝트 사례들

송이 꽂는다거나, 쓰레기들은 빨리 줍는 게 좋다' 는 등의 아름다움에 대해 의식하게 되고 행동에 나서기 시작했다.

집 프로젝트가 추진된 곳 중 하나인 '하이샤' 라는 치과로 사용했던 집의 경우, 일본 현대미술가 오오타게 신도가 겉은 시뻘겋게 녹슨 양철로 덮고서 내부는 난해한 현대미술 스타일로 바꿔 놓았다. 특히 집안의 1층 욕조자리에 미국 뉴욕에 있는 자유의 여신상 작품을 설치해 놓았는데, 구경하는 사람들이 그 기발한 착상에 대부분 웃는다고 한다.

하여튼 베네세 그룹은 버려지다시피한 나오시마 섬이 예술로 재탄생활 수 있도록 매년 회사 수익금의 일정부분을 꾸준히 투자했다. 그런 기업체의 선도적 노력으로 나오시마는 10여 년 전부터 빛을 발하기 시작했다. 연간 수십만 명이 넘는 예술 애호가, 미술 동호인들이 세계 여러 나라에서 나오시마를 찾아오게 되었다. 내가 방문했던 2012년 여름에도 중국인 등 외국 관광객들이 많았다. 특히 우리보다 경제사회발전이 늦은 중국인들까지 나오시마를 방문해 즐기고 있어서 놀랍기도 했다.

나오시마가 예술 섬으로 성공한 데에는 베네세 그룹의 후쿠다케 회장 역할이 절대적이었다. 그 사람의 생각과 경영방침이 탁월했고 안도 타다오라는 세계적인 건축가를 선정하여 그에게 나오시마가 예술의 섬으로 변신되도록 마음껏 능력을 펼치게 해준 사업추진 방식이 좋았다. 그런 조치로 인해 안도 타다오는 혼신의 노력을 기울였고 지중미술관, 베네세 하우스 등 건축 작품들의 연이은 성공으로 차후 더 큰 명성을 얻었다.

후쿠다케 회장의 뒤를 이어 베네세 그룹의 최고 경영자가 된 그의 아들도 선친의 뜻을 이어 나오시마에 투자를 지속하고 있다. 문화예술을 아끼고 문화예술의 저력을 잘 알고 있는 한 민간기업체의 끈질긴 노력이 세계인들이 놀래는 성공을 가져다준 것이다. 정부의 지원을 바라지 않고 한 민간기업체가 주도해서 버려진 섬을 재생시킨 세계적 모범사례이다.

나오시마 사례에서 알 수 있듯이 일본은 민간기업가나 독지가, 지역민, 전문가들이 협력해서 자발적으로 지역 개발을 이끌어 가는 경우가 많다. 거꾸로 우리나라에서는 지역을 발전시키는 일은 당연히 정부가 앞장서는 것으로 인식하고 있으나, 일본은 예전부터 민간주도 방식이 강했다. 정부가 앞장서게 되면 지역의 특성과 주민의 자율성을 침해받을 우려가 커지고, 결과적으로 주민들이 덜 참여하게 되거나 의타심이 커져 몇 년 후에 정부가 손을 떼게 되면 모든 게 침체되는 경우가 많다. 그러므로 지역을 개발하려는 프로젝트들은 가급적 행정기관은 간접적으로 지원해 주고 지역주민과 시민들이 앞장서게 하는 방향으로 개선하는 것이 필요하다.

경기도 안산시 풍도

나오시마를 현지 답사한 후 나는 경기도 관내 섬들의 발전 방향에 대해서 여러 가지 생각을 하게 되었다. 경기도 관내에는 대부도, 제부도, 입파도, 육도, 풍도, 국화도 등 섬들이 여러 개 있다. 섬 주위에 김, 고둥, 우럭, 바지락 등이 많이 나는 국화도, 낚시꾼들이 좋아하는 입파도, 6개의 작은 섬으로 이뤄진 육도, 단풍나무와 약수터가 좋은 풍도, 모세의 기적이라고 불리는 자연현상으로 유명해진 제부도, 누에고치처럼 생긴 대부도 옆 누에섬 등등, 그 중에서 제부도와 누에섬은 요즘 들어 경기도 예술가들에게 매력적인 장소로 여겨지고 있다.

2016년에 '어린이 예술 섬'이라는 주제로 누에섬에서 경기도 거주 작가들과 대부도 어린이들이 함께 기획전시를 여는 등 해마다 색다른 예술 프로젝트를 하기도 한다. 한편 경기도에는 삼성이나 LG,

안산시 풍도 전경   누에섬 프로젝트

SK, 현대 등과 같은 굴지의 대기업들과 중견기업들이 많이 있지만, 일본의 베네세그룹처럼 문화예술의 저력으로 낙후된 섬 지역을 발전시켜보겠다는 생각을 행동으로 시행해 가는 기업은 아직 없다. 민간기업이나 정부 모두 아직은 문화예술이 지역발전을 위해 발휘할 수 있는 저력을 잘 모르고 있는 것 같다.

늦은 감이 있지만, 경기도 관내에도 나오시마 같은 예술 섬이 탄생할 수 있도록 노력해 보자라는 생각으로 2013년에 경기문화재단 문화바우처팀이 안산시 관내에 있는 조그마한 섬, 풍도를 대상으로 경기도 거주 미술가와 함께 커뮤니티 아트 활동을 실행하기도 했다. 그러나 일회성 행사로는 풍도를 예술 섬으로 탈바꿈시킬 수는 없었다. 좀 더 종합적이고 지속적으로 노력해야 예술을 통한 풍도의 변신이 가능해지기 때문이다.

그러던 차에 경기문화재단 소속 경기창작센터에서 풍도에 대한 예술 섬 추진 방안을 수립해 예산보조 등 필요한 지원을 건의해 왔다.

경기창작센터

그 방안은 풍도를 위하여 '씨사이드 퍼블릭 아트 아일랜드'라는 프로젝트를 계획하여 2013년부터 3년간 매년 약 25억 원을 투자해서 전시장과 전망시설 및 방문자 센터를 건립하고 유망한 작가의 미술작품을 여러 장소에 설치해 주며 벤치나 간판, 쓰레기통 등 공공설치물들을 나오시마처럼 작품같이 만들어 배치하려는 계획이었다. 풍도의 자연과 예술이 조화롭게 어우러지게 만든 힐링 산책로를 따라 계절별로 예술관련 프로그램들을 운영하자는 계획도 포함되어 있었다.

이런 사업을 통해서, 90여 가구 섬사람들이 어렵게 살아가고 있는 풍도를 나름 격조가 있는 예술 섬으로 탈바꿈시켜보자는 취지에서 마련한 개발 방안이었다. 사실 우리들이 잘 모르고 있을 뿐이지 풍도는 역사적으로 의미가 있는 섬이기도 하다. 1894년 청일전쟁을 촉발시킨 풍도해전이 벌어졌던 곳이고 1950년 6.25전쟁 때 인천상륙작전을 위해 미국 맥아더 장군이 경기만에서 제일 먼저 상륙했던 섬이다. 풍도해안은 조수와 상관없이 항상 수심이 깊어 큰 배들이 정박하기에 좋은 전략적 요충지 여건을 갖추고 있다. 이런 역사적 사실과 자연경관을 잘 연계해 재미있는 스토리관광이나 문화예술프로그램을 만들면 성공할 잠재력이 많은 섬이다.

그러나 풍도를 예술 섬으로 발전시켜보자는 사업 구상은 예산 확보 곤란 등으로 추진되지 못했다. 경기문화재단이나 경기도 문화 분야의 기존 예산이 너무 빠듯했었다. 설사 풍도가 경기창작센터에서 제안한 '씨사이트 퍼블릭 아트 아이랜드' 프로젝트 내용대로 추진되었다 하더라도 문제는 계속 발생했을 것이다. 지속성을 확보하기가 어렵기 때문이었다. 나오시마처럼 장기간 투자가 계속되어야 하는데, 경기도 전체를 아우르는 경기문화재단의 특성상 풍도 한 곳에만 그렇게 해 줄 수는 없었다. 그러므로 풍도를 예술 섬으로 발전시키기 위해서는 나오시마의 베네세 기업처럼 뜻있는 민간기업의 도움이 절실했다. 하지만 그런 기업을 찾기란 쉽지 않았고 결국 풍도에 대한 예술 섬 조성 구상은 접을 수밖에 없었다.

앞으로 풍도와 같이 작지만 역사적 스토리가 있고, 자연경관이 뛰어난 섬이 세계적 문화예술 섬으로 발전하기 위해서는 안산시 등 기초지자체와 풍도 주민들이 손을 맞잡고 스스로 노력해 나가야 한다. 여기에 진정성과 지속성, 열정을 갖춘 기업이 함께하여 협업할 수 있도록 이끌어 준다면 예술 섬 조성이라는 목표를 실현해 낼 수 있을 것이다. 조속히 이러한 일들이 추진되어 풍도가 서해안의 매력적인 예술 섬으로 재탄생하는 날이 오기를 기대해 본다.

축제로 발전된
산골마을 에치고 츠마리

에치고 츠마리는 일본 중서부 니가타현의 남단에 위치하고 도쿄에서 전철로 약 2시간 거리에 있는 산간지대로 폭설이 유명한 곳이다. 서울특별시와 비슷한 크기의 760평방킬로미터 면적에, 인구는 약 75,000명, 65세 이상이 약 30%를 차지하고 있는 산골마을이다.

이 지역은 도시화 진행에 따른 노동자 유출로 과소화, 고령화의 늪에 빠져 있으며 일본 정부의 농업정책 전환에 따라 조상 때부터 전해져 오는 산골생활이나 지역문화가 붕괴될 위험에 놓이게 되었다. 1년의 반 정도는 항상 눈에 막혀 있고, 젊은이들은 도시로 떠나버려 산골마을의 농업을 이어갈 사람들이 부족한 것이 큰 걱정거리인 지역이다. 우리나라에도 비슷한 처지에 놓인 산골마을들이 많다. 에치고 츠마리 지역은 1,500년 정도 긴 세월에 걸쳐 농업을 이어왔다. 중산간(中山間) 지역에 계단식 밭을 만들었는데, 계단식 밭 경관과 생활공동체는 일본의 옛 풍경과 애잔함을 느끼게 한다. 전형적인 산골마을 풍경이 그대

니가타 에치고 츠마리 대지예술제 출품작 모습들

로 남아 있는 지역이다. 그러던 에치고 츠마리 6개 산골 마을들이 긴밀히 협력하여 2000년부터 3년에 한 번씩 마을 산들을 이용해 전시를 행하고, '자연과 인간과 예술' 을 주제로 하는 대지예술제라는 축제를 개발하여 정기적으로 개최해 세계를 놀라게 하고 있다.

2000년 최초로 축제가 개최되었을 때, 세계 23개국에서 150개조가 참여했으며 2006년에는 40개국 225개조, 2009년에는 40개국 353개조가 참여하는 등 예술가들이 세계 각처에서 지속적으로 참여해 세상에 에치고 츠마리 지역을 알리고 있다. 거의 20년이 되가는 요즘, 에치고 츠마리 트리엔날레는 깊은 산속의 침체되었던 산골마을들을 새롭게 발전시키는 역할을 성공적으로 수행하고 있다. 3년마다 열리는 대지예술제는 비영리법인인 에치고 츠마리 사토야마 협동기구가 주최하고 있는데, 마을의 밭, 민가, 폐교, 산 등을 활용하고, 세계 각처에서 활동하는 예술가들과 손을 잡아 수백 점에 달하는 예술작품을 상설 전시하고 있다. 방문객들은 예술작품을 이정표 삼아 여러 마을의 들과 산을 돌아다니며 작품을 관람하게 된다. 2012년 5회 차에는 44개국 320개조가 참여하여 약 360여 점의 작품을 설치했다.

3년에 한 번씩 개최되는 국제적 축제이며 세계 최대 규모의 대지예술제인 에치고 츠마리 축제는 문화예술형 콘셉트를 활용해 산골 오지 마을을 세계에 알리며 지역을 발전시켜가는 중요한 성공 사례이다.

나는 에치고 츠마리 트리엔날레가 성공하고 있다는 걸 확인하고자 2012년 5회차 대지예술제가 개최될 때, 몇몇 행사장을 직접 견학했다. 경기도뿐만이 아니라 국토 전체의 70%가 산악인 우리나라 사람으로서 심심 산골지역인 에치고 츠마리 지역이 선택한 문화예술형 축제를 성공시켜 나가는 것에 대해 관심이 많았었다.

에치고 츠마리가 3년마다 개최하는 '대지예술제' 전체의 중심 거점은 《마츠다이 설국농경문화촌센터-「농무대」》라는 곳이다. 그리고 《에치고 마츠노야마의 「숲의 학교」 쿄로로》, 《에치고 츠마리 교류관 「키나레」》, 《빛의 집》 등 각각 개성이 풍부하고, 한번 방문했다면 두 번 다시 잊지 못할 장소들이 있어서 성공하는 축제로 인정받게 되었다. 그리고 이런 시설들을 중심으로 '산골마을 지역의 미래'를 바람직하게 정립해 가기 위한 문화예술 활동이 다양하게 이뤄지고 있었다.

우리나라 농촌이나 산촌이 겪고 있는 인구 과소현상과 고령화문제가 에치고 츠마리 지역에서도 똑같았다. 에치고 츠마리는 니이가타현 나카고에서 일어난 지진 때문에 산골 마을의 민가들이 빈집, 폐가가 되었고 지역공동체 중심 기능을 하던 학교도 폐교되기도 했는데, 열악한 환경을 극복하기 위해 역발상적으로 마을 산 자체를 예술 작품의 대상으로 삼아 지역출신 예술가 등 의욕 있고 능력 있는 예술가들이 재생시키게 하는 방법을 고안해 내었다. 그럼으로써 대지예술제는 자연경관은 최대로 유지하되 지역의 기억과 지혜를 미래에 잘 계승시키기 위한 일종의 실험이 예술을 통해 이루어지는 독특한 축제가 되었다.

'미술작품' 으로 새롭게 변모된 빈집이나 폐교는 축제 이후 미술관이나 숙박시설로 변신하기도 한다. 또한 대지예술제가 끝난 후에도 많은 설치미술 작품들은 그대로 유지되어 일반 방문객들에게 공개하고 있는 등 지역사회와 문화예술의 새로운 관계를 제안해 주고 있다. 사계절마다 자연의 아름다움을 느끼게 하며 오랫동안 축적되어 온 산골마을의 시간을 연상하게 하는 일련의 예술 작품들을 통해 에치고 츠마리 지역을 방문한 사람들은 대부분 잊고 살았던 그 무언가를 회복해 가는 효과를 거두기도 한다. 대지예술제와 산골마을들은 재방문객들의 마음의 고향처럼 인식되고 있는 것이다.

에치고 츠마리의 축제가 지향하는 기본 이념은 '인간은 자연에 내포 된다' 는 점이다. 풍부한 자연에 안겨 생활하는 에치고 츠마리에서 자연에 대해 인류가 마땅히 견지하여야 할 태도를 다시금 느끼게 하고, 많은 역기능을 내포하고 있는 근대적 개발 패러다임을 변혁시켜야 할 필요성을 은근히 표현해 내고 있다. 인간은 풍요로운 자연 속에서라야 다양한 것을 느끼고, 자유롭고 느긋한 기분이 된다는 점을 소리 없이 주장하는 예술제이기도 하다.

대지예술제에서는 마을의 산들이 인간을 감싸 안은 부드럽고 편안한 공간이 되고 거기서 일어나는 삶에 대해 여러 가지를 느낄 수 있게 만든다. 예술을 매개로 지역, 세계, 장르가 다른 사람들 간에 다양한 협동이 생겨나게 하고 있다. 예술가들은 다른 사람의 토지나 건물 위에 작품을 만들고, 주민들은 아티스트들과 소통해 가는 과정을 통해 작품의 제작과 운영에 자연스럽게 관계하게 된다.

대지예술제에서는 200여 개 취락들의 장소적 고유성을 철저하게 발견하게 하는 한편, 예술가들은 세계적인 관점으로 이 취락 곳곳에 '세계'를 찍어낸다. 가까이에 있는 취락과도, 멀리 떨어진 취락과도 예술로 연결하고 언젠가는 모든 취락에 작품들을 설치할 수 있기를 바라고 있다.

대지예술제에 참가하는 예술가들은 합리화와 효율화를 집중적으로 추구해 왔던 20세기에 반해 일원화할 수 없는 '고유의 공간·문화'에 더 방점을 두고, 빛을 비추는 데 주력한다. 그래서 어느 장소에 놓아도 같아 보이지 않는 작품을 설치하면서 마을 산의 삶이나 흔적이 다양하게 조망되도록 작업하고, 지역주민들은 예술을 통해 방문객들에게 지역의 장점을 평가받을 수 있게 되어 생활의 자랑거리를 되찾게 되는 기쁨을 느끼고 있다. 또한 수많은 도시의 젊은 사람들이 서포터로 참가해 여러 가지 봉사활동을 담당하고 있다.

나는 경기도 남양주의 두물머리를 중심으로 북한강과 남한강의 자연 속에서 에치고 츠마리 대지예술제처럼 자연과 예술 및 지역마을이

공동 협력해 새로운 농산촌 마을의 미래를 만들어 가는 방식 등으로 시대변화에 맞는 국제적 콘셉트의 문화축제를 새롭게 만들고 싶었다. 관광축제는 적은 예산으로 비교적 빠르게 지역을 널리 알리고 발전시킬 수 있는 좋은 수단이기 때문이다.

마침 두물머리에는 경기문화재단이 운영하는 실학박물관이 있고, 평소 주말이나 여가시간에 그 주변의 자연경관이 좋아서 찾아가 즐기던 일이 많았다. 2013년 말 당시 경기도지사의 지시에 의해 도청 기획조정실 주관하에 경기문화재단과 경기연구원, 경기관광공사 등 여러 기관이 협력해서 경기 동부지역을 활력 있게 만들고 효과적으로 발전시킬 미래형 프로젝트를 구상했다.

두물머리가 있는 지역은 경관이 매우 수려하고 다산 정약용의 실학박물관, 천진암, 수종사, 도자기 터, 남한산성 등 외래관광객들에게 자랑하고 소개할 역사적 유산과 스토리들이 많았기에 '에코와 아트 그리고 마을의 미래' 라는 주제로 2년 또는 3년에 한번 개최하는 대형 축제를 만드는 방안을 구상해 제안했다. 그 과정에서 경기문화재단의 실무 팀장의 역할이 컸다. 그러나 아쉽게도 제안은 채택되지 않았다. 문화예술을 주제로 하는 대형 축제에 대한 이해 부족과 재정 여건이 여의치 않았기 때문이었다. 지역의 축제나 발전에 관한 사업을 정부나 공공기관이 앞장서야만 가능해지는 우리나라의 관행이 무척 안타깝기만 했다. 지역민과 일반 후원자, 기업가, 시민단체들이 앞장서서 자기지역의 미래를 스스로 만들어 가는 선진국 축제 추진 방식이 많이 부러웠다.

버려진 고가철도를
공중 정원으로 재생시킨 뉴욕

어느 도시건 새롭고 화려한 곳이 있지만 오래되고 버려진 곳들도 있다. 서울이나 부산 같은 대도시에도 그런 곳들이 있다. 미국 경제의 중심지인 뉴욕의 한복판인 맨해튼에도 오랫동안 버려진 고가철도가 있었다. 1934년에 완성된 웨스트사이드 다운타운부터 34가로 연결되는 고가철도가 그것인데, 그 철도는 1960년대 이후엔 거의 사용하지 않게 되었다.

'하이라인(High Line)'이라 불렸던 고가철도의 철로는 도심의 폐허로 남게 되었다. 1934년 당시의 하이라인은 창고, 빌딩, 공장 등과 바로 연결될 수 있도록 건설되어 육류와 우유, 가공되지 않은 제품들을 쉽고 편리하게 운송할 수 있었다. 이렇게 버려진 고가철도가 공중 정원으로 재생되어 뉴욕의 새로운 관광명소가 되고 관광객들을 놀라게 만들었다. 도심 속에 버려진 폐철도 시설을 꽤 괜찮은 공원으로 탈바꿈시켜 도시 관광의 매력지가 되게 한 성공 사례이다.

그런 놀라운 변신이 추진된 배경 등을 알아보면서 우리나라 도시 속 폐시설이나 유휴시설들에 비슷한 프로젝트를 성공시킬 방법을 생각해 보고자 한다.

버려진 지 20여 년이 지난 1980년대 중반이 되자 하이라인 주변에 건물을 소유한 사람들이 흉물로 변한 하이라인을 철거하기 위해 뉴욕시 측에 로비를 시도했다. 그러나 예전처럼 기차를 달리게 하려는 꿈을 갖고 있던 사람(Peter Obletz)으로 인해 하이라인에 대한 법적 소유권 분쟁이 발생해 5년간 소송이 진행되는 바람에 뉴욕시청과 부동산 개발업자들이 철거하려 했던 하이라인이 보존되게 되었다. 그러다 피터 오블레츠가 1996년에 사망하자, 하이라인은 진짜로 철거될 상황에 놓이게 되었다.[1]

무척 오랫동안 사용되지 않아 하이라인에는 온갖 잡초가 무성하게 자라고 있었지만, 고가철도였기 때문에 사람들의 일상생활이나 교통을 방해하지는 않았다. 오히려 철거를 할 경우 드는 경비 등으로 인해 사람들은 오랫동안 '하이라인'을 방치했고, 그 누구도 갈 수 없는 뉴욕 한복판 시민접근 금지 구역과 같았다. 많은 뉴욕인들은 폐쇄된 고가철로가 도심 한복판에 있는지조차도 몰랐다. '하이라인' 주변에는 임대주택이 있었고, 웨스트사이드 14가를 중심으로 소시지 공장, 소위 '미트패킹 거리(Meatpacking District)'가 있었기 때문에, 이 지역은 자연스럽게 발전가능성이 거의 없는 지역으로 인식되었다.

---

1) John Freeman Gil, "The Charming Gadfly Who Saved the High Line," The New York Times (May 13, 2007).

그러나 웨스트사이드의 첼시(Chelsea)를 중심으로 1997년부터 갤러리들이 하나둘씩 옮겨 가면서 하이라인 주변이 변화하기 시작했다. 뉴욕 소호(SoHo)의 부동산 임대료가 올라가자, 좀 더 싸고 넓은 공간을 원했던 갤러리들이 첼시지구로 이동하기 시작했고, 미술가들이 벅적대던 소호거리에는 럭셔리 브랜드 부티크 상점들이 들어섰다. 또한 '미트패킹 거리'가 '섹스 앤 더 시티(Sex and the City)'라는 빅 힛트 미드의 무대가 되면서 웨스트사이드 지구도 변하기 시작했다.

'하이라인'은 그 길이가 2.33킬로미터에 달했지만 1980년대 이후로 폐철로가 되면서 하늘에 떠 있는 정원같은 느낌을 주었고, 야생화, 묘목, 나비, 벌 등이 서식했다. 그곳은 사람들이 거주하지 않는 도심 속 자연생태계 그대로였다. 이런 고가철도가 1999년 들어, 뉴욕인들을 위한 문화공원으로 재디자인되어 산책하고 즐길 수 있게 되니, 엄청난 변화에 사람들이 놀라는 게 당연했다. 웨스트사이드에 있는 허드슨 강변을 따라 하이라인에 조성된 산책로, 각종 묘목, 잔디, 계절마다 피고 지는 꽃 등은 맨해튼의 지형도를 완전히 바꾸어 놓았다. 이곳을 방문하는 사람들은 여유로움을 느끼기 시작했다.

그러나 1999년 이전까지 지역의 부동산 개발업자들은 폐허가 된 고가철로를 도시 재생을 막는 장애물로 여기고 철거해 줄 것을 뉴욕시청에 끊임없이 요구했다. 급기야 1999년 뉴욕시장이었던 루디 줄리아니(Rudy Giuliani)는 철거 요구를 받아들이게 되었다.

바로 그 시기에 로버트 해몬드(Robert Hammond)와 조수아 데이비드(Joshua David)는 '하이라인의 친구들(Friends of the High Line)'이라

는 시민단체를 만들어 철거를 막아내자는 시민운동을 시작했다.[2) 그들은 지역주민뿐 아니라 사업가들과 함께 하이라인 철거 반대 운동을 벌여나갔다. '하이라인의 친구들'은 줄리아니 시장이 철거 승인을 했던 '하이라인'을 보호하기 위해 새로 시장으로 선출된 마이클 블룸버그(Michael Bloomberg)를 설득했고 블룸버그 시장은 전임자인 줄리아니가 승인했던 '하이라인' 철거를 하지 않기로 번복하게 되었다.

'하이라인의 친구들'은 뉴욕시의 후원과 개인 자산가들, 시민들의 후원으로 2009년에 총 1,800억 원($170million)에 달하는 기금을 마련했다. 이는 블룸버그 시장의 적극적인 후원뿐 아니라 시의회의 지지 덕분이었다. 그리하여 2006년 4월부터 공식적으로 하이라인은 재생 프로젝트에 돌입했고 만 3년 이후 세 개의 마스터플랜 중 1차 부분이 공개되어 사람들이 사용할 수 있는 멋진 공중공원으로 재탄생하였다.

'하이라인의 친구들'은 폐허가 된 고가철로를 일괄적으로 공원화하는 방식을 채택하지 않았다. 그들은 가능하면 철로의 기본 골격은 그대로 두면서도 주변의 아파트와 시장, 갤러리, 차로, 허드슨 강변의 전망 등과 어울릴 수 있도록 구역마다 특별한 개성을 살릴 수 있는 단계별 재생 방법을 모색했다. 그에 따라 1차적으로 간스보어트 (Gansevoort) 거리에서 20가(20th street)까지만 재생하여 2009년 6월에

---

2) Sewell Chan, "High Line Designs Are Unveiled," The New York Times (June 25, 2008).

뉴욕시 하이라인 모습　　　　　　　'하이라인의 친구들'

일반인에게 처음 공개했다. 2011년 봄에는 '하이라인'의 두 번째 섹션이 마무리되어, 20가부터 30가까지 완성되었다. 30가부터 34가에 걸친 하이라인은 CSX 운송회사의 소유였는데, 2011년도에 이 회사가 하이라인을 뉴욕시에 기증하기로 결정하면서 세 번째 섹션이 형성될 수 있었다. 이 섹션은 2013년에 마무리되어 2014년 봄에 일반인에게 공개되었다.[3]

　최소한의 변형을 통해 과거 기차가 다니던 철로의 아름다운 곡선은 각종 묘목과 꽃과 같은 조경물들과 잘 어울리도록 재생되었다. 프랑스 파리의 '프로미나드 플랑떼(Promenade Plantée)'와 비슷한 면도 있지만, 훨씬 덜 상업적이다. 특히 하이라인은 도심 속에서 조그마한 산림지대, 초원지대, 일광욕을 즐길 수 있는 구역, 예술품 설치, 대중적인 쉼터, 퍼포먼스 스페이스 등으로 구성되어 있다.

3) http://www.thehighline.org/ '하이라인'의 공식 웹사이트, 하이라인의 역사 등이 체계적으로 수록되어 있음.

그리고 휘트니 미술관(Whitney Museum)이 하이라인 근처로 이전하면서 하이라인 공원은 문화예술과 휴식을 동시에 즐길 수 있는 문화명소가 되었다.

하이라인은 뉴욕 시내에 설치된 공원들과는 다르다. 하이라인을 걸으면서 사람들은 바쁘게 살아가는 도시 속의 일상을 다시 여유롭게, 느리게 생각할 수 있는 여유를 가진다. 고층건물 아래서 바쁘게 걸어가는 자신의 모습이 아니라, 거리보다 높은 공중 철로를 따라 엠파이어스테이트 빌딩, 크라이슬러 빌딩, 프랭크 게리(Frank Gehry)가 지은 건물, 장 누벨(Jean Nouvel)이 지은 21층짜리 타워, 그 타워가 가진 1,700여 개의 웅장한 유리판을 다시 보게 되는 여유를 갖게 한다. 일종의 사유의 공간이다.[4]

연간 수백만 명의 사람들이 하이라인을 찾는 것으로 볼 때 하이라인의 총 방문자 수는 세계 어느 미술관보다 많기 때문에, 하이라인과 같은 공적 공간에서의 예술은 수많은 사람들이 감상하게 된다. 하이라인 측은 현대미술을 전문적으로 기획하는 큐레이터를 두어 시민들이 도시 속에서 미술을 쉽게 감상하고 접할 수 있도록 미술 프로그램을 조직적으로 운영하고 있다.

버려진 도심 속 폐허에서 지상에 떠 있는 매우 아름다운 산책로, 관광객들이 반드시 방문하려는 관광목적지로 변한 뉴욕시의 하이라인은 노후한 철로가 있는 도시에 좋은 모범사례를 제공해 주고 있다.

---

4) Justin Davidson, "Elevated," New York Magazine (June 7, 2009).

서울시에서도 서울역 고가도로를 허공에 떠 있는 산책로로 변화시킨 사례가 있으나 여러 측면에서 하이라인과 비교하기는 어렵다. 국내 도시들에도 무수히 많은 폐시설들이 산재해 있다. 그런 유휴 부동산이나 불모지로 버려진 공간들을 보다 창조적인 명소나 공간으로 탈바꿈시키려는 조치가 많아지길 바란다.

하천변을 도시관광 허브로 만든
샌안토니오

사람들은 대부분 물을 좋아한다. 물만 보면 가까이 가 보려 한다. 바다나 강처럼 큰물만 좋아하는 게 아니고, 작은 호수나 연못, 개천 같은 물들도 좋아한다. 강이나 바다로 흐르는 물만이 아니라 도시나 마을을 관통하고 흘러가거나 마을 바깥으로 휘감아 흐르는 물도 좋아한다. 거의 본능적이다.

사람들이 좋아하는 물을 더욱 자주 접할 수 있도록 수변 환경을 쾌적하고 편리하게 만들어 휴식과 식음료, 담소 등을 즐기게 해주는 공간들을 친수(親水)공간이라고 말한다. 친수공간이 거주지 주변에 많다면 사람들의 일상생활은 더 여유롭게 되며 외지로부터 관광객들도 많이 찾아오게 된다.

세계적으로 하천이나 해변 등 물에 가깝게 입지하는 도시들은 주민들이 친수공간을 더욱 편리하고 안전하게 이용하도록 노력하고 있으며 외래관광객들까지 많이 찾아올 수 있도록 매력적인 친수공간을

샌안토니오 리버워크 모습들

만들려고 노력하고 있다. 종합적 관점에서 계획을 세우고 체계적이고 지속적으로 관리하고 있다.

세계적으로 관광명소가 된 친수공간은 매우 많지만, 미국 남부 샌안토니오에 있는 리버워크라는 곳은 특히 유명하다. 20여 년 전 나는 미국 텍사스 주의 '텍사스A&M 대학교' 교수의 안내로 샌안토니오를 방문해 리버워크가 성공하게 된 배경이나 과정 등 여러 가지를 알게 되었다.

나는 리버택시도 타보고 식사와 공연을 즐기면서 우리나라의 하천들, 특히 리버워크처럼 도심을 관통하는 하천들을 매력적인 친수공간으로 변화시키면 우수한 관광명소를 다수 만들어 낼 수 있겠다는 생각을 하게 되었다. 물론 샌안토니오의 리버워크를 만든 미시시피 강은 우리나라 하천과는 다른 점이 많지만, 리버워크가 아주 성공적인 도시관광의 허브였기에 그런 생각을 할 수밖에 없었다.

리버워크라는 세계적 친수공간을 만들어 도시관광의 허브를 확보한 샌안토니오의 발전에 대해 간략히 살펴보자.

미 남부 텍사스 주 샌안토니오는 댈러스, 휴스턴과 같이 텍사스 주를 대표하는 공업도시이고 미국 최대의 육군과 공군 기지가 있는 인구 130만 명이 넘는 대도시이다. 18세기 한 전도사에 의해 개발된 오랜 역사의 거리이고, 텍사스 독립전쟁 의용대 180여 명이 전원 전사한 알라모 요새와 총독관저 등 18세기 전반의 건물들과 스페인, 멕시코, 그리고 독일의 여러 가지 색채가 남아 있는 도시이기도 하다. 1960년대부터, 따뜻한 기후와 멕시코 풍의 건축물 등 지방색이 풍부하여 관광산업이 많이 발달하게 된 도시로서 지금은 연 평균 약 2,000만 명이 넘는 관광객이 방문하는 관광도시가 되었다.

그 계기가 되었던 것은 도시의 한복판을 흐르는 샌안토니오강의 주변에 공원을 조성하고 리버워크라는 명품 수변길을 만들었기 때문이다. 이 개발은 한 디벨로퍼가 마스터플랜을 세워서 개발한 방식이 아니라, 수십 년에 걸쳐 시민들이 고민하고 노력해 시민들의 손에 의해 완성시킨 사업 방식으로 유명하다.

샌안토니오의 거리는 대부분 도심을 관통해 꾸불꾸불 흘러가는 샌안토니오강의 주변에 형성되어 있다. 뱀이 기어가는 듯한 모양의 샌안토니오강은 거리를 형성하기에는 대단히 좋은 지형이다. 수로에 접해서 자연스럽게 선착장을 만들기가 용이하며 꾸불대는 강을 따라서 도시 경관도 아름답게 보이기 때문이다.

그러나 꾸불꾸불하게 생긴 강은 무서운 힘도 숨기고 있다. 큰비가 내리게 되면 강이 범람하기 쉽고, 자칫 시민들이 곤욕을 치르게 되는데, 지금으로부터 약 100년 전인 1921년에 그런 일이 실제로 발생했다. 그때 샌안토니오는 대홍수가 발생하여 50명이 죽고 수백만 달러에 이르는 막대한 피해를 입었다.

이런 사태를 계기로 샌안토니오는 본격적으로 하천을 개조하려 했는데, 최초 계획은 꾸불거리는 강을 직선으로 펴고 시의 중심부를 흐르는 강 구간은 복개처리하여 주차장으로 이용하려는 것이었다. 그런데 이런 최초 계획에 '샌안토니오강 보전협회'라는 환경보호단체가 적극적으로 반대했다. 그들은 뛰어난 자연 가치를 인간적 편리만을 위해 없애는 것은 안 되고, 가급적 자연을 살려가며 피해를 없애려는 노력을 해야 한다고 주장했다. 제일 피해를 많이 입었던 시민들이 오히려 샌안토니오강의 경관을 적극 지켜내려고 한 것이다.

이런 시민운동에 따라 샌안토니오는 최초 계획을 바꾸고 새롭게 해결방안을 만들기 위해 긴 고민의 시간을 가졌다. 우선 대책으로 샌안토니오는 홍수 방지를 위해 1929년에 바이패스 수로를 완성시켰고, 하천 경관을 아름답게 조성하는 문제에 대해서는 상당한 기간을 갖고 다양한 방안을 비교 검토했다.

'샌안토니오강 회랑 – 개발과 관리 계획'이란 샌안토니오강 재개

샌안토니오 지도   샌안토니오 리버워크 상세도

발 계획이 최종적으로 확정되었고 그 계획에 따라 1975년에 컨벤션 센터를 완성하고 1988년에는 리버센터라는 쇼핑시설을 완성하여 전체 샌안토니오강의 리버워크 계획을 거의 완성시켰다. 오늘날 샌안토니오 리버워크를 상징하는 것은 1988년에 개장한 리버센터 시설이다.

이 시설은 4ha의 부지 안에 상업시설, 레스토랑, 호텔, 극장 등으로 구성되어 관광객들을 맞이하고 있으며, 대부분의 관광객들은 리버워크를 걸어서 혹은 리버 택시를 타고 리버센터로 자연스럽게 들어오게 된다.

1921년 대홍수로 인해 시작하게 된 샌안토니오강 정비사업은 꾸불대는 강의 흐름과 같이 몇 번의 우여곡절을 되풀이하면서 약 70년 가까운 세월을 지나 1990년대 초에 현재 모습으로 완성되었다. 이 기간 동안에 항상 샌안토니오강 보전협회라는 시민단체가 앞장을 서고, 주도권을 가졌다.

이 협회는 자연환경을 훼손하는 것은 단호히 거부했다. 그것은 시

복원된 이후의 청계천 모습

민들의 생활을 보호하기 위한 것이기도 했다. 그들은 자연보호나 아름다운 경관이 시민생활을 윤택하게 하는 데 매우 중요한 요소라는 것을 잘 알고 있었기 때문이다. 만약 이 협회가 시청 주도로 홍수 피해 방지만을 위해 샌안토니오강을 복개하려 했던 초기 움직임에 적극 반대하는 운동을 일으키지 않았었다면, 샌안토니오강은 도심에서 모습을 감추게 되고 리버워크라는 세계적 친수공간도 생겨나지 않았을 것이다. 물론 오늘날 수많은 관광객이 몰려드는 샌안토니오로 발전하기도 어려워졌을 것이다.

리버워크를 걸어가면 어디에선가 로맨틱한 남부 지방의 음악을 들을 수 있고, 수변의 나무 그늘에서는 고층빌딩의 모습이 희미하게 보이기도 한다. 자동차 소리가 거의 들리지 않고, 산책로 공간만이 계속되고 있다. 리버워크 주변 공원의 산책로는 어느 틈엔가 레스토랑 안으로 연결되고, 다음으로 야외극장 안으로, 그리고 호텔의 정원은 역사 유적 지역으로도 이어진다.

그런 시설들의 전개는 마치 드라마를 보는 것처럼 즐겁다. 샌안토니오 도심 중앙을 관통하며 생겨난 쾌적하고 편리한 친수공간은 확실히 관광객들의 마음까지 사로잡았던 것이다.

미 텍사스 주 샌안토니오의 리버워크라는 친수공간은 하천 정비와 개발사업에 많은 힌트를 주고 있다. 콘크리트 도심 속을 흐르는 물들은 샌안토니오가 추진했던 방식 등을 중시하며, 오아시스 같은 휴식 공간, 관광 공간으로 조성하고 밤낮으로 시민들과 관광객들이 찾아와 즐기는 명소로 탈바꿈시킬 수 있다는 것을 여실히 증명해 준 모범적 사례이다.

서울시가 2005년에 복원한 청계천은 우리 방식으로 도심형 친수공간을 조성해 낸 사례라고 할 수 있다. 시민만이 아니라 관광객들도 복원된 청계천을 많이 방문해 수변을 따라 걷고, 휴식을 취하는 모습, 각종 문화이벤트나 공연을 하는 모습을 보면, 나름 성공한 친수공간이라는 생각이 든다. 그러나 샌안토니오강을 따라 고급호텔들과 상점들, 다양한 레스토랑이 들어서 있고, 수변에는 리버택시 같은 배들이 떠다니는 리버워크와는 많이 다르다는 것을 느끼게 되는 것은 어쩔 수 없다.

우리나라 도처에 있는 물들이 다양한 형태의 친수공간으로 변모되어 지역을 발전시키는 중요한 관광명소가 되길 기대해 본다.

PART 2

우리가 꿈꾸던
명품형 관광개발 계획

PART 2

앞 장에서 살펴본 디즈니랜드 개발, 랑독루시옹 리조트 개발, 올랜도와 나오시마 개발, 워터프런트 개발 등은 20세기 후반부터 미국, 프랑스, 일본 등 선진국 정부와 민간부문에서 개발해 크게 성공한 사례들이다. 우리나라도 1960년대부터 나라 발전을 위한 관광단지 개발 등 나름 노력을 많이 해왔다. 정부가 앞장서서 필요한 정책과 법제도를 강구했고, 공적 투자도 하고 민간투자를 유치하려 애를 쓰기도 했다.

관광개발 측면에서 보면 우리나라는 1970년대부터 관광지와 관광단지를 전국에 조성토록 촉진시키는 제도를 고안해 제주 중문관광단지와 경주 보문관광단지 등이 집중 개발되도록 하는 정책을 폈고 나름 효과를 발휘했다고 본다(2018년 기준으로 전국에 43개소가 관광단지로 지정되어 개발 중). 또한 1990년대에는 이태원, 해운대, 유성 등에 외국인 대상 관광서비스를 늘려주는 관광특구제도를 만들기도 했고, 2000년대에는 민간기업들이 관광레저형 도시를 개발할 수 있도록 제도를 신설하기도 했다.

이런 노력들로 요즘 전국적으로 많은 관광위락시설과 휴양시설들이 개발되었다. 그 기간 중 우리나라 경제도 많이 발전하여 각종 문화시설이나 여가선용시설들이 확충되었고 전국의 도로, 철도, 공항 등 교통시스템이 발전되어 주말이면 국내 관광을 떠나는 차량들이

고속도로들을 꽉 채우고, 연휴에는 국제공항들이 해외관광을 떠나는 사람들로 북적거린다.

겉으로 보면 선진국과 비슷한 관광행태를 보이고 있으나, 실제로는 심각한 해외관광수지 적자가 지속되고 상당수 국내 관광단지들은 관광객들이 줄어들어 정상적 경영이 어려운 지경이다. 그러는 가운데 1년에 연인원 4억 명이 넘는 국내관광객을 조금이라도 더 자기 지역으로 유치해 보려고 전국 230여 개 기초자치단체들은 비슷비슷한 관광시설 개발을 연이어 추진하고 있다. 창의적 경쟁력을 갖추지 못한 채 그저 따라 하기에 급급한 관광개발은 오히려 지역 경제발전에 기여하지 못할 수도 있다.

더욱이 우리나라는 제조업 경제성장 정책이 효과를 다해 가고 있어 심각한 저성장과 실업률 증가, 일자리 부족사태 등에 골머리를 썩고 있다. 이제 우리 모두 정신을 새롭게 해 참신한 정책과 색다른 전략을 강구해야만 할 시기이다. 관광서비스산업이야말로 새로운 고부가가치를 창출할 수 있는 원동력이다. 20세기 후반부터 미국 등 다른 나라에서 성공시킨 명품 관광시설 개발을 우리나라도 본격적으로 도입할 필요가 있다. 내국인은 물론 세계인의 관심과 사랑을 이끌어 낼 만한 문화관광 상품의 개발은 현재 우리가 직면한 경제사회적 문제들을 비교적 빠르고 효과적으로 해결하는 데 도움이 될 것이다.

과거 제조업을 중시하고 제조업이 근간이 되어 경제성장을 이뤄온 우리나라는 문화관광산업의 관점에서 살펴보면 다소 부족한 정책과 개발 추진에 걸림돌이 되는 제약사항들이 많았다. 문화관광산업의 건강한 성장을 위해서는 과거, 그리고 현재에 어떠한 제약요소들이 존재하며, 어떻게 이를 효과적으로 극복할 것인가에 대한 고민이 반드시 필요하다.

이러한 관점에서 이번 장에서는 지난 몇 십년 간 정부와 지자체에서 추진했던 여러 관광개발 프로젝트들의 사례와 추진 내용과 과정 등을 살펴보고 이를 통해 세계 일류 볼거리 등 관광거리의 고급화 등을 위한 효율적 추진 방안을 찾아보고자 한다.

81

마카오를 능가할 특수 관광단지, 앨리스랜드 개발 구상

세상에는 카지노나 경마, 포커 같은 게임을 즐기는 사람들이 많다. 승부욕이나 호기심이 강한 사람들이 대체로 그렇다고 한다. 그런 사람들이 게임을 보다 편안하게 즐기도록 서비스하며 숙박, 식음, 유흥 오락 등 부대적 서비스도 함께 제공해 주는 카지노장이나 경마장 등이 많이 개발되어 있다. 우리나라에도 카지노장이 전국에 17개소 (2018년 기준으로 외국인 전용 16개소, 내국인 전용 1개소, 문체부 발간 '2017년 관광동향에 관한 연차보고서' 참조), 경마장 3개소 등이 성업 중이다. 세계적으로는 미국의 라스베이거스와 중국의 마카오가 카지노 관광도시로 정평이 나 있다. 물론 라스베이거스는 카지노장보다는 컨벤션과 휴양관광 여건이 우수한 MICE(Meeting, Incentive, Convention, Exhibition) 전문 관광도시로 도시발전 전략을 변화시켰지만, 세계 각처에는 아직도 게임 서비스와 부대 서비스가 동시에 제공되는 카지노 복합리조트(IR)가 인기리에 운영되고 있다.

라스베이거스 복합리조트들의 모습

  우리나라와는 달리, 오래전부터 카지노 등 사행행위를 국가정책상 금지시키고 있는 중국같은 나라들이 있으나, 싱가포르나 일본처럼 최근 들어 억제 정책을 폐지하고 카지노 복합리조트(IR) 개발을 전격적으로 허용한 나라들도 있다. 주로 복합리조트 개발이 가져올 관광객 유치 증가와 고용창출, 세수증대 등 경제적 효과가 크기 때문에 카지노장 등 특수 관광개발을 통한 지역발전을 촉진시키기 위해서다. 우리나라의 경우 현재 인천국제공항 앞에 파라다이스시티가 국내 최초 복합리조트로서 2년 전에 개장되었다. 그리고 제주도 서귀포시 제주신화역사공원 내 제주신화월드지구가 복합리조트로 2018년부터 운영되고 있으며 인천공항 인근 영종도에 2개소가 추가로 개발되고 있다.

  한편, 1990년대 초반 인천시 정부는 바람직한 인천의 미래를 만들어 내기 위한 시정 목표와 전략을 자체적으로 세워놓고 그 당시 내무부, 건설부, 교통부 등 정부 부처들로부터 긴밀한 협력을 이끌어 내려는 바텀업(Bottom-up)식 행정 자세를 견지하고 있었다.

마카오 복합 리조트 모습   마카오 카지노장 내부 모습

영종도 복합 리조트 조감도

다른 지자체에서는 찾아보기 어려웠던 이런 자발적 업무추진방식
은 결과적으로 인천지역에 세계 최고수준의 국제공항이 건설되게 하
고 송도매립지에 첨단 신도시를 조성케 했으며 국내 최대이자 세계 5
위인 인천대교가 건설되게 하는 등 대형 공공프로젝트들이 동시에
여러 개가 추진될 수 있도록 작용했다. 과거 회색빛 공업도시, 항구도
시였던 인천시를 앞장서서 국가발전을 이끌어 가는 미래형 첨단도시
로 빠르게 발전시키는 엄청난 효과를 끌어낸 것이다.

인천시가 그렇게 목표지향적인 자율 행정을 강하게 추진할 수 있
게 만든 당시의 인천시장과 관련 공직자들은 주인의식을 갖고 인천시
의 미래를 스스로 개척해 나간 모범 공직자임에 틀림없다. 그들의 통

찰력과 적극적 행정 등은 크게 칭찬받기에 충분하다.

하여튼 1990년대 중반은 인천시 관내 영종도와 용유도 주변에 세계 일류급 국제공항이 건설되고 있었다. 그와 더불어 인천시 공무원들은 신공항 건설지구 인근에 있는 용유도와 무의도 해안을 활용한 국제적 해양관광위락시설 개발을 주도적으로 추진하려는 구상을 했다. 연간 5천만 명에 달할 것으로 예측되는 미래의 국제공항이용객들을 대상으로 세계적 관광위락시설을 개발하고, 그런 관광개발이 가져다줄 경제적 부수효과를 인천지역이 최대로 얻어 내겠다는 대담한 구상이었다.

이외에도 인천시 관내의 5백만 평에 달하는 수도권 쓰레기 매립지와 6백만 평 규모의 송도해수욕장 앞 갯벌을 적극 활용하여 첨단 비즈니스 도시도 건설하겠다는 야심찬 계획들도 함께 수립하여 정부기관들을 설득해 나가는 등 다방면의 노력을 전개하고 있었다.

당시 일본은 오사카 앞바다를 매립하여 세계 최고수준으로 간사이 국제공항(1994년 9월 완공)을 활발히 건설하고 있었고, 중국은 상하이시 푸동지구에 국제공항 건설(1999년 10월 완공)을 시동 거는 등 1990년대 말부터 전 세계에 불어 닥친 세계화라는 국제경제교류 변화에 능동적으로 부응해 나가고 있었다.

세계화 추세를 맞이하여 자국의 이익을 크게 제고시키려면 각종 물동량을 빠르게 처리할 수 있는 대형 국제공항이 필수적이므로, 이런 공공인프라시설을 자기 역내에 서둘러 개발하려는 경쟁이 동북아 지역에서도 나타나고 있었다. 그런 측면에서 볼 때, 우리나라는 일본 오사카 간사이공항 건설보다 시작은 늦었으나 영종도 주변의 갯벌 상태가 좋아 공사기간이 짧아지고, 공사비도 적게 들어 가성비가 높은 월드클래스급 국제공항건설이 용이했었다.

결과적으로 인천국제공항이 간사이공항보다 제반 여건이 유리한 경쟁력을 갖게 되어 세계적 항공사들과 수많은 공항이용객들이 선호하는 국제공항으로 자리 잡는 데 성공했고, 2001년 개항 이후 줄곧 세계 최고의 국제공항이라는 평가를 받게 되었다.

인천시는 동북아시아의 핵심적 국제공항 건설이라는 대역사가 가져다줄 대규모 공항이용객 및 외래관광객 신규수요 발생을 예측하고, 그런 관광수요를 인천으로 최대한 유치해 내기 위한 관광위락시설들을 영종도 공항 인근에 집중 개발하려고 했다. 그래서 (가칭)인천 해양관광 종합개발계획을 사전에 수립해 인천지역이 관광산업부문에서도 획기적으로 발전해야겠다는 의지를 갖고, 당시 건설교통부 산하 교통개발연구원의 관광연구실에 관련 개발계획 수립 용역을 의뢰해 왔었다. 우리 연구원에서는 그 과업의 의미와 내용이 인천을 포함한 우리나라 관광산업 전체에 미칠 영향이 크고 중요하다고 판단했기에 기꺼이 그 과업을 맡았었다. (그 당시 인천시에서 제반 업무를 주관하던 박연수 국장(후에 소방방재청장 역임)과 관계공무원들에게 깊이 감사드린다.)

그때 나는 동 프로젝트의 총괄 책임자로서 인천시 관내의 영종도, 용유도, 무의도에 세계 일류급 해양관광단지를 개발하기 위한 목표와 전략을 고안해 내고 관련 프로젝트들을 발굴, 기획했다. 그리고 효과적으로 개발해 갈 사업추진방안을 수년에 걸쳐 고민하며 수립했다.

**영종도, 용유도, 무의도와
주변 섬들**

　그 과정에서 세계적 해양관광지들과 관광위락시설들의 성공과 실패사례 등을 조사하고 인천과 수도권 지역 전체의 관광 발전 추세와 미래 전망, 중국, 일본 등 동북아 국가들의 관광수요 전망과 경쟁여건, 인천시 관내 영종도와 용유도, 무의도 등지에 도입 가능한 관광위락활동들과 해당 시설들의 종류와 규모 및 조성방법, 개발 시기와 소요재원 추정 및 조달방안, 민간투자유치방안, 마케팅 방안, 법제도적 개선방안 도출 등을 연구하느라 연구진들과 밤잠을 설치기도 했다.

　영종도 바로 옆의 용유도와 무의도는 새롭게 건설될 국제공항과 가까운 섬으로서 세계 일류급 관광휴양시설과 위락시설을 집약적으로 개발하고 운영하기에 유리한 자연환경과 입지성을 갖추고 있었다. 특히 인천 국제공항을 이용하게 될 거대한 중국관광시장을 주 타 깃으로 하는 관광위락시설을 무의도 끝부분과 그 바로 앞 실미도의 입지형태가 동그랗게 둘러싸인 부지에 배치하기가 용이해 카지노와 유흥, 위락 등 특수 관광위락 시설을 조성하기에 적합했다.

연구진들이 볼 때 '이상한 나라의 앨리스'라는 동화처럼 앨리스가 낯선 공간에서 환상적 경험을 하게 된다는 이야기를 연상케 만드는 (가칭)앨리스랜드라는 특수 관광위락단지를 100만 평 규모로 조성하면 타당성이 충분할 것으로 조사되었다. 그 단지에는 '리틀 라스베이거스, 하나개밸리, 엔젤타운' 등 3개 서브 존으로 개성 있게 조성하는 방안이 제안됐는데, 라스베이거스에서 볼 수 있는 테마형 카지노 호텔 5개, 컨벤션 센터와 전시장, 카툰 월드, 콘도, 상가, 편의시설 등을 입지시켜 동북아 최고 수준의 관광위락 전문단지가 조성되게 하려는 것이었다. 중국의 마카오를 능가하는 카지노장, 경륜장과 경견장 등 사행시설을 집약시키고 전시 컨벤션 시설, 각종 쇼와 공연, 이벤트 등을 친수공간에서 즐길 수 있게 하는 세계 일류, 동북아 최고 수준의 관광위락 중심지를 개발하려는 의도였다.

주인공 앨리스가 체험했던 이상한 나라 같은 환상적 관광위락단지가 무의도에 개발되면 인천공항 이용객으로 인한 신규관광수요 이외에 게임과 위락을 추구하는 전 세계 게임관광객들이 별도로 방문하게 되어, 인천을 포함한 한국 관광 전체의 발전이 촉진되는 좋은 기회를 얻게 될 것이므로 인천시가 적극 추진토록 제안했다.

또한 용유도 하단에 있는 잠진도 부근에는 (가칭)마린월드라는 50

여만 평 규모의 해양관광단지가 '머드파크, 마린파크, 아시안 쇼케이스 등' 3개 시설지구로 제안되었으며, 용유도 북단의 왕산해수욕장 주변에는 '왕산빌리지, 을왕파크, 선녀마을, 용유플라자'라는 4개 지구로 구성되는 (가칭)드래곤시티를 50여만 평 규모로 개발하는 방안을 제시했었다.

그리고 영종도에는 만국도시와 해안구릉지를 활용한 월드클래스급 골프장을 5개 조성하는 대담한 방안을 제안했었는데, 동 사업의 최종 목표연도였던 2012년까지 이런 제안들이 모두 추진되었거나 아니면 최소한 2005년까지 1단계 제안사업이라도 추진되었다면 우리나라는 마카오나 싱가포르의 센토사를 능가하는 국제적 해양관광단지를 보유했을 것이다. 그리고 국내관광산업의 고부가가치화와 수많은 고용창출, 세수확보 등 경제적 효과를 다양하게 거두며 동북아의 관광중심지로 도약할 수 있었을 것이다.

대담한 목표와 비전, 구체적 전략과제 개발을 주문한 인천시는 많은 노력을 기울였고 주무부처인 문화관광부로부터 2001년부터 행정적, 재정적 협조를 해주겠다는 약속을 받기도 했으나 기획재정부 등 유관 부처에 대한 설득과 협력을 이끌어 내지는 못했다. 앨리스랜드와 같은 특수위락형 관광단지를 무의도와 실미도 사이에 집중 개발하면 가까운 장래에 마카오를 능가할 큰 경제적 효과를 얻게 되고 외래관광객 유치 역량이 크게 제고될 호기가 마련될 것이라는 점에 대한 범정부적 이해가 부족했었다. 그로 인해 수년간에 걸쳐 계획된 세계적 특수관광단지 개발 제안은 결국 실현되지 못했다. 당시 책임 있

마카오 위치도　　　　마카오 야경 모습

는 인천시 당국자들이 중간에 바뀌게 되면서 인천시를 포함한 정부 공직자들이 중국 등 세계관광시장의 변화와 영종도 주변의 입지적 장점 등에 관한 인식이 미흡했고, 관광산업의 중요성에 대한 관심 부족 현상 등이 불발탄의 주요 원인이었다고 생각된다.

참고로 마카오는 2001년도에 1964년부터 이어져오던 카지노 독점체제를 허물고 카지노산업을 개방하여 카지노 재벌 스티브 원을 불러들이는 등 제2의 대대적 관광개발 프로젝트를 추진해 2018년 현재 42개의 대형 카지노장에서 연간 40조 원대의 매출을 올릴 정도로 발전했다. 만약 1990년대 중반 인천시가 추진하려 했던 해양관광종합개발계획이 제대로 추진되었다면 스티브 원 같은 미국의 카지노사는 영종도 공항에 인접한 무의도에 조성될 앨리스랜드라는 특수관광단지에 유치될 수 있었을 것이다. 그 결과 인천지역과 우리나라는 엄청난 관광외자유치와 외래관광객 유치 증진을 실현시키며 관광산업을 통한 경제적 발전을 구가하게 되었을 것이라고 생각한다.

인천 용유도와 무의도 지도   **(가칭) 앨리스랜드 개발 유사사례 모습**

많은 아쉬움이 남았지만 나는 인천시가 의뢰한 동 프로젝트를 통해서 한층 더 지역사회와 국가 발전을 가속화시킬 관광개발 전략에 대해 깊이 연구하고 경험할 수 있었다. (당시 함께 일했던 연구진들과 공직자들에게 감사드린다.)

동북아 세계화를 이끌
자유도시 개발 건의

오늘날 우리나라 사람들과 아시아인 등 세계인들이 애용하고 있는 인천국제공항은 1992년 11월부터 영종도와 용유도 사이의 갯벌을 매립해 건설부지를 확보하고 그 위에 활주로와 여객청사를 건립해 약 9년이 지난 2001년 3월에 개항했다. 그 이후 계속해서 세계 최고 공항으로 평가받는 세계적 명품공항이다.

우리나라 교통 분야에서 세계인을 놀라게 한 국제공항을 개발했다는 사실이 자랑스럽다. 관광 분야에서는 아직 그렇게 세계인들을 놀라게 하는 관광시설 개발이 없었기에 더 그렇다. 그런 세계적 국제공항을 건설해 가던 1994년 말에 당시 건설교통부 산하 교통개발연구원(현, 한국교통연구원의 전신)의 원장과 일부 전문가들은 수도권 국제공항이 새롭게 입지하게 될 영종도 일대에 (가칭)세계자유도시라는 명칭의 특별한 도시를 국가전략 차원에서 개발해 보자는 생각을 했다. 신국제공항 주변에 특수목적 도시를 전략적으로 개발해 그 당시 세계적으로 강화되던 세계화 트렌드에 능동 부응하고 우리 경제를 확실히 선진화시킬 계기를 만들어 보자는 생각을 갖고 있었던 것이다.

당시 교통개발연구원 원장으로 갓 부임해 온 양수길 박사는 국제경제 전문가로서 중국과 일본, 극동 러시아 등 동북아시아 지역을 수시간 내에 연결할 수 있는 중간 지점에 위치할 영종도 신국제공항의 입지적 장점을 최대로 활용하는 특별한 도시를 개발할 필요성과 기본방향을 제시했다.

그 즈음 세계는 비행기를 타고 여러 나라 비즈니스 현장으로 빠르게 움직여 가는 기업가, 자본가, 전문가 등의 활동이 급속히 증대하고 있었다. 그런 사람들의 비즈니스 활동에 필요한 법률, 금융, 행정, 정보 서비스를 효과적으로 지원해 주는 특별한 도시를 중국이나 일본보다 먼저 개발하여 동북아 국가간 재화와 자본, 인재와 아이디어의 이동이 보다 자유롭고 편리하도록 해 줄 수 있다면 그런 도시는 세계에 없는 국제적 비즈니스 허브가 될 것이었다. 만약 우리나라 내에 그런 기능을 수행하는 특별한 지역이 조성된다면 빠르게 세계 일류 선진국으로 진입할 것이라고 확신했었다.

교통개발연구원과 같은 국책연구기관은 국가의 획기적 발전이 촉진되게 될 미래형 국책과제를 전략적으로 발굴하여 정부에 건의하는 활동을 해나가는 것이 주요한 임무였다. 그런 관점에서 양수길 원장 지휘 하에 한시적으로 교통개발연구원 내에 데스크포스를 구성했고, 나는 관광 분야 전문가로서 함께 참여했다. 그 당시는 청와대 내에 사회간접자본기획단이라는 특수 조직이 운영되고 있었는데, 우리는 그 사업단에 영종도 인근에 (가칭)세계자유도시 건립 구상을 제시하게 되었다.

그때 나는 국가가 주도할 대규모 개발 프로젝트를 관련 전문가들과 함께 협력하여 제안해 보는 귀중한 경험을 할 수 있었다. 그 당시 교통개발연구원이 보유한 교통전문가, 경제전문가, 관광전문가 등으로 환상적 특수 팀이 한시적으로 꾸려졌고, 집중적으로 관련 작업이 이루어졌다. 당시는 1991년 12월 구 소련체제가 붕괴됨에 따라 정치적 이념대결이 퇴조하고 민간의 자유로운 기업활동에 의한 경제 제일주의, 세계화를 확산시키는 방향으로 국제경제질서가 새롭게 형성되던 시기였다. 세계 각국의 무역장벽을 제거하기 위한 우루과이라운드(UR)가 1993년 12월에 타결됨에 따라 자유무역과 개방화가 세계적으로 확산되고 무한경쟁시대에 돌입하게 되었다.

그때부터 본격적으로 세계 여러 나라들의 기업가와 자본가들은 노동력, 원자재, 정보와 기술 등을 확보하는 데 가장 유리한 장소를 찾아서 세계 각처로 출장을 다니고 현지투자 또는 전략적 제휴를 확대해 가는 시대였다. 그러므로 그런 국제적 경제 트렌드에 맞는 사업여건을 제공하지 못하는 나라는 경제적 쇠퇴로 큰 손해를 입게 될 우려가 컸던 시기였다.

한편, 세계는 '북미, 유럽, 동북아'를 3극으로 하는 지역주의가 확산되고 있어 EU, NAFTA 등의 결성에 대응하여 아태지역 협력체계(APEC)의 강화와 동북아 지역경제권의 구상이 새롭게 제기되는 등 역내 경제협력과 블록간 경쟁이 병행되는 지역주의가 세계적으로 대두되고 있었다. 그에 따라 우리나라가 속한 동북아시아 지역은 지리적으로 근접해 있고 한자문화권이라는 공통성을 가지고 있어서, 다른 여타 블록보다는 공생적인 경제 운영이 용이할 것으로 예측되는 지역이었다.

이러한 세계적 변화 속에서 우리나라가 선진국으로 발전하려면 과학기술 개발 능력을 제고시키면서 동시에 개방화, 자유화 등을 추진하는 국가전략 설정이 필요했다. 예를 들어 첨단기술을 보유하고 있는 세계유수의 기업을 한국으로 여러 개 유치하거나 우리 국내 기업과 그런 세계적 기업들이 전략적으로 제휴하여 필요한 기술 습득과 공동으로 제품 개발을 하게 하거나, 범세계적인 판매망을 가진 다국적 기업들과 연계해서 국내기업들의 국제적 마케팅 능력을 제고시키게 하는 등의 업무에 정부가 정책적으로 앞장설 필요가 있었다. 그렇게 함으로써 세계 일류기업과 우리 기업들의 교류와 경쟁이 촉진될 기회가 늘어나고 우리 경제의 국제화 수준과 경쟁력이 효과적으로 향상되게 되므로, 그런 내용의 국가 발전 전략을 세워나갈 수 있기 때문이었다.

이런 관점에서 동북아시아의 경제적 역동성을 최대한 살리고, 각종 비즈니스가 원활히 추진되게 해주는 특수목적 도시를 영종도에 건설 중인 신국제공항 주변에 집중 조성해 아래와 같은 3가지 기능을 수행할 수 있게 하려는 제안을 구상하게 되었다.

첫째, 기술과 자원을 고도로 결합하는 고부가가치형 생산기반을 구축하여 산업발전의 전진기지, 모범기지를 형성하고

둘째, 항공, 육운, 해운까지 모두 연계하는 교통수송망을 확충하여 국제적 물류시스템의 중심지가 되도록 하며

셋째, 국내외 첨단산업, 정보통신, 금융, 법률, 경영기술, 연구개발 기능 등을 수행하는 기업과 단체를 집중 배치하여 상호간 시너지효과를 극대화시키는 기능을 수행케 한다.

이런 관점과 인식하에 당시 태스크포스에서 구상했던 (가칭)세계자유도시는 다음과 같은 개념을 새롭게 고안해 내고 관련 개발구상들을 수립했다.

즉, '세계자유도시'란 첨단 사회간접자본을 바탕으로 다국적 기업들을 유치하여 그들의 경제활동 자유를 세계 최고 수준까지 허용해 줌으로써 동북아 지역 경제권의 허브기능을 담당하는 미래형 도시를 의미한다.

여기서 '첨단 사회간접자본'이란 국제간의 물리적 거리를 단축할 수 있는 국제공항(Airport), 항만(Seaport), 통신망 중심지(Teleport)와 도시의 각종 기능이 효과적으로 수행되게 하는 제반시설을 의미한다.

'세계 최고 수준'이란, 국제적 자유도시의 기본적 도시기능 유지와 안전보장을 위한 규제 이외에는 각종 경제활동에 필요한 자유를 모두 허용하는 것을 의미하는 것으로 싱가포르, 홍콩 등을 능가하는 기업 활동의 자유(NO REGULATION), 국제 노동력의 자유로운 이동(NO

VISA), 외국인 투자와 무역교류, 금융, 세제, 토지이용 등의 자유가 최대한 보장되도록 하는 것을 말한다.

이러한 특별도시를 건설할 장소로는, 영종도 주변에 넓게 펼쳐져 있는 갯벌이나, 간척지, 유휴지 등 자연여건을 잘 활용하면 수천만 평 규모의 개발 부지를 확보하기가 용이하므로 (가칭)세계자유도시 건립에 필요한 부지를 영종도 주변에서 확보하는 게 바람직하다고 생각했다. 그런 방안에 따라 정부가 특정 지구를 구획하고 공공개발과 민간개발 및 제3섹터에 의한 개발방식을 적절히 혼합하여, 다음과 같은 3개 기능을 수행하는 특수목적 도시를 개발하면 동북아시아와 세계의 기업가들과 자본가, 창의적 인재들이 많이 몰려들게 되고, 우리나라는 선진국으로 획기적 도약을 이룰 것이라고 확신했다.

(가칭)세계자유도시에 조성될 3대 기능과 중점적 하드웨어 개발방향

- **중계운송 및 보관기능:** 최첨단 미래형 공항, 항구, 물류단지 관련시설 등
- **산업 및 금융기능:** 텔레포트, 세계유명기업들의 지역HQ, 국제무역·금융시설, 국제교류 및 업무시설, 첨단산업 제조 및 가공 시설 등
- **관광 및 연구기능:** 해양 레저포트, 골프장 등 운동오락시설, 위락시설, 주거시설, 연구개발 시설, 공원, 녹지 등

하지만 이런 3대 기능이 원활히 수행되는 특별 도시를 개발하려면 기존의 국내법령과 제도를 혁신적으로 개선하지 않으면 불가능했다. 또한 영종도에 건설되는 신국제공항 투자 이외에 텔레포트, 레저포트 등 각종 하드웨어를 구비해야 하므로 수조원 이상의 투자가 추가로 소요되는 거대한 프로젝트 제안이었으므로 국가차원의 특단의 결심이 선행되어야만 가능한 구상이었다.

당시 우리 팀에서는 이런 세계화 경제를 주도할 자유도시를 세계 최고수준으로 건립하고 운영해 나가려면 무엇보다도 행정체계가 기존의 지방자치단체 등과는 다른 형태로 만들어지는 게 필수적이라고 생각하여, 도시행정의 자율권을 서울특별시 수준보다 더 확대시키는 혁신적 정책이 마련되어야 한다고 생각했다. 그런 특수행정기관이 대통령이나 국무총리 직할로 설치되고 동 세계자유도시의 책임자는 일정기간 동안 임명직으로 지명하되, 자유도시 기능이 완전히 정착되는 시점이 되면 선출직으로 전환하는 방안을 추진하자는 생각도 했다.

세계자유도시의 지방의회는 주 거주자인 외국인들도 참여해 구성토록 하는 게 필요하므로 이런 자유도시가 활발히 운영될 때까지는 잠정적으로 지방의회 구성을 유예하는 게 바람직하다고 생각했다. 세계자유도시의 자치행정 조직은 국방, 외교, 치안, 국세 등 통치권 차원의 국가사무는 중앙정부에서 직접 수행토록 하되 그외 행정은 자율권을 최대한 확대시켜 처리하도록 하는 게 필요하므로, 이 모든 생각을 실현시키려면 별도로 특별법을 제정해야 한다는 구상을 하고 있었다.

물론 새로 제정할 특별법에는 외국인의 체류요건과 출입국 절차를 간소화하고 외국인 단순 기능 인력의 취업제한을 풀어줄 뿐만 아니라 근로조건에 대해서도 국제적 관례가 적용되는 법체계를 별도로 제정하여 노사관계 등에서 국내 노동관계법의 예외를 인정받을 수 있도록 조치하며 노사문제 관련 옴부즈만 제도의 실시, 노동자 해외 연수 등을 적극 실시하여 선진적 노사관행이 정착될 수 있도록 제도적 지원 장치를 마련하는 것도 필수적이라고 보았다.

또한 세계자유도시 기능 수행과 관련된 각 분야의 외국인 투자를 전면 자유화하고(생산기능뿐 아니라, 전략거점지로서의 기능 유지에 필요한 국제적인 법률회사, 회계법인 등의 유치도 자유롭게 함), 세계적 수준의 교육기관 유치로 언어, 관습 등의 국제화를 촉진시키는 제도를 함께 강구하며, 외국기업에 대해 세계 최고 수준의 금융, 세제 지원장치를 마련, 특히 외환, 자본거래 분야의 자율화를 폭넓게 추진하여 자금 조달면에 있어서 편리한 여건을 조성할 수 있도록 배려하는 등 그 당시 기존 법령제도로는 도저히 불가능한 꿈같은 생각들을 (가칭)세계자유도시 내에서는 가능할 수 있게 완전 혁신을 이룩해 보자는 대담한 생각을 했었다. 국제적 교역활동의 자유, 기존의 외국인 토지취득 및 관리에 관한 법률의 적용을 배제하여 외국인 토지사용에 대한 규제의 최소화도 이루어지도록 하는 게 바람직하다고도 생각했다.

이런 방향과 내용으로 '1994년 말에 (가칭)세계자유도시라는 획기적 개념의 특별 도시를 영종도 신국제공항 건설지 주변에 건립하고 운영토록 하여 그 도시로 동북아시아 등 세계 각처에서 기업가와 자본가, 투자가들이 모여들고 창조적 인재들이 만나서 각종 비즈니스를 자유롭게 수행하며 편안하게 관광여가를 즐길 수 있게 만들자는 꿈같은 제안이었다. 진행될 수만 있다면 확실한 발전을 이룰 것이라는 확신이 있었다. 25년이 지난 지금 시점에서 판단해 보아도 혁신을 넘어 파격적인, 당시로서는 거의 비정상이라고 힐난 받을 수도 있는 개발 아이디어였다. 하지만 우리는 중국 등 주변 경쟁국들보다 먼저 이런 특별 지구를 개발, 운영하면 우리나라가 세계 일류 경제선진국으로 빠르게 발전할 수 있을 것이라 판단했다.

결과적으로 그 제안은 당시 정부에서는 추진할 수 없는 것으로 끝나고 말았다. 많이 아쉬웠지만 당시 우리나라의 여건이나 역량상 어느 정도는 이해할 수 있는 포기였다. 그러나 그런 제안이 포기된 후 불과 3년 뒤에 우리나라는 IMF사태를 맞이하게 되었는데, 만약 3년 전 당시 교통개발연구원(현 한국교통연구원의 전신)에서 제안했던 세계자유도시 개발 구상이 진행되었더라면 그런 불행한 사태가 방지될 수 있지 않았을까? 하는 생각이 들기도 한다. (당시 선견지명을 갖고 리더십을 발휘하셨던 교통개발연구원 양수길 원장님께 깊이 감사드린다.)

참고로 IMF체제로 인해 새롭게 1998년에 출범한 김대중 정부는 우리나라의 불행한 사태를 조기에 극복하고 선진적 경제시스템을 갖추기 위한 정책들을 강력하게 전개하기 시작했다. 그런 정책의 일환으로 제주도에 대해 시범적으로 (가칭)국제자유도시를 개발하기로 전격 결정하고 필요한 개발 전략과 프로젝트를 발굴하며, 특별 법령제도의 마련과 추진전담기구 설립 등의 업무가 1999년부터 국무총리실 주재로 본격 추진되었다. 그 당시 나는 교통개발연구원에서 5년 전 제안했던 (가칭)세계자유도시 개발 구상이 제주도에서 다시 살아나게 되는 것 같아 반가운 마음이 들었고, 제주도라도 그런 방향과 내용으로 개발된다면 매우 효과가 클 것이라고 생각했었다. 그런데, 2002년에 내가 제주국제자유도시 개발 사업에 직접 참여하게 되는 일이 생겨났다. 인생은 참으로 한 치 앞을 알 수 없다는 말이 들어맞게 된 것이다.

수도권 최고의 문화관광단지 개발

경기도 고양시 일산 신도시의 호수공원 옆에는 한류월드라는 문화관광복합단지가 있다. 그곳에는 이미 대명그룹의 MVL호텔이 300객실 규모로 개발되어 운영 중이며, 문화한류의 상징인 K-Pop 관련 공연장이 조성되고 상업시설과 편의시설들이 조성될 예정이다. 바로 옆에는 수도권 최대 규모의 전시컨벤션 센터인 킨텍스가 자리 잡고 있어 향후 전시 · 컨벤션과 문화시설들이 어우러진 수도권 최고의 문화관광단지로 발전될 지역이다. 한류월드 프로젝트는 2000년 말 당시 심각했던 수도권 내 관광숙박시설 부족사태와 문화관광시설 부족사태를 효과적으로 해결하려 추진했던 중요한 정책사업이었다.

사실 약 20년 전에는 서울, 경기, 인천 등 수도권을 방문하는 외래 관광객들이 사용할 숙박시설들이 많이 부족했었다. 특히 개별관광객이나 젊은 계층들이 선호하는 중저가형 관광숙박시설이 부족했었고 계속 그런 현상이 심화될 우려가 클 것임을 예견하고 문화관광부가 타

부처와 협조해 수도권에 중저가형 관광숙박과 문화시설이 개발되도록, 특정 단지를 국가전략 차원에서 개발하려 했던 정책사업이었다.

1970년대부터 우리 정부가 제조업 발전과 수출지원을 위해 적용해 왔던 산업단지나 공업단지 조성 방식과 같이, 관광숙박시설과 문화시설 개발을 촉진시키려는 야심차고 창의적인 개발방식이었다. 수도권 내 일정지구를 숙박문화관광시설 건설용 특정 지구로 획정하고 개발 부지를 정부가 앞장서서 마련해 놓고 민간기업들이 최대한 저렴하게 부지를 구입해 관련시설들을 건설하도록 지원해 주려는 사업으로서, 2000년 당시로서는 매우 바람직한 정책개발 사례였다. 정부가 앞장서서 관광산업을 발전시키려는 수도권 최초, 최고의 관광개발 계획으로 2010년경 완공을 목표로 했었다.

그 당시 나는 경기도 산하 관광진흥본부의 책임자로 근무하고 있었는데, 마침 문화관광부의 공고에 의해 서울시와 인천시, 경기도 등 수도권내 3개 광역지자체를 대상으로 수도권 숙박문화관광단지 개발 후보지를 공개경쟁에 의해 결정할 방침임을 알게 되었다. 나로서는 무엇보다도 동 프로젝트의 중요성과 기대효과가 클 것으로 예상되었기에 당시 임창렬 경기도지사께 적극적 대응을 건의해 승인을 얻어냈다.

그 후 서울시, 인천시 등과의 후보지 공개경쟁에서 심사위원들에게 경기도 일산지구의 입지 경쟁력과 경기도의 적극적 지원 방침 등을 설명하여 일산 호수공원 후보지가 선정되도록 애를 썼고, 최종적으로 문광부는 일산지구를 적격지로 결정했다. 당시 임창렬 지사와 이인재 국장(후에 파주시장 역임) 등 경기도 관계자들은 모두 기뻐했고, 도의회 의원들까지 나서서 개발후보지를 매입할 거액의 예산을 기꺼이 확보해 주기도 했다.

정부가 국가적 전략과제로 추진하게 된 수도권 숙박문화관광단지(그 후 2005년 고양문화관광단지로 행정적으로 사업명칭을 변경, 일반적으로 2008년까지 한류우드라고 호칭하다가 한류월드로 개칭하게 됨) 개발은 가급적 중저가 관광호텔들이 다수 입지하도록 부지가격을 저렴하게 하고, 투숙객들이 한국의 문화예술을 즐기고 체험할 수 있는 문화예술 관련 시설도 입지토록 하며, 각종 상업시설과 편의시설, 도로 등 인프라 개발에 정부와 경기도가 함께 협력해 가는 사업이었다.

나로서는 디즈니랜드 규모와 비슷한 30만 평 개발 부지에 세계 일류급 문화관광단지를 개발할 좋은 기회라고 생각했다. 그래서 김진문 팀장, 임형순 박사, 강동한 팀장 등 경기도 관광진흥본부(후에 경기관광공사로 발전) 직원들을 모두 동원하여 명품형 문화관광단지로 개발하기 위한 계획 수립에 만전을 기했었다.

일산 호수공원은 그 자체가 명소이고 인근의 킨텍스는 수도권 최고의 전시컨벤션 장소이며 임진각, 외래관광객들이 수백만 명씩 방문하는 DMZ, 헤이리마을 등이 있는 파주지역과 가까운 점 등 장점이 많은 곳이다. 그런 일산 호수공원 옆에 세계적 수준의 문화관광단지를 개발하면 다양한 시너지 효과가 발생하고 수도권 최고의 관광허브가 될 것이 분명했다.

나는 그곳을 제주도 중문관광단지나 경주 보문관광단지를 능가하

일산 한류월드 전체 계획도

는 국내 최고 수준으로 개발하여야 한다고 생각했다. 그에 따라 중저
가형 관광숙박시설들이 조성될 숙박지구와 공연장, 아트 갤러리, 공
공미술작품 등이 배치될 문화시설지구 및 한국형 테마파크를 조성하
는 주제공원지구 등 3개 지구로 개발하는 기본 구상을 강구하고 첨
단 모노레일도 설치하여 문화관광단지 내외로 편리한 이동과 흥미로
운 체험이 가능토록 관광교통 계획도 세웠다.

그러나 이런 중차대한 관광단지가 개발될 부지가 대다수 절대농지
여서 농림수산부로부터 용도변경 허가를 얻어내야 하는 큰 과제가
놓여 있었다. 그걸 해결하지 못하면 아무리 문광부가 추진하는 국가
전략사업 대상지라 하더라도 사업 추진 자체가 어려워질 수 있는 난
제였다. 당시 농림부를 수없이 찾아가 설득하고 임창열 지사의 적극
적 후원을 받아 협조를 얻어냈고, 총 30만 평에 달하는 농지에 대한
전용 허가를 득하게 되었다.

수도권 최초로 추진된 숙박문화관광단지를 최고 수준으로 개발하여 인천국제공항을 통해 입출국하는 외래관광객들과 임진각과 판문점 등 DMZ를 관광하는 수많은 외래관광객들이 일산 호수공원 옆에 조성될 숙박문화관광 단지를 애용하게 만들 제반 준비를 마쳤다.

당시 우리가 문광부와 합의한 개발완료 시기는 2012년경이었다. 사업대상지로 선정된 후 10여 년간 개발을 추진하면 매력적인 문화관광단지가 수도권에 들어서게 되고, 고질적인 관광숙박시설 부족현상도 많이 완화될 것으로 예측했다. 그리되면 국내 관광산업의 경쟁력도 제고되고 경기도 서부지역의 관광환경이 국제화되어 지역관광개발이 활성화되는 등 많은 효과가 기대되었다.

그러나 예상했던 규모보다 정부의 지원이 미약해지고, 도지사가 바뀌게 되면서 나 역시 경기도를 떠나게 되는 등 당초 프로젝트를 개발하고 기반여건을 만들었던 추진주체들이 사라지게 되면서 수도권 최고의 문화관광단지를 개발하려는 정책 목표에 차질이 발생되기 시작했다. 시간이 많이 경과되고 정부와 지자체의 책임자들이 바뀌게 되면서 아직도 문화관광단지 전체 개발 사업이 완료되지 않고 있다. 국내 경제상황과 민간기업의 어려움 지속 등 여러 가지 원인이 있겠으나 2000년 말 의욕적으로 공표되고 명품형으로 계획된 수도권 최고의 문화관광단지 개발 계획이었기에 아쉬움이 크다. 최근 들어 국내 유명 기업에 의한 테마파크와 문화콘텐츠 지원시설 그리고 복합시설 등에 대한 개발 사업이 적극 추진되고 있다고 하니 당초 일정보다 많이 늦어지기는 했지만, 크게 성공하길 기대할 뿐이다.

세계도자기축제 개발과
경기 동부지역 발전

조선 중기 우리나라 도자기는 중국이나 일본을 능가하는 수준으로 요즘의 첨단제품과 같은 것이었다. 그러다 임진왜란 이후 일본이 우리나라 도공들을 많이 데리고 가 일본 도자기 산업을 크게 발전시켰고 19세기 후반부터 독일 등 유럽으로부터 새로운 제조기법도 받아들여 세계적으로 인정받게 되었다. 우리나라는 상대적으로 그렇게 되지는 못한 채 광주, 여주, 이천 등 경기도 동부지역에 수많은 도자기업체와 작가들의 모여 나름대로 발전해 오고 있는 형편이다.

2000년 당시 경기도는 이런 광주시, 이천시, 여주시 등이 우리나라를 대표하는 도자기생산과 도예문화의 중심지가 되고 장차 세계 일류급 도자기벨트로 발전될 수 있도록 적극 지원하려고 노력했었다. 조선시대 같이 우리나라 도자기가 세계적 수준으로 발전되도록 경기도청과 동부지역 지자체들이 긴밀히 협력해서 정책적으로 지원하고 도자기를 통한 지역경제 발전을 촉진시키려는 목표를 갖고 있었다. 기

곤지암도자공원

여주도자세상

이천세라피아

분원백자자료관

존의 도자기업체들이나 도예인들의 능력만으로는 그런 목표를 달성
하기에 어려움이 있으므로, 경기도나 공공기관이 앞장서서 행정과 재
정 지원을 제공하는 등 여러 수단들을 가동할 필요가 있었다.

당시 경기도는 그런 인식 하에 도자기관련 축제를 스스로 새롭게
개발하여 세계적 축제로 발전시키고 도자기 발전과 지역개발을 동시
에 성공시키려는 방식을 고안했던 것이다. 축제를 활용하여 도예문
화의 진흥과 도자산업벨트 형성을 촉진시키려 한 것이었다. 정부가
아닌 지방자치단체에서 그런 국제적 축제를 개발하여 지역을 발전시
키겠다는 프로젝트는 그때까지 국내에서 별로 추진된 바가 없는 대

담한 시도였다. 그에 따라 경기도가 주최하고 주관하여 2001년 8월에 최초로 제1회 경기도세계도자비엔날레라는 축제를 개최하게 되었고 현재까지 계속되고 있다.

영국의 에든버러 인터내셔널 축제와 프린지 페스티벌 등 세계적으로 성공하고 있는 유명 축제들에서 알 수 있듯이 축제라는 행사가 가진 각종 효과들이 제대로 발생되게 할 수 있다면 세계도자비엔날레라는 경기도가 주도하는 국제적 축제가 세계적 도자기벨트 형성 등 많은 효과를 가져오게 될 것이 분명한 프로젝트였다.

1999년부터 2년이 넘는 준비 끝에 2001년 8월에 개최한 제1회 경기도세계도자비엔날레(당초 명칭은 세계도자기엑스포)는 입장객이 600만 명이 넘는 등 외형적으로는 성공적이었다. 2001년 당시 국내 최고로 입장객이 많았던 축제였으며 국내외로부터 유명 도예인들과 관련 기업인들, 전문가 등이 참여하여 경기 동부지역을 국내 최고 도자기벨트로 확실히 자리매김하면서 도자산업과 문화를 발전시킬 전기를 만들어 낸 행사였다.

하지만 국제적 축제를 개발하며 추진코자 했던 당시의 정책 목표가 어느 정도 달성되었고, 어떤 성과를 내고 있는가 여부는 신중히 생각해 보아야 할 것이다. 대체적으로 성공적 축제라는 평가를 받으려면 단순 입장객 실적 이외에 실질적 경제성 도출과 화제성, 후속 과제 추진여부 등이 중요하다.

과연 9회에 걸쳐 시행되고 있는 경기도세계도자비엔날레라는 축제가 도자기를 대상으로 세계인들이 환호할 콘셉트와 콘텐츠를 얼마나 개발했는가? 그리고 도자기 제조와 판매 비즈니스는 어느 정도 확대되었고, 국제적으로도 늘어나고 있는지 여부, 경제성 측면에서 본 투자성과는 어느 정도 발생하였는지 등을 심층적으로 분석해서 납득할 만한 성과치가 도출될 수 있어야 할 것이다. 그런 관점으로 경기도가 앞장서서 개발한 세계도자기축제는 20여 년이 다 되어가지만 여러 측면에서 성공적인 것은 아니라고 본다. 원래 글로벌 축제로서 지역을 세계적 도자기벨트로 발전되게 만드는 효과를 기대한다면 현시점에서 무언가 특별한 대책과 혁신적 행동이 필요할 것이라고 생각한다.

예를 들어 도자산업의 진흥이라는 대명제를 달성해 내려는 당초목적을 어찌 실천할 것인가라는 관점에서 종합적이고 치밀한 대책이 마련되어야 한다. 도자기를 옛날처럼 첨단기술의 총아로 현시대에 재탄생시켜낼 수 있는가? 그렇게 되려면 축제 행사 외에 도자기 소재나 디자인 개발 등에 많은 연구와 투자가 병행되어야 할 것이다.

경기도와 기초 지자체가 그렇게 해나갈 의지와 역량을 가지고 있는가? 만약 부족하다면 어떻게 대처하는 게 현명한가? 등에 대한 냉철한 조사연구가 필요하다. 여기에 도자문화의 창달이라는 또 다른 목표를 달성하려면 어떤 대책이 필요할 것인가? 오늘날 도자기는 현대인들의 생활에 다양하게 활용되고 있으나, 그것을 문화예술적 차원으로 연계해 발전시켜 나가려면 어떤 방법이 고안되어야 할 것인가? 등도 깊이 고민해야 할 것이다.

현재 우리나라에서 열리는 대부분의 축제는 각 지역의 특성을 고려하고는 있지만 특징 있고 매력적인 콘텐츠들이 많지 않아 내방객들이 만족하지 못하는 경우가 많다. 비슷비슷한 프로그램이 많아서 차별성 확보가 어려운 실정이다. 그런 축제들은 회를 거듭할수록 방문객이 오히려 줄어들고 예산만 낭비하는 실패작이 될 확률이 크다.

그러므로 성공하는 국제적 축제로 착실히 자리 잡게 하려면 도자기라는 테마를 현대인들이 흥미롭고 유익하게 여길 만한 독특한 콘셉트로 새롭게 만들어 내야만 한다. 그런 뉴 콘셉트를 바탕으로 내방객들이 환호할 소프트 프로그램들을 재구성하고 타깃 수요를 집중 공략해 가는 고감도 마케팅도 필요하다. 그리고 글로벌 관광객들을 대상으로 축제를 주도하는 책임자와 내부 직원들이 사명감과 열정을 갖고 도예인들과 도자기업인, 관련단체 지도자, 지역주민, 현지 공직자 등과 긴밀히 협력해 나가야 한다. 그렇게 작동되는 축제추진 시스템을 제대로 만들고 도예문화가 현대인의 생활과 삶에서 새롭게 창달될 수 있는 그런 세계적 문화예술 축제로 발전되도록 창의적인 대책들을 만들어야 할 것이다. 관련 인력과 조직, 제도 등도 대폭 개선시킬 필요가 있다. 도자기 분야에 인재가 몰려와 능력을 맘껏 발휘하도록 근무여건을 만들어 주는 게 성공의 또 다른 요체이기 때문이다.

1999년 당시 대담하고 의욕적으로 출범했던 세계도자기축제가 원래 축제를 개발한 목표를 제대로 구현하며 국제적으로 성공하고, 경기 동부지역이 세계적 도자기벨트로 도약하게 되길 진심으로 바란다.

도자기 만들기

도자기 체험

흙 밟기 체험

도자기 전시

참고로 경기도 광주시, 이천시, 여주시에는 9백여 개의 달하는 도자기업체들에 수많은 사업가와 도예인들이 모여 있는 국내 도자기 대표 지역으로서 각 지역의 특성과 현황을 간략히 살펴보면 다음과 같다.

경기도 광주지역

조선시대 사옹원의 분원이 설치되어 왕실과 관청에 공납하는 도자기들을 집중 생산했던 곳으로 팔당호 인근 퇴촌면 일대에는 18세기 후반부터 130여 년간 280여 개의 가마가 있었다. 광주에 왕실 도자기 공장인 분원이 들어선 이유는 한양과 가까워 도자기를 배에 실어 궁궐에 조달하기가 용이했고 좋은 흙이 풍부하고 무갑산, 앵자봉 등 숲이 무성해 화목을 쉽게 구할 수 있기 때문인 것으로 보인다.

이천지역

해강 유근형 선생이나 지순택 선생같은 장인정신을 갖고 전통도자기를 끝까지 재현해 낸 유명 예술가들이 있고 예술성과 작품성을 추구하며 끊임없는 연구와 창작을 해가는 도예가들이 다수 모여 있는 곳이다. 특히 고려청자, 조선백자, 분청사기 등으로 이어지는 관상용 전통도자기가 많이 제작되고 있으며, 현대적 감각의 생활도자기 작품도 다수 제작되고 있는 데, 좋은 도자기를 만드는 데 필요한 고령토와 그것을 굽기 위한 땔나무를 비교적 쉽게 구할 수 있어서 우리나라 도자기의 대표적 생산지로 발전된 곳이다.

특히 300여 개의 도자기 가마가 모여 있는 신둔면 일대와 생활용품을 취급하는 사기막골 도예마을에는 주말이면 관광객들이 몰려오며 설봉산 밑에 자리한 한국도자재단의 '이천세계도자센터'에서는 항상 세계적 수준의 도예작품을 감상할 수 있다. 이외에 이천에는 예스파크라는 도자특구가 새롭게 조성되고 있는 데 도자기 외에 금속공예, 조소, 가죽 등이 함께 취급되고 전시, 주거, 판매가 한 곳에서 행해지는 복합시설로 조만간 파주시 통일동산 인근 헤이리 예술마을과 비슷한 경기 남부의 도예문화관광지로 발전할 수 있을 것 같다.

여주지역

깨끗한 물, 울창한 소나무, 질 좋은 고령토로 도자기를 생산하기에 좋은 조건을 갖추고 있다. 전국에서 가장 많은 600여 개의 도자기 가마들과 공장이 자리 잡고 있으며, 국내 전통 및 생활도자기의 60%를 생산해 내는 지역으로 유명하다.

관광레저도시 개발 추진과
셀리브레이션 타운

2004년 우리나라는 미국 등 선진국처럼 민간기업이 주체가 되어 관광레저형 도시를 만들 수 있게 하는 법령을 신설했다. 당시로써는 민간기업들의 투자 능력을 명품형 관광시설을 개발하는 데 활용하여 부족한 관광휴양시설과 위락시설 등을 수준 높게 확충시키며 해당 기업의 발전도 동시에 도모하는 창의적인 정책을 뒷받침하는 좋은 법제도였다.

우리 정부가 개발하려는 '관광레저형 기업도시' 란 특정지역을 설정하여 그곳에 다양한 관광레저시설을 유기적으로 배치해 볼거리, 놀거리, 쉴거리, 먹거리, 살거리 등을 제공해 주는 공간으로써 정주 기능이 없는 기존의 관광단지들과는 달리 자족적 거주와 생활이 가능한 민간기업이 주도하는 관광전문 신도시를 뜻한다. 한마디로 관광객들을 만족시키는 데 필요한 관광시설들 외에 사람들이 장기적으로 생활하는 데 필요한 주거, 교육, 의료, 생산 등 정주용 시설들도

관광레저기업도시 개념계획 조감도　　　　　　　태안 기업도시 홍보관

함께 조성되는 특정한 신도시를 의미한다.

　이런 특별한 정책과 제도를 개발한 취지는 민간기업의 능력을 적극 활용하여 국내에 세계 일류급 관광시설들을 확충해 보려는 의도가 컸었다고 본다. 기업에게 골프장, 휴양콘도, 공동주택 등 관련 시설들의 분양 등 수익 창출을 허용하는 대신 관광휴양시설들을 고급 수준으로 개발토록 유도하는 방식을 전략적으로 채택한 사례였다.

　그에 따라 우리 정부는 2004년 11월에 관광레저형 기업도시 활성화 방안을 마련하고 2005년 1월에 기업도시 시범사업 추진계획을 전국적으로 고시한 뒤 충남 태안, 전북 무주, 전남 영암 · 해남의 3개 지역을 시범사업지구로 우선 선정하는 등 기업도시 정책을 추진해 나갔다. 그 결과 충남 태안지구에 관광레저형 기업도시가 가장 먼저 2007년 10월에 착공하게 되었다. 그러나 전북 무주지구는 사업 자체를 포기했고, 전남의 영암 · 해남지구는 아직 추진이 미약한 실정이다. 당초 정책 의도와는 달리 기업들의 참여가 저조하고, 참여하기로 한 기업들조차 제대로 사업을 전개하지 못하고 있다. 이 같은 사태가 지속되면 '관광레저형 기업도시 개발'이라는 정책은 당초 목표를 달성하기가 어려워질 것 같다.

이런 사태의 원인은 2004년 관련 정책과 제도를 처음으로 개발할 당시 미래의 사회환경 변화나 국내외 경제상황 전망에 대한 검토가 충분히 이뤄지지 않았기 때문이다. 현대건설이 정부 의도에 빠르게 대응하며 2007년 부지조성 공사에 착수했으나 이듬해 미국발 금융위기가 전 세계 경제계를 강타한 사태가 발생했다. 대부분의 기업들이 어려움을 겪게 되고 사회 전체적으로 경제적 침체가 계속되었다. 또한 한국경제가 2010년대 들어 지속적으로 저성장, 내수부진 등에 놓이게 되어, 관광레저형 기업도시 개발에 필요한 막대한 투자자금을 조달하기가 어려워졌고, 기업도시 사업에서 발생시킬 수 있는 수익에 대한 전망이 불투명해져 투자비를 적기에 회수할 수 있는 예측이 불확실해졌다.

이런 상황이 계속되어 당초 야심차게 추진했던 정책이 빛을 잃고 말았다. 안타까운 일이지만, 정부는 차제에 민간기업의 참여와 투자를 활성화시킬 여건을 더욱 보강하는 내용으로 관련 정책과 제도를 보완할 필요가 있다. 그리고 민간기업들은 부동산 분양이나 회원권 발행 등 과거방식의 관광수익창출 방안에만 매달리지 말고 미래 사회변화에 대한 종합적인 판단 위에 새로운 수익 사업을 창안해 내는 일에 적극 나서야 할 것이다.

월트 디즈니가 디즈니랜드를 최초로 발명해 세상 사람들을 놀라게 했듯이 우리 기업들도 그런 혁신적인 관광시설들과 관광서비스를 개발해 낼 수 있어야 한다. 지금까지 세상에 없었던 새로운 볼거리, 놀거리, 쉴거리를 만들어 관광객들이 안팎에서 몰려오게 만들어야 기업도시에 정주할 종사자, 거주민들이 많아지고 주택분양 등 정주생활 개발사업도 탄력을 받게 되어 전체 사업이 성공할 것이다. 하지만 주어진 여건에 맞춰 예전의 방식대로 사업을 진행한다면 성공은 요원하다.

우리나라에서 관광레저형 기업도시 정책과 제도가 출현하게 된 것과 관련해 개인적인 에피소드가 있다. 국내에 이런 제도가 만들어지기 10여 년 전 나는 뉴욕에서 우연히 디즈니그룹이 올랜도의 디즈니월드 내 600만 평 부지를 활용하여 '셀리브레이션 시티'를 개발한다는 내용과 주택분양 희망자를 구한다는 광고를 보았다. 세계적 문화관광회사인 디즈니그룹이 우리와는 달리 주택개발사업을 포함한 도시 전체를 개발하는 부동산 시행사업을 추진한다는 것에 호기심이 생겨나 그곳으로 달려갔다. 나는 그곳에서 대지 70평에 연건평 50평의 2층짜리 단독주택을 당시 서울 강남지역의 동일한 크기의 공동주택보다 훨씬 저렴하게 분양하고 있는 것을 알게 되었다. 그리고 우리나라와는 달리 입주민들을 위한 교육시설과 병원시설, 운동오락시설, 상업시설과 공원 녹지 등 다섯 가지 유형의 도시서비스가 수준 높게 제공되는 미래형 도시개발의 모범 사례임을 알게 되었다.

우리나라에서는 LH나 SH 등 공기업이 신도시나 주택단지 개발을 주도하고 있었기에, 디즈니사라는 민간기업, 그것도 문화관광기업이 신도시 개발을 주도하고 있어서 더 매력적으로 느껴졌다. 귀국 후 잘 알고 지내던 정부 공직자들에게 그런 사실을 이야기한 적이 있었는데 10여 년 지나서 당시 우리 정부가 관광레저형 기업도시 개발 정책을 고안할 당시에 주요한 벤치마킹 사례로 셀리브레이션 시티를 참조했었다는 것을 알게 되자 무척 기뻤다. 아래에서는 디즈니그룹이 주도한 플로리다 올랜도의 셀리브레이션 시티 개발에 대해 간략히 살펴본다.

셀리브레이션 시티 개발 사업의 특징과 성공 사유

• **마을 개발사업 개요**: 미국인들이 동경하는 19세기말에서 20세기 초반의 고향마을을 테마로 한 뉴타운으로 약 600만 평 크기, 1994년부터 15년간 디즈니그룹의 계열사인 셀리브레이션사가 주도해서 도시를 개발, 약 8천 세대의 주거시설과 상업시설, 병원의료시설, 학교시설, 골프장, 녹지 등으로 구성된 테마형 도시로 개발

• **도시의 5대 특징**: 입주민 사이의 공동체 중시, 첨단기술이 완비된 주거시설 제공, 고품질 교육기회 제공, 질병의 예방과 국제적 치료환경 제공, 다양한 라이프스타일을 추구할 수 있는 관광여가시설 제공 등

• **성공 사유**: 디즈니그룹이라는 세계적 문화기업이 주도한 민간 도시개발 사업으로서 풍부한 오픈 스페이스와 저밀도 개발, 디즈니랜드나 유니버설 스튜디오 등 세계적 관광시설 인접, 자연서식지나 늪지 등 자연환경보호가 필요한 지역을 최대로 보존하고 저층형 건물과 수로, 가로수 길 등을 적절히 조화시킨 단지 조성, 분양가는 주변보다 20% 정도 높으나 쾌적한 주거환경 제공 및 다양한 편의시설 제공으로 분양 완판, 입주자에게 땅만 분양하고 개발회사가 사전에 미리 개발해 놓은 설계 콘셉트 내에서 선택하도록 하여 각종 건축구조물들이 일관성 있고 특징 있게 조성되도록 유도, 입주민 자율적으로 거주민 행동기준 등을 설정해 우수한 공동체 문화를 유지

셀리브레이션 시티 내 주거단지
병원과 전체 조감도

우리 정부가 추진하는 관광레저형 기업도시 개발 현황

기본방향

- 지속가능 발전을 전제로 한 환경 · 지역 친화적인 도시

- 국제 경쟁력을 갖춘 동북아 최고 관광휴양 도시

- 모든 국민이 함께 누리는 관광휴양 도시

계획 수립 방향

- 기본전략

  - 개발구상, 지역 여건 등을 고려한 다양하고 특색 있는 시설
    을 도입

– 지구별(숙박, 레저, 오락, 휴양, 문화, 생활 등), 관광행태(단 · 장기), 이용계층 등을 종합적으로 고려한 시설 배치

– 역사, 문화, 생태 등과 연계한 다양한 볼거리 제공(관광지, 문화재, 축제 등)

• 중점 개발구상

– 국민소득 2만 달러 시대의 고품질, 미래형 관광레저 단지

– 다양한 형태의 관광숙박 시설, 레저스포츠 시설 확보

– 지역 및 국내, 해외 관광객 등 이용자별 선호 · 행태 고려, 적정 시설 설치

– 이용 계층별(청년층, 중장년층, 노인층, 가족형 등) 특성을 고려한 시설 배치

투자유치

• 막대한 투자 규모를 감안, 다양한 국내 · 외 민간자본 유치

• 행정절차 간소화, 세제감면 등 투자여건 개선

• 투자 안정성, 신뢰성 위해 공기업 참여 검토

관광레저형 기업도시 시범사업 추진현황

▶ 태안 관광레저형 기업도시

• 사업개요

– 위치: 충청남도 태안군 태안읍, 남면 천수만 B지구 일원

– 면적: 15.464km²

– 사업기간: 부지조성(2007년~2020년), 시설공사(2011년~2025년)

– 사업시행자: (주)현대도시개발

– 총사업비: 1조 2,141억 원

– 계획인구: 1만 7,175명(6,870가구)/목표관광객: 연 770만 명

• 추진현황

– 시범사업 선정(2005.8.25)

– 주민공람 및 주민공청회 개최(2006.4~5)

– 개발구역 지정 및 개발계획(안) 승인신청(2006.5.29)

– 관광숙박시설1 조성완료 및 운영(1.2만㎡, 2017.02)

– 개발구역 지정(4차) 변경, 개발계획(8차) 및 실시계획(8차) 변경승인(2017.12)

• 향후 추진일정

– 한국타이어 첨단연구시설(주행시험센터) 부지 착공(2018.03)

– 2-1단계 부지 준공(3,4번 골프장 등, 1,701,883㎡)

▶영암ㆍ해남(서남해안) 관광레저형 기업도시

• 사업개요

– 위치: 전남 영암군 삼호읍, 해남군 산이면

– 면적: 34,817㎢

– 사업기간: 2006~2025년

– 총사업비: 3조 5,257억 원

– 계획인구: 3만 8,300명

- 사업시행자: 삼호지구(서남해안레저), 구성지구(서남해안기업도
  시개발)
- 주요 시설: 골프장, 바이오산업단지, 테마파크, 호텔, 주택
  단지 등
• 추진현황
- 개발예정지역 및 주변지역 투기 및 난개발 방지대책 추진
- 영암·해남 기업도시 진입도로 개설공사 도로 및 교량 공
  사(2016.1~12월)
- 공유수면 매립공사 준공 및 소유권 취득(구성지구: 2017. 8.)
- 미 협의 사유지 중앙토지수용위원회 재결 신청(구성지구:
  2017. 11.)
• 향후 추진일정(2018년도 추진일정)
- 구성지구: 시범단지 부지조성(연약지반 개량), 골프장 18홀
  조성공사 추진
- 삼호지구: 골프장 45홀 및 내부 진입도로 준공 등

제주도를 혁신적
국제자유도시로 개발 추진

　우리 정부는 1963년도에 제정된 국토건설종합계획법에 근거하여
제1차 국토종합개발계획(1972~1981) 수립부터 제4차 국토종합계획
수정계획(2011~2020)까지 40여 년 동안 4차례의 본 계획과 3차례의
수정계획을 수립하였다. 그에 따라 국토개발과 보전에 관한 종합적
이고 장기적인 정책방향을 설정하고 교통, 주택, 수자원, 환경, 문
화·관광, 정보통신 등의 부문별 계획을 추진해 오고 있다. 현재는 4
차 국토종합계획이 완료되는 시점으로 5차 국토종합계획(2020~2040)
을 새롭게 수립하고 있기도 하다. 제1차에서 제3차 국토종합개발계
획까지는 10년 단위로 계획을 수립하였으며, 제4차 계획부터는 명칭
을 국토종합계획으로 변경하여 20년 단위로 계획을 수립해 왔다.
　이런 관련 법제도에 따라, 제주도 지역을 국제관광의 중심지로 발
전시키고 도민들이 풍요롭게 살아갈 수 있는 방향으로 정부계획을
여러 차례 수립하고 시행해 왔다. 그에 따라 제주도내 공항이나 항

만, 도로 등 공공 인프라시설들과 생활, 생산관련 시설들이 계속 확충되었다. 그러나 제주도가 동북아시아 국제관광의 중심지 기능을 수행하려면 관광호텔 등 숙박시설과 관광위락시설, 휴양시설 등을 필수적으로 갖추어야 하는데 민간투자가 미진하여 관광시설이 부족하고 서비스 환경 역시 미흡하다는 여러 한계가 계속 노출되어 왔다.

제주도에 대한 정부 정책과 계획들이 실현되려면 무엇보다 각종 개발에 필요한 민간투자가 활성화되어야 하는데, 관련 여건의 미성숙 등으로 제대로 이행되지 못했던 것이다. 1989년부터는 우리 국민들의 해외여행이 전면 자유화되자 상당수 내국인들이 제주도 대신에 동남아 등지로 여행을 떠나는 현상도 나타났다. 관광비용이 만만치 않은 제주도로 관광가지 않으려는 일종의 기피현상이 나타나기 시작하자 제주도는 1990년대 들어 민간투자는 계속 위축되고 전반적인 제주도 지역관광산업의 경쟁력은 약화되는 위기에 처하게 되었다. 이런 현상을 획기적으로 해결해 보려고 정부는 제주도민들이 주체가 되어 개발을 진행하는 '제주도개발특별법'을 1991년에 제정하기도 했었다.

이웃나라 일본에서는 1950년에 '북해도개발법'이라는 지역개발특별법을 제정해 북해도를 성공리에 발전시켰던 사례가 있었고, 1971년에는 '오끼나와 진흥개발특별조치법'을 제정하는 등 특정지역에 대한 각종 사업을 활발히 추진하던 모범적 사례가 있어서 제주도 역시 그런 방향으로 활성화시켜보려는 정책적 의도가 있었다. 그러나 이러한 특별법도 제주도를 국제관광의 중심지로 개발하는 효과

제주도 오름 일부의 모습

제주도 관광지도

제주 여미지 식물원

를 제대로 발휘하지 못했다.

1997년 말 급작스럽게 우리나라가 IMF관리경제체제에 놓이게 되자, 우리나라 경제에 최대 위기가 닥쳤고 그런 사태를 극복하기 위해 정부가 다각도로 노력하는 가운데 1998년 9월 대통령 지시로 제주도를 국제자유도시로 새롭게 개발하겠다는 혁신적 정책이 공표되었다.

그 당시 '국제자유도시' 라는 용어는 정부가 제주도를 위해 새롭게 창안해 낸 정책 용어로써 획기적이고 의욕적이었다. 그런 대통령 지시에 따라 국무총리 주도하에 제주도를 국제자유도시로 개발하려는 정책이 본격적으로 추진되었다. 2년이 넘도록 기재부, 건교부, 문광부, 관세청, 제주도 등 여러 정부기관에서 파견 나온 공무원들과 민간전문가들이 합심하고 노력해 2001년 11월에 '제주국제자유도시 기본계획'이라는 정부 계획이 수립되었고 관련 특별법이 제정되었다.

당시 제정된 '제주국제자유도시특별법'에서 정의하고 있는 국제자유도시란 '사람, 상품, 자본의 국제적 이동과 기업 활동의 편의가 최대한 보장되도록 규제가 완화되고 국가적 지원의 특례가 실시되는 지역적 단위'라고 명시되어 있다. 이런 법적 용어에는 제주도를 과거와는 달리, 외래관광객들이 편안하게 관광 오도록 노비자(NO-VISA) 지역으로 만들겠다는 정부 방침과 제주도에 각종 물품들이 자유롭게 드나들도록 무관세(NO-CUSTOM) 지역을 지정해 국제적 물류 허브가 되게 하겠다는 방침도 포함된 것이며, 동시에 제주도를 내외국인 민간자본이 자유롭게 투자할 수 있는 특별한 지역으로 지정하겠다는 대담한 정부 목표를 포함하고 있는 것이었다.

이렇게 국내 최초로 관광객을 포함한 자본, 물류 등의 자유로운 이동이 가능한 일종의 자유경제지역으로 탈바꿈시키겠다는 정부 계획은 수많은 파급효과가 생겨날 내용들이었다. 제주도로서는 정부로부터 엄청난 선물을 받게 된 것이었고 당시 제주도민들은 쌍수를 들어 환영했다. 만약 정부가 공식적으로 확정한 기본계획대로 제주도가 개발된다면 그야말로 제주도는 세계인들이 자유롭게 관광을 오고가는 국제관광의 중심지로 발전하고, 사업가들이 비즈니스차 자주 들르는 꿈의 섬으로 변모될 것이 분명했다. 그런 '국제자유도시'라는 정부의지가 천명된 정책 용어를 마련하고 관련 계획을 그에 맞도록 수립했다는 사실은 정부가 그 어느 때보다도 확실히 제주도를 발전시키겠다는 강력한 의지를 갖고 있었음을 말해 주는 증거였다.

2003년에 인천 영종도 등에 지정해 준 경제자유구역 제도와는 달리, 내국인들에게도 민간투자를 장려하고 특혜를 제공하는 국내 최고 수준의 지방 육성 정책이었던 것이다. 그해 12월에 '제주국제자유도시특별법'이 새로 제정되고 2003년 2월에는 동법에 의한 '제주국제자유도시 종합계획'이 마련되었다.

대통령이 최종 승인한 종합계획에는 제주도에 친환경적인 복합형 국제자유도시를 건설하고, 첨단생명공학산업 등의 육성을 통한 자립 경제기반체계를 구축하며 세계적 관광휴양지 개발을 통하여 제주도가 동북아 국제관광의 중심지로 부상할 수 있도록 하려는 중장기적인 발전방향이 명확히 천명되어 있었다.

그 당시 정부가 공식적으로 발표한 제주국제자유도시 개발계획의 주요 내용들은 다음과 같다.

첫째, 제주도의 국제화를 위한 제도를 개선한다. 이와 관련한 주요 과제로서는,
- 외국인 출입국 관리제도의 개선: 무사증 입국 허용국가 확대(미 허용국가 18개국), 제주국제자유도시 개발관련 외국 전문인력(외국 어교육, BT, IT 등 첨단산업)에 대한 체류기간 확대(3년→5년)
- 국제화 교육환경의 조성: 외국 대학·대학원 등의 설립 및 운영 요건 완화, 초·중등 외국인학교의 내국인 입학자격 완화(외국거 주 5년 이상→3년 이상), 영어서비스 및 영어교육 강화

- 제주도를 선박등록특구로 지정: 제주도에 등록하는 국제선박들에 대하여 취득세, 재산세, 공동시설세 등을 면제 등

둘째, 각종 투자 인센티브를 부여한다. 이와 관련한 주요 과제로서는,

- 제주도 내에 지정되는 다음과 같은 특별지역에 대하여 조세 감면, 각종 부담금 감면 등의 투자인센티브를 제공
  - 제주투자진흥지구 제도의 운영
    · 관광사업에 대한 소규모 내·외국인 투자에 대해서도 조세 감면 등 인센티브를 제공
  - 자유무역지역의 입주자격 등에 관한 특례 운영
    · 제주도내에 설치되는 자유무역지역의 입주자격을 소규모의 내·외국인 투자기업에까지 확대
  - 첨단과학기술단지의 조성
    · 「제주첨단과학기술단지」의 입주기업에 대해 기존의 국가산업단지에 비해 추가적인 조세(법인세 등) 인센티브 제공 등

셋째, 내·외국인 관광유인책을 강화한다. 이와 관련한 주요 과제로서는,

- 내국인 면세점 운영
  - 제주방문 여행객의 내국인면세점 구입물품에 대하여 관세, 부가가치세, 특소세, 주세, 교육세 등 감면

- 골프장 입장료 인하 및 골프장 건설 확대 유도
  - 골프장 입장료 및 골프장 시설에 부과되는 조세 및 각종 부담금 감면
- 저비용 관광을 위한 노력 강화
  - 휴양 펜션업의 사전승인 및 등록제도 도입(분양 또는 회원모집 가능)
  - 저비용 소형 항공기를 운영하는 지역항공사 설립 추진

넷째, 사회간접자본시설을 지속적으로 확충한다. 이와 관련한 주요 과제로서는,
- 공항 및 항만시설 확충
  - 제주공항의 수용능력을 대폭 확충(A300기 기준으로 현행 16대에서 26대 수용능력을 가진 계류장으로 확장)
  - 제주외항을 개발(1999~2010년)하여 연간 하역능력을 현행 360만 톤에서 450만 톤으로 확충
- 도로 신설 및 확장
  - 2011년까지 총 658㎞의 도로신설 및 확장, 교통 혼잡구간 및 선도프로젝트 진입도로 등을 우선 시행
- 정보통신망 구축 확대 및 전력공급능력 확충

다섯째, 7대 선도프로젝트를 추진한다. 이와 관련한 주요 과제로서는,
- 초기 투자 붐 조성을 위해 관광·휴양 분야를 중심으로 7대 선

도프로젝트를 선정하여 추진

- 7대 선도프로젝트는 ① 휴양형 주거단지 조성 ② 중문관광단지 확충 ③ 서귀포 관광미항 개발 ④ 첨단과학기술단지 조성 ⑤ 제주공항 자유무역지역 조성 ⑥ 쇼핑아울렛 조성 ⑦ 생태·신화·역사공원 조성사업으로 총 1조 7천억 원 투입 예정

여섯째, 7대 선도프로젝트 등 개발전담기구로 제주국제자유도시 개발센터(JDC)를 설립한다.

• 제주국제자유도시 조성을 위한 선도프로젝트 추진 등 사업의 특성상 공공성과 사업성을 동시에 추구할 수 있는 특수법인으로 JDC를 설립한다.

- JDC가 수행하는 주요 기능은 제주국제자유도시 개발 시행계획의 수립, 선도프로젝트 등 개발계획 수립 및 추진, 국내외 투자유치를 위한 홍보마케팅, 투자자에 대한 원스톱 서비스 제공 등으로서 정부 및 제주도의 보조금 또는 출연금, 내국인 면세쇼핑점 운영 수익금, 선도프로젝트 부지 분양대금 및 임대료 수익금, 제주도내 옥외광고사업 수익금, 차입금 등으로 필요한 자금을 조달하도록 한다.

- JDC는 중앙정부의 관리, 감독을 받으며, 제주도와 업무 협조 관계를 유지하여야 한다. 만약 JDC와 제주도지사간 이견 사항이 발생하면 국무총리가 위원장으로 있는 제주국제자유도시 추진위원회에서 조정한다.

이상에서 살펴본 바와 같이 '국제자유도시'라는 정책 용어를 만들어 가면서까지 제주도를 국제자유도시로 개발하겠다는 정부의 결단은 역사에 남을 만한 큰일이었다. 제주도로서는 서울 등 국내 타 시도에서는 적용되지 않는 각종 특혜를 받아가며, 외래관광객들과 민간투자가가 몰려올 수 있는 좋은 기회를 맞이하게 된 것이었다. 제주도를 관광산업의 국제적 중심지로 발전시키는 것 이외에 IT, BT 등 첨단과학기술 관련 고부가가치형 제조업도 발전하도록 지원하여 제주도 지역경제의 안정과 균형 발전을 가능하게 해주려는 내용도 마련되었다. 그리고 제주도를 국제자유도시로 개발하는 데 필요한 정부역할을 효과적으로 수행하기 위해 제주국제자유도시개발센터(JDC)라는 개발전담조직을 설립하고 첨단과학기술단지 개발 등 선도 프로젝트들이 차질 없이 추진되는 데 필요한 공공예산, 공적자본을 안정적으로 확보할 수 있도록 내국인면세점 사업 운영권을 JDC에게 부여해 주는 획기적 정책도 바람직했다.

(당시 국무총리 산하 국무조정실에서 국제자유도시 개발에 관한 각종 정책을 고안하고, 관련 법제도와 선도프로젝트 등을 발굴했던 정부 공직자들의 노고에 감사한다. 특히 내국인면세점 사업방안을 최초로 제안했던 관세청에서 파견 나온 김 서기관에게 감사드린다. 그의 창의적인 아이디어로 제주국제자유도시 개발에 필요한 공적재원이 안정적으로 마련될 수 있었기 때문이다.)

이렇게 '국제자유도시' 개발을 위한 특별법과 선도프로젝트, 전담개발기구 등을 확보하게 된 제주도는 당초 정부 예측을 뛰어넘는 속도로 발전하게 되었다. 당초 예상을 훨씬 능가하여 2015년에는

1,500만 명이 넘는 국내외 관광객들이 방문했으며, 민간투자도 활성화되어 많은 관광시설들이 개발되었다. 물론 홍콩, 싱가포르 같은 수준으로 발전되지는 않았지만 '국제자유도시' 개발 정책이 고안되기 이전과는 비교하기 어려울 정도로 발전하게 되었다.

중앙정부와 제주도, 제주도민 모두가 미래를 향해 협력하고 노력한 결과였지만, 정부가 앞장서서 창의적으로 정책을 개발하고 추진해 나간 노력이 크게 작용했다고 할 수 있다.

참고로, 당시 국무조정실에서 참고하였던 홍콩이나 싱가포르 등의 유사 사례들을 간략히 살펴본다.

제주국제자유도시 개발 관련 선진국 참고 자료

가. 홍콩

개황

- 홍콩은 아시아지역의 대표적인 국제금융 중심지인 동시에 물류, 사업, 관광 등의 복합기능을 수행
  - 면적은 1,076㎢(제주도의 58%), 인구는 682만 명으로 중국계가 95% 이상을 차지하고, 1인당 GDP는 25,042 미 달러 (2002년)

투자우대정책

- 낮은 세율, 기반시설의 완비, 투명한 기업정책, 국제금융시장

및 무역항으로서의 조건완비 등이 외국인 투자자들을 유인

- 법인세율(16%)과 소득세(2~17%)가 전 세계에서 가장 낮은 수준이며, 이자 및 배당금 등 자본소득에 대하여 비과세

투자성과 및 추진사업

• 세계 4대 국제금융센터 중 하나로 2002.6월말 기준 948개의 아시아지역 본부와 2,171개 지역사무소가 중국 및 동남아 업무를 총괄하고 있으며, 세계 100대 은행 중 79개가 홍콩에 진출

• 국제적인 멀티미디어 및 정보 서비스센터인 사이버포트 (Cyberport), 관광객 유치를 위한 디즈니공원(Disney Theme Park)을 건설하여 홍콩을 정보기술의 허브로 육성하는 동시에 새로운 관광명소로 만들 예정

나. 싱가포르

개황

• 싱가포르는 경제개발을 위해 세계적인 다국적기업을 적극적으로 유치하고 금융부문을 전략산업으로 육성

- 면적은 683km²(제주도의 35%), 인구는 416만 명으로 중국계가 76%를 차지하고 있으며 1인당 GDP는 20,887 미 달러 (2002년)

투자우대정책

• 경제개발청(EDB)에서 해외 투자자와 협상을 통해 조세감면, 보조금 등 투자인센티브를 결정

  – 선도기업에 대하여 법인세 5~10년간 면제, 경제적 파급효과가 큰 신규투자에 대해서 10년간 13%의 법인세율 적용

투자성과 및 추진사업

• 국가경쟁력, 정부효율성, 건전한 금융구조, 기업경영성과 등의 제반 경쟁력 분야에 있어서 세계 최고수준 유지

  – 아태지역 기업환경 1위(2002, EJU), 아시아 삶의 질 1위(2002, IMD), 세계 국가경쟁력 지수 5위(2002, IMD), 세계 투자수익률 2위(2001, BERI), 아시아 유일 국가신용등급 AAA(2001, S&P), 세계 주요국 중 부패 자유지수 1위(2001, EJU)

• 런던, 뉴욕, 홍콩, 동경에 이어 세계 5위의 외환시장으로서 아시아지역 금융센터의 역할을 수행하고 실질적인 지역본부 업무를 맡고 있는 다국적기업이 약 3,600개(전체 다국적기업의 60%)에 달함

  – 금융기관수는 253개이며, 싱가포르 내 6천여 개 외국기업이 고용의 52%, GDP의 35%를, 제조업부문의 산출액 비중은 78%를 차지(1999년)

• 지식기반산업의 세계적 중심지로 발전하기 위한 인프라 구축

과 외국의 우수인재를 유치하고, 정보통신산업 육성을 위하여 국내 통신시장 개방 및 통신회사의 외국인 지분제한 철폐 등을 추진

다. 중국 푸동

개황

- 상하이를 21세기 중국경제의 중심지이자 태평양 서안의 금융, 무역 중심지로 육성할 계획으로 1990.4월 푸동을 경제특구로 지위 부여
  - 푸동(浦東)은 상하이시를 관통하는 황푸강(黃浦江) 동쪽에 위치하고 있으며 면적은 533km²(제주도의 28.9%), 인구는 240만명, 1인당 GDP는 5,446 미 달러(2001년)

- 푸동은 중국의 대외개방 확대의 주요 창구역할과 아울러 연해지역의 산업과 기술을 양쯔강 유역 및 내륙지역의 자원과 시장을 연계시킴으로써 지역간 격차 해소와 균형발전을 도모

투자우대정책

- 첨단기술 유치를 통한 산업고도화를 위해 외국인 직접투자 및 기술 이전을 하는 경우 다양한 인센티브 제공
  - 합작 제조업체와 기술집약 또는 지식집약적인 외국기업에 대해서는 15%의 법인세를 적용하고, 제조업은 2년간 100%, 3년간 50% 감면(2免 3減半), 순수무역업체는 1년간

100%, 2년간 50% 감면(1免 2減半)

투자성과 및 추진사업

• IBM, BELL, AT&T, GM, NEC, 모토롤라, 호프만제약 등 세계 유수의 320개 업체가 입주해 있으며, 세계 500대 다국적 기업 중 85개사가 진출

 - 루자쭈이(陸家嘴) 금융무역구에는 아시아 최고높이(468m)의 동방명주탑(세계 3위)과 88층(420.5m)의 금무빌딩(金茂大廈) 등 40층 이상의 고층빌딩 30여 개와 많은 금융기구의 빌딩들로 금융거리를 형성

라. 아일랜드

개황

• 아일랜드는 1922년 영국으로부터 독립한 전통적 농업국가로 '90년대 중반 이후 IT, 제약, 금융, 국제서비스 4개 분야를 집중적으로 유치

 - 아일랜드는 면적 70,283㎢(한반도의 1/3), 인구 392만명, 1인당 GDP 3만 미 달러(2002년)

• 특히, 경쟁력 있는 소프트웨어 생산부문을 특화하여 자국기업의 육성과 해외기업의 투자를 유치

 - '90년대 중반부터 아일랜드의 제조업은 첨단기술산업 중심으로 발전하였으며, 같은 시기에 전 세계적인 IT 분야 수

요 급증으로 호황을 누림

투자우대정책

• 외국투자기업에 대하여 유럽 최저수준인 10%의 법인세를 적
용하여 기업투자를 촉진

　- EU 통합 이후 차별적인 조세부과를 금지함에 따라 2003년
부터는 국내외 기업 구분 없이 12.5%의 법인세율을 적용

투자성과 및 추진사업

• 2001년 말 현재 MS, 인텔, 델 컴퓨터, IBM, 화이자, 쉐링 등
세계적인 다국적기업을 비롯한 1,237개 외국기업 유치

　- MS를 비롯한 컴퓨터 어소시에이트, IBM, 오라클, 노벨,
SAP 등 세계적 소프트웨어 기업들이 대부분 진출하여 유럽
의 실리콘밸리로 부상

• 아일랜드 정부는 새로운 투자유치 역점사업으로 부가가치가
높은 과학기술 분야를 선정하고 생명공학과 정보통신기술을
중점 육성하여 유럽의 디지털 허브화를 추진

　- 2000년에 아일랜드과학재단을 설립하여 2002년부터 5년
간 총 6억 3,500만 유로를 각종 과학기술 육성사업에 투자
할 계획

　- 기존에 진출해 있는 다국적기업의 경우 생산기지의 역할뿐
만 아니라 R&D센터의 유치에 주력

한국적 테마파크를 개발하려는 노력들

세계적으로 숙박시설, 휴양시설, 위락시설 등 각종 관광시설들을 잘 건설해 관광객들의 욕구를 충족시켜주고 재방문을 유도하기 위한 볼거리, 놀거리, 쉴거리 등 관광거리 개발 사업들이 계속되고 있다. 관광산업이 발전하려면 사람들이 관심을 갖고 찾아오게 되는 볼거리와 놀거리를 우수하게 개발해 놓는 게 우선 사항이기 때문이다.

관광매력들이 풍부해야 관광객들을 계속 유치할 수 있고, 그런 관광객들이 많아져야 관광산업이 발전한다. 관광 볼거리와 놀거리를 세계 일류를 능가하거나 버금가게 개발하는 것이 한 나라나 지역 관광산업의 성패를 결정짓는다고 해도 과언이 아니다. 볼거리와 놀거리가 조화롭게 혼합된 관광시설 중 테마파크는 최고 시설이라고 할 수 있다. 모든 관광위락시설의 꽃이다.

1955년 미 서부 로스앤젤레스 애너하임에 세계 최고 테마파크인 디즈니랜드가 처음 탄생하면서, 테마파크라는 관광위락시설이 세계적 관광볼거리, 놀거리로 부상했다. 디즈니랜드나 유니버설 스튜디오 등 유명 테마파크들은 지속적으로 인기몰이를 하고 있으며 각종 중소형 테마파크들도 많이 개발되어 야구, 축구 등 스포츠 동호인들보다 더 많은 사람들이 방문하는 21세기 관광여가시설의 총아로 평가받고 있다.

우리나라에는 에버랜드와 롯데월드가 세계 테마파크 집객실적 랭킹 20위 안에 들어 있으나 엄밀한 의미에서 에버랜드나 롯데월드는 국내 기업이 서구형 놀이공원을 모방한 시설로써 중간 수준의 어뮤즈먼트형 관광위락시설이라고 할 수 있다.

대체적으로 테마파크는 외부환경과 격리된 일정 부지(보통 1평방키로 내외) 위에 조성된다. 사전에 계획된 테마를 구현해 주는 4~5개 서브 구역 위에 각종 놀이시설을 실내외에 약 30여 개 설치해 놓고 상업시설과 편의시설을 테마에 맞춰 조성해 놓은 현대적 관광위락시설이다. 개발 규모에 따라 최소 1조 원이 넘는 막대한 자본이 투자된다.

대형 테마파크를 개발하고 운영하려면 연간 수천 명에 달하는 노동력이 필요하게 되므로 양질의 일자리가 많이 창출되고, 덩달아 지방 세수와 주민 소득을 증대시키고 지역 이미지 또한 긍정적으로 변화시키는 등 많은 개발효과를 발생시킨다. 대개 기후가 온화해 4계절 운영이 가능하고 배후지 인구가 천만 명 이상인 지역에 입지해 주야간, 전천후로 운영된다.

이와 같은 테마파크를 지속적으로 성공시키려면 무엇보다도 먼저 관광객들에게 제공해 주려는 테마가 재미있고 감동을 줄 수 있게 개발되어야 한다. 테마가 흥미롭고 의미 있으며 지속적으로 관심과 만족을 줄 수 있는 내용이 아니라면 개발 사업이 실패할 확률이 높다. 그런 감동과 만족을 지속적으로 줄 수 있는 테마를 확실히 만들어 놓고, 그 위에 각종 놀이시설과 공연, 이벤트 등 볼거리 프로그램, 식음료와 쇼핑, 단지 관리와 청결유지, 종업원 서비스 등이 조화롭게 개발되고 세밀하게 운영되어야 성공한다.

특히 캐릭터를 매력 있게 개발해서 놀이시설과 볼거리 프로그램, 살거리 개발 등에 효과적으로 활용토록 하는 게 중요하다. 캐릭터 활용에 성공하면 입장료 이외에 쇼핑과 식음료 부문에서 모두 상당한 수익을 발생시킬 수 있기 때문이다. 주로 입장료 수입에 의존하는 단순 놀이공원은 지속적인 성공을 기대하기가 어렵다.

경영수지 측면에서 우리나라의 에버랜드나 롯데월드는 디즈니랜드 같은 세계적 테마파크보다 부족한 점이 많다. 테마파크를 찾아오는 방문객들에게 재미있는 놀이시설들을 부담 없이 즐기게 하는 가운데 식음료나 쇼핑 관련 소비가 늘어나도록 해주는 방안과 실행이 미약한 편이다. 비일상적인 물리적 놀이시설들에 의존해 스트레스 해소나 단순한 일탈감 등을 제공하는 서비스만으로는 많은 수익을 창출하기가 어렵다.

관광객들이 희망하는 볼거리, 놀거리 등도 시간이 가면 바뀐다. 따라서 기존 놀이시설 등을 개보수하거나 새로운 시설들을 추가하는 식의 재투자가 계속 필요하게 되므로 경영상 부담이 커질 우려가 많다. 이런 측면에서 생각해 보면, 테마파크 사업은 고도의 개발전략과 경영능력이 필수적인 사업이다. 관련 관광시장의 현상과 변화 전망 등을 세밀하게 파악하고, 테마설정과 개발규모를 적정히 하며 관련시설 개발과 소프트웨어 제공이 완벽해야만 성공할 수 있는 사업이다.

일반적으로 기업들이 제품을 잘 개발하고 효과적으로 판매해 수익을 올리려면, 관련 시장의 현재와 미래를 꿰뚫는 통찰력을 갖추고 종합적으로 사고하며 끈기 있게 추진해 가는 리더십을 가져야 한다는 게 정설이다. 과거 삼성 같은 국내기업들이 그런 리더십을 통해 반도체 등 제조업 분야에서 세계 일류가 되었다. 아파트와 신도시를 건설하는 부동산 개발업 분야에서도 그런 기업들이 나타나기도 했다. 하지만 아직 관광산업 분야에서는 그런 기업들이 출현하지 않고 있다. 월트 디즈니가 디즈니랜드라는 독보적인 놀이시설을 개발해 크게 성공하고 세계에 수출까지 하고 있는 것처럼 국내 관광시설 개발에서 그런 명품개발 모델이 출현해 세계로 진출하게 되면 좋겠다.

일반적으로 제조업이나 건설업으로 성공한 국내 기업들로서는 테마파크를 자체적으로 개발해서 사업을 성공시키기가 어렵다고 보고 도전할 엄두조차 못낸다. 그래서 한국적 테마파크를 직접 개발하기보다는 오히려 디즈니랜드나 유니버설 스튜디오 등과 같은 외국 테마파크들을 값비싼 로열티를 지불해서라도 도입하는 게 낫다고 생각하는 것 같다. 경기도 과천에 있는 서울랜드 지역에 디즈니랜드를 도입하려 했고, 동부산 지역에 MGM Studio 테마파크를 조성하려 했던 시도, 그리고 경기도 화성의 송산지역에 유니버설 스튜디오를 유치하려는 최근의 노력 등을 보면 그렇다는 걸 짐작할 수 있다.

그러나 서구형 테마파크 도입에만 관심을 두는 것은 바람직하지 않다. 자칫 서구인들의 문화와 놀이를 전파해 주는 역할만 할 것이기 때문이다. 앞으로 세계는 글로벌하면서도 지역 특징을 중요시하는 글로컬 트렌드가 계속 강조될 것이고, 세계경영을 시행하고 있는 디즈니랜드 같은 기업에서도 진출하는 지역의 고유문화를 존중하는 경영을 원칙으로 삼고 있다. 그러므로 지역문화를 잘 활용하면 대다수 현지 방문객들의 욕구 충족에 많은 효과를 볼 수 있기 때문에 앞으로 정부와 기업들은 우리나라의 전통문화와 현대적 한류 등 우리만의 가치를 창의적으로 활용하는 한국적 테마파크를 직접 개발하거나, 세계적 테마파크 유치 시 함께 조성되도록 하는 자세를 강화해 가는 것이 바람직하다고 생각한다.

잘 알고 있듯이 우리나라는 반만년 넘게 오랜 역사와 문화를 발전시켜 온 나라로서 재미있고 유익한 전래 이야기들과 문화자산을 많이 갖고 있다. 정부나 기업이 마음먹고 파고들면 세계인에게 감동을 줄 만한 창작물, 멋진 콘텐츠로 재탄생할 인문학적 소재들이 많다. 우리가 관심을 두지 않아 창고에 보관된 채 시간만 보내고 있는 선조들이 남긴 귀중한 자료들이 아직 많다. 서울대 산하 규장각이 소장하고 있는 한문으로 작성된 수많은 서책들, 고전들을 적극적으로 번역하면 우리 조상들의 우수한 아이디어와 매력적인 개발 소재들을 많이 발굴해 낼 수 있다. 매년 적은 예산으로 일정량만 번역해 내고 있는 한국고전번역원만 바라보고 있기에는 시간이 너무 걸릴 것 같아

답답하기도 하다.

나는 1985년 디즈니랜드를 처음 방문했고, 그때부터 디즈니랜드와 같은 세계적인 놀이시설을 우리나라에서도 만들어 내고 수출까지할 수 있으면 참 좋겠다는 생각을 했었다. 그래서 관광개발 분야 연구원들과 기업체, 대학교 등에 근무하던 사람들과 TEDI(테마환경개발연구회)라는 연구모임을 결성해 정기적으로 만나며 한국적 테마파크개발에 관한 아이디어를 교환하기도 했다. (그 당시 자주 만나 지금까지 관심을 공유하고 있는 최진호 대표, 이상록 대표, 임범종 교수, 한영준 씨 등은 모두 한국적 테마파크가 개발되길 바라는 귀한 지인들이다.)

나는 90년대 중반 이후 우리나라의 전래이야기, 전통 미술과 음악, 무용 등 고유한 문화자원을 활용하여 관광객들이 웃고 즐기는 가운데 한국문화의 매력에 스르르 빠져들게 하는 한국적 테마파크를개발해 보려고 나름 구상도 하고 계기가 나타나길 기다렸다. 그러던중 경기도 관광진흥본부장으로 근무하던 2001년에 정부에서 전략적으로 추진하던 수도권내 숙박문화관광단지(현재 한류월드로 개칭) 개발프로젝트를 현장에서 주도할 기회를 갖게 되었다.

일산 호수공원 옆 개발대상지 30만 평 중 약 3분의 1 정도에 한국적 테마파크를 조성하는 기본계획과 토지이용계획을 수립하며 국내최초로 그런 테마파크가 개발되도록 필요한 조치를 취하고 있었다.그러다가 2002년 5월에 경기도를 떠나게 되어 더 이상 그 사업을 추진하지 못하게 되어 안타까웠다.

일산에서 아직까지 진행되고 있는 '한류월드' 개발사업 중에는 한국적 문화형 테마파크를 조성하는 사업이 포함되어 있다. 요즘 국내 유명기업이 부지런히 연구개발 중으로 금년 중 착공될 예정이라 한다. 사업이 지연된 만큼 더욱 차별화된 명품형 테마파크로 개발되기를 바란다.

한편, 나는 2016년 말에 제7대 제주국제자유도시개발센터 이사장으로 부임하면서 한국적 테마파크 개발을 추진해 볼 기회를 제주도에서 다시 만날 수 있었다. 서귀포시 안덕면에 개발 중이던 제주신화역사공원 프로젝트 내에 제주도 전래 신화와 역사문화를 활용한 볼거리와 놀거리 주제공원을 특색 있게 개발하여야 하는 (가칭)J지구 사업이 제주도민사회로부터 강하게 요구되고 있었기 때문이었다.

내가 보기에 J지구 사업은 한국적 테마파크를 제주신화역사공원 내 J지구 개발에 구현시켜 제주도민들의 문화적 자부심을 제고시키고 문화관광을 선호하는 외래관광객들도 많이 유치해 낼 수 있는 중요 프로젝트였다. 그래서 실무자들에게 관련 학습, 견학 기회를 충분히 부여해 주고 설문대할망, 자청비, 서천꽃밭 등과 같은 제주신화 이야기를 재현하기 위해 양원모 씨(현 경기도 어린이박물관장), 김정숙 씨(제주신화 전문가) 등 외부 전문가들의 자문을 활발히 받게 했다.

제주도 신화를 체계화하기 위해 제주대학교에 관련 용역을 의뢰하여 연구결과를 확보시키기도 했다. 그리고 제주도에서 활동 중인 미술, 공예 등 시각예술가나 만화가, 문화기획자, 무용가 등 다양한 아티스트들과 전문가들이 JDC와 협력할 수 있는 준비도 안영노 씨(전 서울대공원 원장) 같은 전문가의 협조를 받는 등 다각도로 추진해 나갔다. 그러다가 2018년 7월에 JDC를 갑자기 떠나게 되어, 제주도의 수많은 신화와 전설 그리고 생활문화유산을 현대적으로 재현시킬 한국적 테마파크를 직접 완성시켜보려는 오래된 꿈을 또다시 중도에 포기하게 되었다. 안타까웠지만 어쩔 수 없었다.

다음은 한국적 테마파크 조성과 관련해서 1990년대 후반부터 틈나는 대로 메모한 아이디어들을 일부 옮겨 놓는다. 차후 한국적 테마파크 개발에 도전하려는 후배들에게 조금이라도 도움이 되었으면 한다.

• 권선징악, 사랑, 영웅담, 우정, 가족 헌신 등 귀중한 가치가 많이 담긴 한국적 테마 설정이 우선적으로 중요하다. 그에 따른 각종 시설들의 공간과 콘텐츠, 실내외 분위기를 제대로 조성하고 그 서비스 매개가 우리나라의 '춘향, 심청, 길동, 흥부, 놀부, 별주부' 등과 같은 주인공들을 주요 캐릭터로 재창조하되, 강렬하고 코믹한 디자인으로 개발하자. 그리고 그 캐릭터는, 한국적 테마파크가 근거하게 될 시대상과 공간의 한계가 있겠지만, 어쨌든 내방객들이 흥미와 향수를 쉽게 느낄 수 있는 보편적 이미지를 갖도록 해야 한다. 테마파크에서 활약할 캐릭터는 사람 이외에 동물, 식물까지 모두 발굴하는 게 좋을 것이다. 우리나라 건국 신화나 역사 속의 동물에 한국의 인물을 혼합시켜 완전히 새로운 창조물(Animation)을 만들어 내는 것도 필요하다.

- 우리나라의 멋과 맛을 잘 모르고 잃어 가는 청소년들에게 우리 문화의 우수성을 알리고 그에 대한 긍지를 갖게 해 줄 그런 테마파크를 만들어야 한다. 현대 한국인들이 강한 향수를 느끼도록 자극할 수 있는 놀이공간 연출 이외에 쇼와 이벤트, 퍼레이드 등의 기획과 연출이 상호 치밀해야 한다.

- 테마파크 전체 공간과 구역별 경계를 일주하는 교통수단의 도입이 필요하다. 역마차와 그 역으로 제작할까? 파크 전체를 관통하는 수로를 개설하고 보트를 활용하도록 할까? 겉모습은 옛날의 전차형태지만 완전히 현대화한 꼬마 기차로 할까?

- 테마파크 입구와 단지 초입부의 거리는 단순한 물리적 공간이 되어서는 부족하다. 그곳은 한국인들이 좋아하는 어떤 마음의 상태, 가치관을 수반하게 하는 장소로 마련되어야 할 것이다.

- 한국의 유명한 대중 소설이나 히트 영화, TV드라마, 대중가요 등에서 상정하고 있는 시대적/공간적 상황을 테마파크의 기본 개념 설정에 접목시키는 것이 좋다(대장금/허준/구운몽/홍길동/아리랑/싸이, BTS 히트 곡 등).

- 한국적 테마파크는 과거 전통사회에 강한 향수를 지닌 사람들에게도 호소력이 있어야 한다. 동시에 '한국 소년·소녀들의 고향' 같은 장소로도 인식될 수 있도록 조성해 보자(미국의 톰과 허클베리 핀의 나무집, 인디언 조의 동굴 등 미국 어린이들의 향수처로 인식되는

대표적 시설 조성 사례처럼!).

- 한국적 테마파크는 순수하게 한국적 풍토에 기인하는 소박한 민중적 생활방식을 표현토록 해야 한다. 한국인들이 공유하는 신화적인 이미지를 재구상하고, 그것들을 유형문화재, 기념비 등으로 영구적으로 보전하는 공간을 만들어 내는 방법도 고려해 보아야 한다. 현대인들의 향수와 고향, 어린 시절 등이 모두 손에 닿고 볼 수 있는 형태로 방문객들에게 제시되도록 준비해야 할 것이다.

- 한국적 테마파크 입구에 위치할 민속거리나 저잣거리는 방문객들이 가장 좋아하는 Hard와 Soft가 조화된 Show 공간이면서, 인위적으로 조성된 과거의 어느 한시대로 시간여행(Time Trip)을 할 수 있게 하는 무대장치로 삼위일체가 동시에 이루어지도록 건설하는 게 필수적이다. 방문객에게 조화 있는 시각 이미지를 주기 위해 축척도 실제의 5/8 크기 등으로 통일하는 게 필요하다.

- 교통수단, 건물, 거리 역시 '어떤 마음의 상태'를 가져오는 상징적 사물인 것이다.

- 한국적 테마파크는 어떤 주제를/어떻게 부각시켜야 할까?/타깃 시장은 누구로 해야 하나?/그 시장의 특성/요구/욕망은 무엇인가? → 그것을 어떤 식으로 계획화할 것인가? 깊이 고민하고 통찰력을 가져야 한다.

- 테마파크가 강조할 주제에 가장 어울리는 우리나라의 위인은 누구일까? 그를 입구 광장에 로봇으로 구현해 보고, 그에 관한 박물관이나 전시관을 만들어 보면 어떨까? 위대한 사람이 로봇이 되어 현대에 다시 살아나는 장소를 만들어 내어 내방객에게 강렬한 인상을 주는 방안은 어떨까?

- 한국의 전래 이야기 중 주인공의 부활을 가장 큰 규모로 묘사하는 이야기는 무엇일까?(심청이와 용왕/그리고 부활한 후의 왕비?) 그것에서 착상해 '용궁과 왕궁건물에 의한 심청이 나라'를 주요한 주제공간으로 연출해 내는 것을 검토해 보자. 방문객들이 평소 생각하던 용궁을 현실세계의 건물로 구현해 환상을 체험하게 할 경우 과연 그들의 반응이 어떨까?

  ※ 방문객들은 멀리서도 보이는 용궁, 바닷속 분위기가 나는 조경구조물, 심청이 용왕님을 만난다는 전래 이야기, 음악과 춤에 의한 연출로 정성을 듬뿍 들인 무대 장치에 의해 잔뜩 심리적 준비를 하게 된다. 그들은 용궁의 안쪽 광장에 들어설 때쯤이면 이미 용왕 세계의 주인공이 되어 있는 것이다.

- '선과 악'의 극명한 대조를 음악, 조명 등으로 강렬히 재생시켜 소비자의 뇌리에 이곳의 인상을 강하게 뿌리내리게 해야 한다.

- 중요한 것은 '인간의 마음'을 알아야 한다는 점이다. 말로는 할 수 없는 무수한 인간 삶의 진실들을 알고 있어야 한다. 그럴 경우 그것에 기초한 연출물과 공연은 감동적일 수밖에 없고, 크게 호감받게 되는 것이다.

• 한국적 테마파크가 지향하는 '가치관'을 음악적으로 상징하는 주제곡을 만들자(전속 작곡가 → 작곡방향 보편적 줄거리로 어떤 나라 말로 불러도 되고, 어떠한 악기로라도 연출할 수 있는 요소를 모두 갖춘 노래 그리고 매우 단순하여 기억하기 쉬운 노래를 만들어 방문객이 공원에 입장한 후 20~30분만 지나면 자기도 모르게 흥얼거릴 수 있도록 해보자). 멜로디를 잊어버리려 해도 머리에 남아 있어 계속 강렬한 인상을 주도록 만들어 내자.

PART 3

문화관광자원과
지역개발

PART 3

미국, 프랑스, 영국, 독일, 일본 등 선진국들은 박물관, 미술관, 공연장 같은 문화시설의 외관이 아름답고 소장품이나 기획·전시 관련 콘텐츠가 우수한 곳들이 많다. 이런 세계 일류 문화자산을 자국민들은 틈나는 대로 찾고 있으며, 세계 각처에서도 사람들이 방문하러 온다. 세계적으로 젊은 계층이나 여행 경험이 많은 사람들은 대체적으로 지적호기심 충족과 정서적 만족감, 자기계발 등을 위하여 문화관광을 선호하는 경향이 계속해 늘어나고 있다.

이미 오래전부터 유명한 문화시설들과 그것들이 입지하고 있는 도시나 지방은 관광객들이 필수적으로 방문하는 관광목적지 역할을 해오고 있다. 세계 어느 나라건 관광객들을 더 많이 유치하기 위해서 음악, 미술 등 각종 예술활동, 역사유적, 신화나 전설, 소설 이야기 등을 지역관광 발전에 고도로 활용하는 문화관광 개발 사업에 많은 노력을 기울인다. 기존의 관광지나 리조트들도 관광객 유치 증진을 위하여 문화관련 콘텐츠를 보강하려고 애쓴다. 중동의 아부다비 같은 도시는 인위적으로 세계 일류 문화시설을 유치하여 관광객 증가 유치 목표를 달성하려고 상당히 많은 투자를 하고 있다. 석유 의존형 경제에서 벗어나 '포스트 오일 시대'를 준비하겠다는 의지인데 문화예술 섬을 조성해 루브르 아부다비가 이미 들어섰고 뉴욕 구겐하임 분관은 뉴욕의 7배 크기로 지어질 예정이라고 한다.

널리 알고 있듯이, 우리나라는 10여 년 전부터 한류드라마와 케이팝스타 등이 세계적으로 인기를 끌고 있으나, 관광분야에서는 그런 실적이 아직은 없다. 우리나라가 보유한 문화자원을 창의적으로 활용하는 명품형 테마파크, 리조트, 관광지가 별로 없다. 지금이 세계적인 관광소비 트렌드 등을 종합적으로 분석해 가며 우리문화의 매력을 살려내는 관광개발을 촉진시킬 정책과 제도를 다듬고 마중물 투자를 활성화시킬 시기이다.

그렇게 된다면 우리나라도 빠르게 선진형 문화관광국으로 변화할 수 있다. 나라 전체가 문화부국으로 발전하며 국민들의 자부심과 여유로운 삶의 기회가 늘어나고 외래관광객들이 더 많이 찾아오는 나라가 될 것이다.

그런 관점에서 이 장에서는 각종 문화관광자원을 지혜롭게 활용해 세계적 관광개발에 성공하고 있는 국내외 사례들을 살펴보고자 한다.

도시는 문화관광지

세계적으로 사람들이 많이 모여 사는 도시는 시민들에게는 삶의 터전이지만 그 도시를 방문하는 사람들에게는 관광목적지이다. 도시라는 공간은 인간 문명을 상징하는 대표지역으로써 인간의 역사와 문화, 문명이 축적되어 있어 수많은 볼거리가 있는 문화관광지이다. 그러므로 동서고금에 걸쳐 외지에서 온 방문객들이 제일 먼저 가보려는 관광목적지는 바로 자기들이 잠시 머무르는 도시지역인 것이다. 만약 보고 싶은 명승이나 관광자원이 멀리 떨어져 있고 여유시간이 별로 없으면 도시만 관광하고 떠나기도 하는데, 그런 경우에도 도시관광이 대체재 역할을 하는 경우가 된다.

지금 이 순간에도 뉴욕이나 파리 등 세계 주요도시에는 관광객들이 넘쳐난다. 매년 6천만 명 이상이 방문하는 뉴욕시는 관광산업이 가장 중요한 산업 중 하나로써, 외래관광객들에게 환대서비스를 제공하는 각종 사업체들이 번창함에 따라 양질의 일자리가 계속 늘어

뉴욕 센트럴파크   파리 개선문

나는 등 도시경제 발전의 원동력 역할을 하고 있다.

　미국 제1의 미술품을 소장하고 있는 뉴욕의 메트로폴리탄 미술관, 구겐하임 미술관, 뉴욕 필하모닉 교향악단과 메트로폴리탄 오페라 등 문화예술 자산이 풍부한 뉴욕은 그야말로 세계 문화관광의 중심 도시이기도 하다. 참고로 뉴욕시관광청(NYC&Company)이 발표한 자료를 보면 2018년에 뉴욕을 방문한 관광객수는 총 6,520만 명으로 국내관광객은 5,160만 명이고 해외에서 온 관광객은 1,350만 명이었다. 외국인 중에는 영국인이 124만 명, 중국인이 110만 명이고 한국인은 약 42만 명으로 계속 늘어나는 추세이다.

　그러므로 뉴욕, 파리 등 세계의 주요 도시들은 더 많은 외래관광객들을 불러들이기 위해 애쓰고 있으며 특히 문화관광을 위한 시설과 콘텐츠에 투자를 계속하고 있다.

　대체적으로 외래관광객들은 그 도시에 사는 사람들의 의식주 등 생활방식을 우선적으로 보고 싶어 한다. 그리고 그 도시의 역사와 문화를 알고 싶어 한다. 그래서 마을, 재래시장이나 광장, 뒷골목, 거리 등을 다녀보고 박물관, 미술관, 궁궐이나 성곽, 유적지, 상징구조물을 방문한다. 그곳에서 색다른 현지식사도 체험해 보고 쇼핑센터에 가서 시간을 보내기도 한다. 그렇게 도시 속에 산재한 관광자원들을 직접 보고 즐기느라 바쁜 관광객들이 대다수이다. 다시 말해 도시는 문화관광지로서 중요한 관광목적지인 것이다.

특히 오래된 도시는 내방객들의 호기심을 더 많이 불러일으킨다. 과거 모습을 유지하고 있는 고풍스런 거리나 마을길을 걷는 것은 낭만적이다. 두바이나 도하같이 첨단 고층건물들로 이루어진 현대적 도시는 고색창연한 유럽의 중소도시들보다 멋스럽지 않다. 현대인들은 시간이 주는 스토리, 현재와 역사가 공존하는 도시공간의 모습에 환호한다. 그래서 관광객들이 자주 방문하는 오래된 도시는 오히려 생기가 흘러넘친다.

자동차로 다니기 편한 거리가 좋은 게 아니라 사람들이 별 걱정 없이 편안하게 걷고 싶은 거리가 더 매력적이다. 그런 거리 안에 예술과 창작, 여유와 낭만이 넘치고 이를 보고 즐기려는 사람들이 자연스럽게 모여들게 되는 것이다. 특유의 분위기를 지닌 공간이 많은 도시나 역사와 스토리가 있는 오래된 도시는 도시관광을 발전시키는 데 한층 유리하고 이는 지역 경제를 활력 있게 만들어 주기도 한다. '오래된 것에 미래가 있다' 라는 말이 도시와 관광 개발에 있어서 금과옥조와 같은 말이다.

그러므로 많은 도시들은 상주하는 주민 이외에 외래 방문객들의 편의증진을 위하여 관광시설들과 서비스 확충에 노력한다. 도쿄, 홍콩, 싱가포르 등 아시아의 주요 도시들도 서구 도시들과 마찬가지로

빌바오 구겐하임 미술관 전경　　　　**공공미술품 '퍼피'의 모습**

자기 도시의 문화관광적 매력을 제고하여 외래관광객들이 쾌적하게 즐길 수 있도록 계속 연구하고 투자하고 있는 실정이다.

또한, 세계 각처의 도시들은 박물관이나 미술관, 공연장 등의 문화시설을 새롭게 보완, 확충하고 각종 콘텐츠를 흥미롭게 만드는 데 주력하고 있다. 그리고 도시 내 문화관광 편의를 제공해 주기 위해 공공미술 작품, 문화예술 공원 등을 계속 보강하고 있다. 유명한 박물관이나 미술관들은 일반 위락시설들보다 더 많은 관광객들을 수용해 주는 중요한 역할을 수행하기 때문이다.

스페인의 빌바오는 이미 구겐하임 미술관 분관을 유치하여 크게 성공했다. 빌바오 효과라는 말이 생겨났을 정도로 기존 도시가 세계적 건축가 프랭크 게리가 디자인한 구겐하임 미술관을 찾아오는 수많은 관광객들로 인해 활력을 되찾고 지역경제도 크게 발전했다. 아랍에미레이트의 아부다비 역시 구겐하임 미술관, 루브르 박물관 등 세계적 문화시설들의 분원을 유치해 도시의 관광매력을 극적으로 제고하려 막대한 자금을 투자하고 있다.

싱가포르 센토사 섬과 주변 모습

　한편, 도시 내 오래된 재래시장이나 백화점, 쇼핑몰 등도 중요한
관광목적지이다. 쇼핑의 즐거움을 위해서 해외여행을 떠나는 사람들
도 많은 편이다. 지금 이 순간에도 로스앤젤레스 비버리힐스 내 쇼핑
가, 뉴욕 외곽의 우드베리 커먼 아울렛 등 유명하고 가성비, 가심비
(가격이나 성능보다 심리적 안정과 만족감을 중시하는 소비 형태)가 높은 쇼핑시
설들을 방문하는 관광객들이 꽤 많다.

　시민들이 주로 이용하는 전통시장이나 현대적 백화점이더라도 현
지인들의 의식주 생활방식에 관심이 많고 특징적 지역상품을 쇼핑하
려는 외래관광객들이 즐겨 찾아간다. 다시 말해 이미 쇼핑시설들은
도시 관광의 주요 목적지 역할을 잘하고 있다.

　나는 이렇게 도시 자체가 관광지가 되고, 쇼핑지가 되며 문화관광
목적지가 되기도 하는 현대 사회에서 도시의 관광여건이나 환경을
발전시키려면 무엇을, 어떻게 하는 게 효과적일까에 대한 해답을 찾
으려는 데 관심이 많았다. 우리나라의 서울 등 주요 도시들이 홍콩,
상하이, 싱가포르, 도쿄 같은 주변 경쟁도시들보다 관광객을 더 많이

유치하기 위한 개발 방법에 대해 전문 연구자로서 고민했었다.

1990년대 중반에 미국의 텍사스 A&M대학교에 있는 Triple-T연구소와 도시관광 개발 방안에 대한 조사를 함께 하면서, 어느 도시의 관광을 효과적으로 발전시키는 방법으로는 '테마도시화, 문화예술시설 도입, 공공미술 활용, 축제 개발, 문화를 활용하는 도시 재생, 새로운 산업의 도입 등' 문화를 활용하는 방법이 매우 효과적이라는 것을 알게 되었다.

그리고 문화를 활용하는 도시재생과 관련해서는, 어느 도시건 기존의 틀을 변화시켜 관광매력을 제고시킨다는 것은 매우 복잡하고 어려운 일이라는 것을 알게 되었다. 특히 오래되었거나 쇠락한 도시의 경우, 특정 장소나 공간에 잠재되어 있는 특성을 매력 있게 재현해 내기 위해 최대한 외형을 보존하며 질적 콘텐츠를 강화해 나가도록 하고, 산책로나 광장, 공원, 하천, 재래시장 등 공공 인프라를 재정비해 주며 문화예술적 상징물이나 박물관 등 문화시설을 보완해 주는 조치가 필수적이라는 것도 분명해졌다.

그런데 이러한 방향으로 재생사업을 하다 보면 자칫 엄청난 비용과 시간이 소요되어 차라리 문화관광 인프라를 새롭게 만들어 내는 것이 경제성이 더 높다고 판단될 수도 있다. 하지만 오래된 도시 공간을 재생시킨다는 것은 그 지역에서만 느낄 수 있는 독특한 정취를 지닌 문화관광자원을 만드는 일이다. 이를 위한 재생사업과정에 지역의 역사나 공동체 문화, 생활특성 등이 적극적으로 존중되어야 한다. 선진 도시들에서는 시간과 비용이 더 들더라도 지역의 전통과 문화특성을 적절히 보전하는 가운데 관광객들도 편리하도록 도시를 재생시키는 사례가 많다.

불행히도 우리나라 도시들은 대부분 비슷한 아파트들과 건축물들 그리고 특징 없는 광고물과 간판 풍경 등으로 관광매력이 약화되었고 자기 지역만의 개성 있는 관광매력물들이 별로 없는 경우가 많다. 이런 국내 도시들을 선진국 도시처럼 문화관광지로 발전시키기 위한 노력이 절실히 필요한 시점이다. 그렇게 하기 위해서 기존의 문화시설들과 상징구조물, 재래시장, 쇼핑몰 등 상업시설, 거리나 공원 등을 특색 있게 확충하도록 조치를 취해야 한다.

특히 서울이나 부산 같은 대도시는 문화관광의 매력을 제고시키는 노력을 강화해야 할 것이다. 그리고 수많은 중소 도시들은 개성적 관광개발을 통해 획기적 발전을 도모해 나가는 노력에 관심을 가져야 한다. 특별한 부존자원이 없고 자연경관도 수려하지 않는 도시라면 문화관광 시설을 인위적으로 개발하는 게 효과적이다.

그런 개발 과정에 문학도시라든가, 음악도시, 미술도시 또는 축구나 야구 같은 스포츠 테마도시 등 강렬하고 뚜렷한 도시개발의 비전과 전략을 강구하고 관련 프로젝트를 개발하여 초지일관 추진해 나가는 자세를 가져야 한다. 그러면 우리나라 도시들도 관광산업을 통해 획기적 발전을 이룩할 수 있다. 하루속히 문화관광을 통한 도시개발의 필요성과 중요성에 대한 인식이 제고되고 관련 전략과 개발계획이 마련되길 바라며, 민자유치 촉진을 위한 법제도 마련 등 후속조치들 또한 활발히 이루어지기를 바란다.

박물관, 미술관은
중요한 관광목적지

세계에는 매년 수백만 명의 관람객들이 찾아오는 박물관들이 많다. 2017년 기준으로 파리의 루브르 박물관에는 810만 명이 방문했고, 뉴욕의 메트로폴리탄 박물관은 700만 명이 방문했다. 베이징 박물관은 800만 명, 상하이 과학기술박물관은 640만 명, 미국 워싱턴 DC의 자연사박물관은 600만 명, 런던의 테이트 모던 미술관은 560만 명, 파리 퐁피두센터는 330만 명이 방문했다. 안타깝게도 우리나라 박물관은 아직까지 세계 랭킹 20위 안에 들어간 곳은 없다.

이렇듯 세계적 명성을 가진 박물관과 미술관들은 오래전부터 중요한 관광목적지가 되어 왔다. 또한 젊은이들과 여성들의 문화관광 선호가 계속 증가하고 있어 박물관이나 미술관, 공연장 등을 새로 건립하거나 확충하고, 콘텐츠를 보강해 사람들이 편안하게 관람하고 즐기도록 하려는 노력도 증가하고 있다.

구미 선진국에서는 어린 학생들 이외에 어른들도 박물관을 자주 찾아가서 전시나 작품을 관람한 후 기념품 판매코너에 들러 예쁘게 디자인된 기념품들을 쇼핑하기도 한다. 어떤 경우에는 전시를 보러 박물관에 가는 게 아니라, 식사를 하거나 박물관이 개설한 각종 학습 프로그램을 수강하고 사람을 만나고, 회의도 하려고 방문하기도 한다. 일반적으로 박물관은 소장품 수집과 연구, 그리고 전시와 교육이라는 4가지 핵심 기능을 수행하는 시설로써 사람들의 삶을 풍요롭게 만들어 주는 문화시설이지만, 선진사회에서는 수준 높은 여가선용 공간이거나 사무공간 같은 역할까지 수행한다. 물론 외래관광객들에게 서비스해 주는 기능은 당연히 중요한 업무이다.

현재 우리나라에는 전국적으로 약 1,100여 개의 박물관이 있다. 박물관이라는 개념에는 미술관이나 전시관 같은 시설들이 모두 포함되는 데, 언뜻 보면 많은 것 같으나 이웃나라 일본이나 미국의 1인당 박물관 보유수와 비교해 보면 아직 부족한 형편이다. 국공립박물관과 같이 정부나 공공기관이 운영하는 박물관이 약 40% 정도이고 나머지는 민간이 운영하고 있어 규모나 운영이 상대적으로 영세한 편이다.

우리나라는 기존의 문화시설과 공간 그리고 지방마다 소재하고 있는 문예회관들이 제대로 활용되지 못하고 있는 경우가 많다. 일부 문예회관들은 괜찮은 전시나 공연 등 주민들과 관광객들이 관심을 가질 만한 문화행사를 거의 추진하지 못하고 유휴시설처럼 운영되고 있는 곳들도 있다. 전국에 산재한 박물관이나 미술관, 문예회관 등 문화시설들이 지역민과 관광객들의 관심과 주목을 받을 수 있는 볼거리나 놀거리, 배울거리를 제공해 주는 콘텐츠가 풍부한 문화관광지로 활용되도록 유도하고 지원해 주는 정책 활동이 서둘러 활성화되어야 할 것으로 본다.

뉴욕의 MOMA 사례

뉴욕이나 런던, 파리, 도쿄 등 주요 도시들에는 시민들이나 외래관광객들이 많이 찾아오는 문화시설들이 많다. 이런 시설들은 필수적 관광목적지로서 웬만한 관광지들보다 훨씬 인기를 끈다. 나는 이런 도시들을 방문했을 때 기회나는 대로 유명 박물관이나 미술관을 찾아가 관람을 하고 전시장과 편의시설, 그리고 방문객들의 모습 등을 살펴보곤 했다.

경기문화재단에서 근무하던 2010년 가을부터 몇 년 간은 연천군에 소재하는 전곡선사박물관이라든가 용인시 관내의 경기도어린이박물관 등 공립문화시설들을 새로 건립하는 일을 지원하게 되면서 박물관 개발과 운영에 대해 여러 가지 관심을 갖게 되었다.

그 중 뉴욕의 현대미술관(MOMA)은 뉴욕시민 외에 세계적 아티스트나 미술애호가, 관광객 등이 자주 찾는 유명 문화시설로써 여러모로 배울 점이 많아 여러 번 방문했다. 그 특성을 아래에서 간략하게 정리해 보았다.

• MOMA는 1929년에 소장품 수집가 5명에 의해 창립된 곳이다.

15만 점에 달하는 회화, 조각, 드로잉, 판화, 사진작품, 2만 2,000편의 영화필름과 400만 점의 영화 스틸사진 등 세계에서 가장 종합적인 현대미술 컬렉션을 자랑하고 있는 곳이다. 1880년대 이후의 회화·조각·소묘·판화·사진·건축·상공업 디자인 작품 등이 주로 전시되어 있다.

• 2004년에 일본의 건축가 요시오 타니구치가 리뉴얼 공사를 맡아 천장, 자연채광, 도시정원을 갖춘 17,000평 이상의 전시실을 마련하여 재개장되었다. 심플하고 감각적인 MOMA 미술관의 외관과 실내 인테리어는 그 자체가 하나의 현대적 감각의 예술품과 같다.

• MOMA는 구겐하임 미술관과 달리, 19세기 말부터 20세기에 이르는 현대 예술 작품을 주로 전시하고 있다. 피카소의 〈아비뇽의 처녀들〉, 세잔의 〈목욕하는 사람〉, 샤갈의 〈생일〉, 달리의 〈기억의 영속성〉 등 유명한 작품들을 볼 수 있어서인지, 줄을 길게 서서 기다리며 즐거워하는 사람들을 갈 때마다 보았다.

물론 뉴욕에는 메트로폴리탄 박물관, 구겐하임 미술관, 휘트니 미술관 등 유명한 박물관과 미술관이 많이 있다. 그런 곳들도 예외 없이 세계각처에서 온 관광객들로 붐빈다. 휘트니 미술관은 건물 자체도 좋지만 카페나 레스토랑이 탁월하고 아트 숍도 훌륭하며 전시도 우수하여 MOMA 이상으로 매력적이다.

뉴욕 MOMA 미술관 입구와 내부 모습

MOMA는 특히 더 그렇다. 소장품과 전시가 우수한 건 당연하지만, 내방객들을 위한 카페나 레스토랑, 뮤지엄 숍, 여유 공간의 소파, 의자 비치 등 편의시설들이 훌륭하다. 런던이나 파리, 도쿄 등 다른 도시의 유명 박물관들에서도 그런 현상은 자주 볼 수 있다.

우리나라의 박물관 등 문화시설들은 내방객에 대한 편의제공 측면에서 아직 미약한 편이다. 서울이나 부산, 경주, 전주 등에 소재한 국립박물관이나 미술관들은 외래관광객들도 즐겨 찾는 관광목적지이다. 그렇지만 카페, 레스토랑, 소파나 의자 등 이용편의시설의 배치나 규모, 다양성 등은 중요한 관광목적지라는 관점에서 볼 때 개선할 여지가 많다고 생각한다.

물론 모든 박물관이나 미술관들이 관광대상지는 아니고, 그렇게 할 필요는 없다. 특히 민간인이 설립해 운영하는 박물관이나 미술관일 경우, 순수하게 해당 시설 고유의 목적에만 충실하여도 될 것이다. 그러나 매년 수많은 관광객들이 찾아오는 서울이나 부산, 경주, 전주 등 주요 도시지역에서는 박물관이나 미술관들이 선진국 수준의 관광목적지로 평가받을 수 있는 게 더욱 바람직할 것이다.

박물관이나 미술관으로 식사를 하러 가거나, 학습강좌를 들으러 가고 친구를 만나러 가는 등으로 시민들의 일상생활에 문화공간들이 보다 잘 활용되게 조치해야 한다. 관광객들과 시민 모두를 위한 편의시설, 상업시설들이 충분히 제공될 수 있도록 하드웨어를 확충하고 시설운영 또한 고객만족 최우선방식으로 업그레이드시키며, 가치가 풍부한 문화콘텐츠가 계속 제공되도록 개선해 나가는 게 문화관광 선진국으로 발전하기 위하여 필수적이다.

이런 관점에서 경기문화재단은 2013년경에 용인시 기흥구 상갈동 소공원에 조성되어 있는 도립박물관과 경기도어린이박물관 그리고 백남준 아트센터라는 도립문화시설 3곳의 편의시설을 대폭 개선하는 (가칭) '뮤지엄 파크 개발'에 관한 계획을 세워 추진했던 적이 있었다.

경부고속도로 수원IC에서 접근하기가 편리하여 수도권이나 전국에서 방문하기가 용이한 용인시 상갈동에 도립문화시설 3곳이 함께 모여 있다는 입지적 장점을 극대화시켜 지역주민들과 관광객들이 더 많이 찾아와 더 편하게 즐기도록 하기 위함이었다. 선진국의 박물관이나 미술관처럼 전시 관람 이외에 분위기 있는 카페에서 사람을 만나 담소를 나누고 레스토랑에서 괜찮은 식사도 즐기며 각종 회의들도 열리고 야간에도 인문교양 강좌와 회의에 참석하는 사람들과 레스토랑, 카페, 기념품 판매점을 찾는 사람들이 많은 그런 문화거점을 상징적으로 조성해 보려는 것이었다.

경기도립박물관   경기도 어린이 박물관

백남준 아트센터

그렇게 하기 위해 경기도립박물관과 백남준 아트센터 등에 특히 부족한 레스토랑이나 카페, 휴게실, 기념품 판매점, 주차장 등 편의시설을 서둘러 확충하고 수장고, 회의실, 도서관 등 필수시설을 보강하여 경기도 최고수준의 문화명소로 탈바꿈시키려 했었다. 뉴욕의 MOMA나 휘트니 미술관, 베를린의 박물관 섬(Museums insel), 일본 도쿄 국립박물관, 지브리 미술관 등의 유사시설들을 참고도 많이 했다.

그러나 예산이 너무 많이 필요해 전체 사업을 추진하지 못하게 되었다. 경기문화재단의 예산이나 역량만으로는 도저히 감당할 수 없었다. 그 후 2014년 말에 노후된 경기도 박물관의 식당 등 편의시설만이라도 개선시키기 위해 적정한 민간기업을 찾아내려 노력했으나 그 역시 성사되지 못했다. (그 과정에서 제갈현 씨와 같이 함께 협력하고 노력해 준 선의의 시민들에게 감사드린다.)

이런 저런 노력을 많이 했으나 (가칭)뮤지엄파크 개발계획은 결국 불발되고 말았다. 하지만 그 프로젝트는 경기도의 지역 문화와 문화관광 수준을 선진화시킬 중요한 사업이 분명하므로 경기도가 주도하여 가급적 빠르게 추진해 나가길 기대한다.

문화형 놀이시설
디즈니랜드 성공의 3요소

디즈니랜드는 1955년 이래 지금까지 65년이 다 되도록 계속해 성공을 거두고 있다. 타의 추종을 불허하는 놀이시설이다. 인디아나 존스, 킹콩 등 크게 히트한 영화를 체험하고 즐기는 유니버설 스튜디오보다 매년 수백만 명 이상 더 많은 입장객을 끌어들이고 있다.

올랜도라는 조그맣고 평범했던 도시는 1971년 제2의 디즈니랜드인 매직 킹덤 유치를 시작으로 세계 일류 관광도시로 발전했다. 디즈니그룹이 발명한 세계 최고 놀이시설인 디즈니랜드는 2017년에 올랜도에서 2,045만 명, 로스앤젤레스에서 1,830만 명, 도쿄에서 1,660만 명, 상하이에서 1,100만 명, 파리에서 966만 명, 홍콩에서 620만 명이 방문했다. 세계 각처에 있는 디즈니랜드라는 문화형 놀이시설들에는 늘 관광객이 넘쳐나고 있다.

과연 디즈니랜드는 어떻게 이러한 성공을 지속시킬 수 있었을까? 에 대해 모두들 궁금해 한다. 대체적으로 디즈니랜드의 성공에는 다음과 같은 3가지 요인이 있기 때문이라고 언급된다.

첫째, 디즈니랜드는 서구적 문화에 바탕을 둔 미국형 놀이시설이지만, 진출하는 나라의 고유문화도 적극 존중하고 활용하는 융합문화적 관광시설과 소프트 프로그램을 개발해 현지인들이 좋아할 놀거리를 적절히 제공한다는 점이 지속적 성공을 가져다준다.

동서고금을 어우르는 인간적 메시지가 담긴 이야기들을 활용해 재미있고 의미가 있는 체험을 제공해 감동을 주고 오래 기억하게 해주는 문화형 놀이시설이라는 점이 중요한 성공요소인 것이다. 또한 '겨울왕국' 등과 같이 큰 성공을 거둔 애니메이션 작품들을 디즈니랜드라는 입체적이고 실질적인 공간에서 다시 느껴볼 수 있게 한다는 점도 매력적이다.

2차원적인 만화나 애니메이션 영화를 통해서 즐기고 감동했던 소중한 경험을 디즈니랜드라는 3차원 놀이공간에서 잠시라도 맛볼 수 있게 해줌으로써 사람들의 방문을 강하게 유인해 내는 OSMU(One Source Multi Use)형 놀이시설인 것이다.

즉, 디즈니랜드는 순간적으로 즐기고 쉽게 잊게 되는 단순한 놀이공원이 아니다. 방문하기 전부터 사람들을 들뜨게 하고 기대하게 하는 콘텐츠, 쇼, 이벤트 등 프로그램들을 세밀히 고안하여 친절한 서비스와 함께 즐거움을 제공해 주고 오래 기억하게 만드는 고차원의 놀이시설이다. 방문객들의 욕구나 행태 변화 등을 정확히 파악하는 가운데 적정한 개발 테마를 사전에 치밀하게 설정한 후, 그 테마를

디즈니랜드의 미키와 미니마우스 그리고 단지 내 모습

환상적 건축물들과 구조물, 다양한 소리와 조명, 컬러, 조경 등으로 구현시키고 여러 프로그램, 콘텐츠들을 멋지게 개발해 놀거리와 볼거리를 충분히 제공해 주는 세계 최고 놀이시설이다.

　디즈니랜드는 유명한 이야기나 문학작품, 영화나 만화영화 등에서 일반인들이 느꼈던 감동, 꿈꾸게 된 환상, 상상과 같은 것들을 직접 체험해 보거나 대리 만족하게 해주는 연극 무대같은 놀이공간이다. 그곳은 사람들이 무대 위의 주인공처럼 시간 가는 줄 모르고 꿈같은 체험을 해볼 수 있는 특별한 공원인 것이다. 그로 인해 방문객 대부분은 비일상적 체험을 하며 즐기고 스트레스를 풀어버리다가 일상으로 되돌아간 후, 또 다시 방문하고 싶어지게 된다. 그래서 재방문 스케줄을 세우게 된다. 한 번 방문했던 디즈니랜드는 시간만 나면 또 가 봐야만 할 평생 고향 같은 장소로 인식되는 것이다.

　어렸을 적에 할머니나 할아버지, 어른들을 통해 들었던 백설공주와 일곱 난쟁이, 신데렐라, 아라비안나이트와 알라딘, 머나먼 우주와 우주인, 사람처럼 말하는 생쥐와 강아지 등 수많은 환상들을 체험하며 일상생활의 시름을 잊고 다시 살아갈 의욕을 얻어가게 만들어 주는 특별한 곳이라는 점이 지속적으로 성공하게 되는 가장 중요한 요소이다.

둘째, 디즈니랜드는 항상 청결한 테마공원이라는 점이다. 디즈니랜드가 항상 청결하고 쾌적한 테마파크로 유지되게 하는 관리방법이 방문객들에게 즐거움과 재방문 의욕을 갖게 하는 성공 요소인 것이다. 어떻게 늘 청결함을 유지할까?

사실 디즈니랜드에는 방문객들이 잘 모르는 일종의 지하세계가 거미줄처럼 설치되어 있다. 올랜도에 개발한 제2의 디즈니랜드 매직킹덤에는 약 1.5킬로미터에 달하는 지하공간이 있다. 거기에는 공동구, 의상부, 분장실, 관리사무실, 종업원 숙소, 상품반입처, 쓰레기수집처 등의 기능을 수행하는 여러 시설과 장치가 배치되어 있다.

이 지하도시 같은 넓은 공간에서 수천 명의 직원들이 지상 위의 각종 관광어트랙션 시설들의 조명과 개폐, 전체 오디오 장비를 조작하는 대형 컴퓨터 등 중앙통제시스템을 운영하고 있다. 물론 지상 공원에서도 수시로 발생하는 쓰레기나 휴지, 폐기물 등을 즉각 수거하도록 조치한다. '찾아가는 청소통' 역할을 하는 청소원들이 이리저리 움직여 가며 쓰레기가 없는 테마파크가 되도록 만들기도 한다.

이렇게 지상과 지하에서 디즈니랜드 곳곳의 청결과 위생을 위해 바쁘게 일하고 있으니, 디즈니랜드는 곳곳이 늘 깨끗할 수밖에 없다. 이런 지하도시가 없었다면 지상 공원이 항상 쾌적한 상태에서 다양한 볼거리, 놀거리를 구현해 내기가 어려울 것이다. 청결한 테마파크

유지방식이 또 하나의 성공 비결이다.

셋째로, 디즈니랜드에는 종업원들이 항상 예의바르게 서비스한다는 점이다. 그들은 연극무대의 배우처럼 방문객들이 만족하도록 각종 서비스를 멋지게 제공해 주고 있다. 그로 인해 디즈니랜드는 항상 즐겁고 웃음을 짓게 하는 놀이공원으로 정평이 나 있다.

디즈니그룹은 종업원들을 예의바른 최고의 서비스맨으로 양성해 내는 교육훈련에 많은 관심과 노력을 기울이고 있다. 오래전부터 디즈니대학이라는 자체 사내교육기관을 운영하고 있는 데, 입사한 직원들이 어떤 인성과 배경을 가지고 있든, 다양하게 고안된 디즈니대학의 커리큘럼을 이수하게 되면 친절과 예의가 몸에 밴 디즈니 요원으로 변화하게 된다.

종업원들은 마치 디즈니랜드라는 연극 무대에서 열연하는 배우와 같다는 생각을 갖고 스스로 서비스의 본질을 느끼고 진정성 있게 서비스를 베풀 수 있도록 훈련받는다. 그들은 인사관리라는 말 대신 '캐스팅' 이라는 말을 사용하고 종업원을 '캐스트 멤버' 라고 부른다. 또한 채용됐다는 말 대신에 '쇼의 배역을 맡았다' 는 표현을 사용하는데, 이는 종업원들로 하여금 단순한 서비스 종사자라는 직업의식에서 벗어나 진정한 주인의식과 프로의식을 갖고 고객 서비스에 임하도록 동기를 부여하기 위한 것이다. 디즈니대학을 거쳐 나온 종업원들은 마치 연기자로 재탄생한 것처럼 자연스럽게 미소 짓고 손님을 위해 어떤 서비스라도 이행해 주려는 헌신적 자세를 갖게 된다.

대단한 교육훈련 시스템이 아닐 수 없다. 종업원들에게 시행하는 교육에는 직무에 관한 것 외에 디즈니의 철학, 역사 등에 대한 것이 있는 데 다른 과목 이상으로 철저히 교육하고 있다.

또한 정규직원 이외에 많은 역할을 하고 있는 아르바이트생들에 대해서도 긍지를 갖고 근무할 수 있도록 많이 배려해 준다. 후배 아르바이트생에 대한 교육을 직접 담당케 하여 비록 한시적으로 근무하는 직원들이지만, 상호 존중해 주는 조직문화가 생겨나게 한다. 이런 친절하고 예의바른 직원들이 항상 존재하도록 교육훈련과 인사, 복지후생 시스템이 잘 마련되어 있다는 게 세 번째 성공 요인인 것이다.

세계 최고의 문화형 놀이시설인 디즈니랜드를 나는 1985년 여름에 처음 방문할 수 있었다. 로스앤젤레스 애너하임에 있는 제1 디즈니랜드였다. 당시 우리나라의 관광위락시설 수준은 한마디로 형편없는 상태였다. 삼성그룹이 용인에 자연농원(후에 1996년부터 에버랜드로 명칭 변경)이라는 관광시설을 운영하고 있던 때였다. 잠실의 롯데월드 어드벤처도 없었던 시기였다.

관광산업 육성을 통한 나라 발전을 목표로 일하고 있는 정부(당시 교통부 관광국)의 공무원 신분으로 미국으로 해외연수를 가 있던 나로서는 처음 디즈니랜드를 보고 무척 놀랐고 즐거움보다는 자괴감을 느끼기도 했었다. 그 당시 보통 수준의 관광위락시설도 별로 없었던 대한민국의 하급 공무원으로서 관광개발에 대한 선진국의 이론이나 사례를 학습하며, 어떤 관광개발을 어떻게 추진해야 우리나라가 발전하는데 효과적일까에 대해 초보적 고민을 하고 있던 때라 세계 최고 테마파크인 디즈니랜드는 모방하기조차 어렵게만 느껴졌기 때문이었다.

나는 그 당시 디즈니랜드 입구 주차장과 매표소에서 디즈니랜드 입구까지 뛰어가며 소리치는 어린이나 어른들의 모습을 보며 깜짝 놀랐다. 조금이라도 빨리 디즈니랜드를 즐기려는 미국 사람들의 관광여가 패턴, 관광위락시설을 대하는 모습이 낯설기만 했다. 당시 우리나라에서는 어른들이 그렇게 소리 지르고 뛰어간다면 그 즉시 '어른답지 못하다, 경박하다'라며 힐난을 받거나 비웃음 당할 행동이었기 때문이다.

디즈니랜드에 입장하고 나서 여러 테마시설들과 퍼레이드, 이벤트 프로그램들을 체험하며 수많은 종업원들이 친절하게 서비스해 주는 모습을 보면서, 세계적 놀이시설의 실체를 차츰차츰 느끼게 되는 동시에 한편으로는 자신감이 사라져 갔다. 단순히 디즈니랜드에 놀러 온 관광객입장이 아니었기에 더욱 그런 느낌을 갖게 되었던 것 같다.

아무튼, 디즈니랜드를 첫 방문한 후 오랜 세월이 지난 요즘 들어 우리나라도 문화적 원천 자산들과 재미있는 이야기를 만들어 내는 개인들과 기업들의 역량이 많이 발전되었고, 그런 것들을 잘 활용한다면 한국적 브랜드의 테마파크를 만들어 낼 수 있겠다는 생각을 하게 되었다. 물론 아직까지는 세계인을 대상으로 창의적인 한국형 문화관광시설을 개발해 세계까지 진출하려는 국내 기업이 없는 것 같다. 하지만 우리나라에서도 디즈니랜드 같은 명품 놀이시설을 개발해 크게 성공하는 기업이 조속히 출현하길 기대해 본다.

예술축제가 에든버러 성공의 근원

영국 스코틀랜드의 수도, 에든버러는 매년 8월에 개최하는 에든버러 국제페스티벌(Edinburgh International Festival)과 에든버러 프린지 페스티벌(Edinburgh Festival Fringe)을 비롯해 연간 12개 이상의 축제를 개최하는 세계 최고의 '축제의 도시'이다.

1년 내내 축제가 개최되는 도시이다 보니 "에든버러 축제는 에든버러라는 도시를 없애버립니다. 에든버러라는 도시는 이제 세상에 존재하지 않습니다. 단지 '에든버러 축제라고 불리는 도시'가 있을 뿐입니다"[5]라는 말이 나올 정도이다. 이제 에든버러는 '축제를 상징'하는 명칭이 되었다.

에든버러는 '북 페스티벌'로 전 세계의 주목을 받기도 하는데, 아서 코난도일과 로버트 루이스 스티븐과 같은 세계적인 작가들이 태

---

5) Emma Webster and George McKay, From Glyndebourne to Glastonbury: The Impact of British Music Festivals, Norwich: Arts and Humanities Research Council/ University of East Anglia, 2016, P. 13

에든버러 프린지페스티벌 등 축제 모습

어난 문학도시이기도 하다. 2004년에는 세계 최초로 유네스코 문학 창의도시에 선정되기도 했다.

최초의 에든버러 국제 페스티벌은 1947년 8월 24일에 전후 폐허가 된 사회 회복의 일환으로 예술을 활용하여 시민들이 전쟁의 참상을 잊고 전쟁의 상처를 치유하며 사기를 진작시키게 하려고 시작되었는데, 페스티벌에 참여하는 예술가들에게는 일자리를 얻게 되는 좋은 기회가 만들어지기도 했다.

1950년에는 밀리터리 타투(Military Tattoo)와 에든버러 프린지 페스티벌이 시작되었고 1970년대 후반에 재즈 & 블루스 페스티벌, 1980년대 초에 북 페스티벌 그리고 2004년에는 에든버러 아트 페스티벌 등이 새롭게 개최되고 있다.

에든버러 국제 페스티벌은 전통적인 예술과 스코틀랜드 예술을 축제 프로그램의 중심에 두고 있지만, 그와 함께 발전한 에든버러 프린지 페스티벌은 실험예술과 상업적인 예술, 코미디 등을 포괄하는 광범위한 예술을 포용하고 있다. 그리고 국제 페스티벌은 엄격한 심사를 통해서 수준 높은 예술작품만 무대에 올리지만, 프린지 페스티벌은 참가를 희망하는 공연단이 스스로 공연장소를 물색하여 자유롭게 참가할 수 있는 개방적인 축제이다. 엄격한 기준을 따지는 국제 페스티벌은 해가 갈수록 프린지 페스티벌보다 인기가 떨어져 요즘은 주객이 전도된 형편이다.

1959년에 설립된 에든버러 프린지 페스티벌 협회에 의하면 2018년에는 317개의 공연장소에서 3,458개의 공연이 개막되어 약 5만6천 회가 넘는 공연을 하는 등 프린지 페스티벌은 전 세계에서 가장 큰 예술축제가 되었다. 이제 에든버러는 음악, 미술, 드라마, 연극, 오페라 등 예술을 사랑하는 세계인들이 성지순례를 하듯 즐겨 찾아오는 '세계 예술의 성지'가 되었으며, 예술가들에게는 그들의 재능을 꽃피울 수 있는 무대를 제공해 주는 플랫폼 역할을 하고 있다.

2010년 에든버러 축제장소 12곳에서 시행한 연구 결과에 따르면, 에든버러 축제를 보는 것이 유일한 방문 이유인 관광객들이 82%에 이르는 것으로 나타났다. 또한 응답자의 82%는 페스티벌을 경험하기 위해서 에든버러를 재방문하고 싶다고 답하기도 했다.[6] 이와 같이 에든버러 축제는 지역의 이미지를 개선하고, 주민의 자부심을 높여

---

6) Scottish Enterprise media centre, "Edinburgh Festivals' impact on local and national life and economy revealed", 23 May, 2011.

주며, 외래관광객 유치증대로 에든버러 경제를 발전시키는 좋은 수단으로 자리 잡았다.

특히 매년 8월 중순부터 3주 동안 이어지는 에든버러 프린지 페스티벌은 세계 각처에서 나름 인정받는 연극, 마임, 퍼포먼스, 콘서트, 오페라 등이 모여 감동과 열정으로 가득한 무대를 에든버러 시내 곳곳에서 선보인다. 프린지 페스티벌에는 매년 전 세계에서 3천 개가 넘는 공연팀이 적자를 각오하고 숙식과 교통비 그리고 대관비 등 모든 비용을 자부담하며 참가하고 있다.

적자를 감수하면서 공연단체들이 앞 다투어 참가하고 있는 이유는, 세계 일류급 공연기획자들이 에든버러 프린지 축제에서 공연되고 있는 작품들을 현장에서 관찰하고, 예술성이 뛰어나거나 마음에 드는 '비주류 공연'을 구매하고 있기 때문이다. 대형 공연기획자들은 거기서 구매한 '비주류 공연'을 고가에 '주류무대'에 파는 '세계 최대의 공연시장' 역할[7]을 한다.

에든버러 프린지 축제에서 매년 흥행 상위 2%에 드는 공연은 예외 없이 오락성이 두드러진다고 한다. 그리고 공연작품들이 세계로 진출할 때, 언어가 장벽이 되기 때문에, 에든버러 프린지 페스티벌에서 눈길을 끄는 작품은 대부분 언어 대신 리듬과 비트, 몸짓이 강조되는 넌버벌 퍼포먼스(nonverbal performance, 비언어극) 작품이라는 특징을 가지고 있다.[8]

7) 정민채, "에든버러 프린지 축제(Edinburgh Festival Fringe)", 남도일보, 2015년 4월 12일.
8) Ibid.

사실상, 에든버러시는 각종 예술축제를 통해 매년 막대한 규모의 경제적 효과를 올리고 있다. 약 70여 개국에서 예술가와 기획자, 에디터, 관광객이 무수히 몰려들기 때문에 페스티벌 기간 동안 에든버러는 최대의 비즈니스 센터 역할을 하게 된다. 아래 표는 BOP 컨설팅의 에든버러 페스티벌의 2015년도 경제적 영향에 대한 조사 결과이다. 도표를 살펴보면 2010년보다 2015년에 경제적 효과가 증가하였음을 알 수 있으며, 2015년의 경제적 효과는 2억7,965만 파운드이고, 축제로 인한 일자리는 5,660개의 정규직(full-time)이 창출되고 있는 것으로 파악되었다. 2010년과 비교했을 때 에든버러의 경제적 효과는 약 19% 증가하였고, 일자리도 613개가 증가한 것으로 나타났다.

에든버러 페스티벌의 경제적 효과

연도	에든버러		스코틀랜드	
	output (£ 백만)	고용	output (£ 백만)	고용
2015	£ 279.65	5,660	£ 312.66	6,021
2010	£ 235.53	5,047	£ 252.54	4,757

출처: BOP Consulting, Edinburgh Festivals 2015 Impact Study, 2016, P. 20

한편, 에든버러는 문화, 예술계 종사자들에겐 꿈의 도시이다. 스코틀랜드 예술가들에게 에든버러 페스티벌은 새로운 기회와 영감의 장이며, 세계 각국의 예술가와 기획자들에게 자신의 작품을 선보일 수 있는 멋진 쇼케이스이기도 하다. 예술을 사랑하는 관람객에게는 시내 공연장은 물론 거리 광장 곳곳에서 펼쳐지는 연극, 무용, 오페라, 전시회, 오케스트라, 퍼포먼스 등 수많은 공연 중 자신의 취향과 관심에 따라 작품을 선택하여 관람할 수 있는 최고의 도시인 것이다.

3주간의 축제가 열리는 동안 에든버러 시내의 숙박시설은 악명 높을 정도로 이용료가 비싸지만 90% 이상 예약이 차고, 최소 3개월에서 6개월 전에는 예약을 해야 한다. 각종 숙박시설과 상업시설, 공연시설을 빌려주는 지역주민들은 엄청난 수익을 벌어들이고, 매년 에든버러에 연고를 둔 예술가들은 세계에서 손꼽히는 아티스트, 프로듀서를 만날 기회를 얻고 자신을 발전시킬 기회를 얻고 있다. 또한 문화, 예술, 관광 관련 사업을 영위하는 이들에게도 많은 기회를 제공하고 있다.

세계 어디에서도 볼 수 없는 초대형 규모의 이 축제가 더욱 돋보이는 이유는 대부분의 지역축제가 그 지역의 전통을 기반으로 발전하는데, 이와 달리 에든버러 축제는 현대적인 전시와 예술공연을 토대로 한다는 점 때문이다. 인위적으로 만들어진 축제가 어떻게 지역의 고유성과 정체성으로 수용되는가를 모범적으로 보여 주는 사례이다.

우리나라에도 매년 가지각색의 축제가 많이 열린다. 충남 보령시의 머드축제와 같이 세계에 알려진 성공적인 축제도 있으나 대부분은 그렇지 않다. 지역 공동체 문화의 발전과 주민간 협력 강화를 목적으로 하는 축제도 있지만, 상당수 축제들은 특별한 내용이 없이 상업적 목적으로 관광객들만 끌어들이려고 한다.

보령시 머드축제 포스터와 축제 주요 모습

영국의 에든버러가 예술 축제로 엄청난 성공을 거둔 것처럼 국내 도시들도 지역개발 촉진차원에서 축제를 전략적으로 개발하고 육성해야 할 필요가 있다. 그렇게 성공하려면 무엇보다 축제의 테마가 무척 중요하다. 참신하고 기발한 주제에 집중하는 축제라야 지속적으로 성공할 수 있다. 지역의 역사와 문화, 자연환경 등에 기반하여 창의적인 주제가 개발되는 게 우선이어야 한다. 또한 지역주민 등 민간인들이 주도적으로 참여해 계획하고 운영하도록 해야 바람직하다.

우리나라의 경우, 정부가 나서는 경우가 많은데, 자칫 민간인들이 의타적이 되어 참여가 저조해지고 창의적인 콘텐츠를 시도하기가 곤란해지는 등 문제가 발생한다. 축제 개발 초기에 시간과 비용이 더 소요되더라도 지역민과 민간부문에 의한 매력적 축제가 개발될 수 있도록 정부가 바뀌어야 한다. 앞으로 문화예술 분야에서 에든버러 프린지 페스티벌과 같은 세계적 축제가 출현할 수 있길 기대한다.

스토리 관광,
춘향전과 로미오와 줄리엣

동서고금을 통해 사람들은 대개 이야기를 좋아한다. 어릴 적부터 할머니나 할아버지, 아버지나 어머니, 집안 어른들이 들려주는 이야기를 통해 인격을 형성해 가고 세상을 알게 되며 지역사회의 일원이 되어 간다.

신화나 전설, 미담, 영웅들의 삶 등 수많은 이야기를 듣고 자란 사람들은 그렇지 않은 사람들보다 각자의 인생을 보람차게 영위할 기초를 든든히 만들 수 있고, 상상력과 창의력이 풍부한 사람이 될 수 있다. 인간이란 이야기를 통해 성장하고 성숙하며, 그런 이야기를 계속 만들어 가는 존재이다. 오늘날 이야기가 많은 사람은 여러 사람들의 주목과 인기를 끌며 명인이라고 불리기도 한다. 오래전부터 알고 지내는 신성대 씨나 묵개, 에드워드가 그런 사람들이다. 그들의 풍부하고 호소력 있는 이야기를 듣게 되면 큰 즐거움을 느끼며 존경스런 마음이 생기기도 한다.

요즘 사람들이 각종 물건이나 서비스를 구입할 때도 이야기가 중요한 역할을 한다. 사랑이나 값진 우정, 선행, 기적, 역경을 극복하고 이룬 성공 등 감동적 스토리가 연상되는 재화들이 훨씬 인기를 끌게 된다. 그에 따라 대부분의 기업이나 단체는 창의성을 발휘해 스토리를 발굴하려는 노력을 한다. 관광객을 위한 볼거리나 놀거리, 살거리 등 관광거리를 개발할 때도 마찬가지라고 본다. 이야기가 모든 분야에서 중요한 스토리노믹스(Storinomics)시대라는 말이 맞다.

이런 관점으로 살펴보면 오랜 역사와 전통, 고유문화를 가진 우리나라는 다른 나라에 비해서, 감동을 느끼게 할 이야기거리가 많다. 사랑, 충효, 우정, 기이 등 다양한 소재의 이야기가 풍부한 편이다. 그런데 여러 가지 이야기 중에서 사람들은 대체적으로 사랑 이야기에 많이 감동한다. 물론 세대와 연령에 따라 다소 차이는 있지만, 사랑만큼 중요한 관심사가 별로 없기 때문이다.

잘 알고 있듯이, 세상에는 별별 사랑이 다 있다. 그 중에서 이성간의 애틋한 사랑은 당사자들이 생사를 걸게 만들 정도로 강력하다. 그러므로 이성간의 사랑 이야기는 영원히 마르지 않는 이야기 소재가된다. 남녀가 사랑하는 과정에 온갖 어려움을 극복하고 끝내 행복한 사랑을 쟁취해 내는 이야기가 더 큰 감동을 준다. 실패로 끝나는 경우가 너무 많기 때문일 것이다.

널리 알고 있듯이, 우리나라에는 춘향전이라는 유명한 고전이 있다. 작자 미상의 고전 소설 속 사랑 이야기이다. 성춘향이라는 전라북도 남원의 관기인 월매의 외동딸이 이몽룡과 깊은 사랑에 빠진 후,

춘향 테마파크 일부 프로그램과 입구 부분 모습

변사또로부터 겪게 되는 엄청난 고난을 목숨 걸고 극복해 꿈에 그리던 이도령과 극적으로 재회하고 행복하게 살아가게 되었다는 줄거리를 갖고 있다.

이런 성춘향의 사랑 이야기가 세계인들에게 제대로 알려지게 된다면 남원시는 사랑을 주제로 하는 세계적 관광도시로 크게 발전할 수 있을 것이다. 성공한 사랑 이야기의 배경지를 직접 찾아보고 이야기 속 장면을 체험해 보고 싶어 하는 남녀 관광객들이 여러 곳에서 몰려올 게 분명하기 때문이다. 물론 남원시에서도 20여 년 전부터 춘향 이야기를 관광개발 소재로 활용하고자 춘향테마파크라는 놀이시설을 만들기도 했다.

그러나 춘향이가 보여준 사랑을 현대적으로 각색 연출하여 방문객들이 흥미를 느끼고 의미가 있게 여길 만한 프로그램, 문화예술적 콘텐츠를 풍부하게 제공해 주는 노력이 부족했다. 남원시는 춘향테마파크라는 특정 장소 이외에 음악, 공연, 미술, 미디어 아트 등이나 홀로그램, 공공미술 등을 적극 활용하여 춘향전의 사랑 이야기를 시내 여러 장소에서 다양하게 느낄 수 있도록 유도하는 방안을 추진할 필요가 있다.

반면에 실패한 청춘 남녀의 사랑 이야기로 세상에 널리 알려진 '로미오와 줄리엣 사랑 이야기'를 활용하는 유사 사례를 보면, 남원시가 춘향전을 활용하는 것과는 사뭇 다르고 차이가 많다. 그 이야기의 배경지로 알려진 이태리 베로나시는 '로미오와 줄리엣 이야기'를 여러모로 활용해 많은 관광객 유치와 지역발전을 성공리에 일궈가고 있다.

사랑 이야기의 결말을 놓고 비교해 보면 성공한 사랑인 우리나라의 '춘향전' 이야기가 더 의미가 있다고 생각하는 데, 죽음으로 끝난 '로미오와 줄리엣'의 사랑 이야기가 현실적으로는 훨씬 더 많은 관광객들을 유치하고 있다. 결국 그런 이야기 소재를 현 시대를 살아가는 청춘 남녀들이 정서적으로나 심리적으로 공감하고 감동할 수 있게 만들어 주는 체험관광 프로그램들을 어떻게 개발할 것인가가 큰 차이의 원인인 것이다.

주어진 이야기 소재를 매력적으로 각색, 연출해 낼 수 있는 기획력, 연출력이 미약하고, 세계인들에게 그런 관광상품을 효과적으로 알려주는 마케팅 활동이 미흡하기 때문에 남원시가 베로나시를 못 따라가고 있는 것이다. 안타까운 실정이다.

이탈리아 베로나는 로미오와 줄리엣의 비극적 사랑 이야기를, 역발상적으로 활용해서 슬프지 않고 애달프지 않은 사랑이 이루어지길

베로나의 줄리엣 동상   로미오가 줄리엣에게 사랑을 고백한 소설 속 베란다 모습

갈망하는 청춘남녀들이 베로나를 찾아오도록 하고 있다. 이야기 속에 나오는 줄리엣의 집을 인위적으로 만들어 놓고 사람들이 그 집을 방문하게 한다. 그리고 줄리엣 동상을 만들어 놓고 그 옆에서 사랑하는 연인들이 기념사진을 찍게 하고 있다.

소설 속 주인공들이 마치 현실세계에 살아 있는 것처럼 느끼게 하려고 줄리엣이 살았다는 이야기 속의 건물을 13세기 건축물처럼 건설해 놓았다. 그리고 로미오가 줄리엣에게 사랑을 고백한 베란다도 진짜처럼 만들어 놓았다.

베로나는 그런 식으로 하드웨어만 만들어 놓은 게 아니다. 연애편지 낭독대회와 같은 이벤트도 개최하고, 발렌타인 데이를 활용해 가장 애틋한 연애편지를 쓴 사람을 선발하여 포상하기도 하는 등 재미있고 흥미로운 이벤트나 프로젝트들을 고안하고 있다. 그러므로 베로나시가 세계인들에게 '사랑의 도시'로 인정받을 만하다고 생각한다.

참고로 남원시는 우리나라의 또 다른 유명 고전 소설인 '흥부전'의 배경지이기도 하다. 흥부와 놀부라는 형제간에 벌어진 권선징악에 관한 이야기인데 요즘처럼 형제간의 우애가 약화된 시대에 배울 점이 많은 교훈적 이야기이기도 하다. 그러므로 남원시는 청춘 남녀 간의 사랑과 형제간의 사랑에 관한 유명 전래 이야기들의 배경지라는 이야기 자산들을 고도로 활용하여 특색 있는 관광도시로 집중 개발할 필요가 있다. 대부분의 사람들이 관심을 갖고, 공감하게 되는 남녀 간의 사랑과 형제간의 사랑 이야기에 근거를 둔 창작연극, 오페라, 뮤지컬, 고전음악과 무용 등 각종 전통문화예술 자원을 융합시킨 독특한 볼거리와 놀거리 및 살거리, 할거리 개발과 콘텐츠 개발 그리고 관련 광고 마케팅에 집중한다면 남원시는 분명히 자기 지역을 획기적으로 발전시킬 수 있을 것이다.

사실, 우리나라에는 제주도의 '자청비'라는 여인의 사랑 이야기라든가, '숙향전'이나 '구운몽' 같은 신선계와 인간계를 넘나드는 사랑 이야기 등 흥미로운 사랑에 관한 이야기들이 많다. 물론 현대인들의 사랑 트렌드와는 괴리가 있으나, 연출기획력 방식에 따라서 얼마든지 독특하고 재미있는 콘텐츠상품으로 개발할 수 있다. 제주도와 같은 지방정부에서도 베로나처럼 고유의 사랑 이야기를 적극 활용해 낼 수 있다고 생각한다. 관계자들의 관심과 노력을 기대한다.

또한 우리나라에는 삼국유사 기이편과 같은 환상적 이야기들의 보물창고가 있다. 삼국유사에 있는 수많은 이야기들을 보면 우리 조상들의 창의력과 상상력에 경외심을 갖지 않을 수 없다. 그 중 연오랑과 세오녀 이야기나 오어사 이야기, 조신의 꿈 이야기, 처용랑과 망해사 이야기, 감은사와 대왕암 그리고 만파식적 이야기 등은 특히 흥미롭다. 그 외에 심청전, 흥부전, 장화홍련전, 홍길동전, 허생전, 별주부전 등 옛 이야기들과 박경리 여사의 토지 같은 유명 현대소설 이야기 등 '효도, 우애, 의리와 인정, 권선징악, 우국충정, 영웅기담, 기이한 이야기 등' 사람들이 동감할 이야기들이 꽤 많다. 물론 17세기 병자호란 발발 당시 남한산성에 살던 서날쇠 같은 천민이 누군지도 모르고 기진맥진해 쓰러지기 일보 직전의 양반네를 등에 업고 날쌔게 성안으로 대피시키고 보니 인조 임금이었다는 등 보통 사람들에 관한 재미난 이야기들도 많다.

현재 경상남도 하동군에서는 소설 '토지'에 나오는 최참판댁 건물을 섬진강 옆 평사리 언덕에 재현해 놓아 방문객들이 토지라는 대하소설 속 이야기를 체감하게 하는 등 문학작품을 활용하는 관광상품을 개발해 놓았다. 이런 사례는 강원도 평창 봉평 등 여러 곳에도 볼 수 있는 데 문제는 콘텐츠 프로그램이 미약하다는 점이다. 단순한 전시형 건물이나 공간 조성만으로는 관광객에게 후한 평가를 받기가 어렵기 때문에 개선이 절실한 형편이다.

향후 우리나라에서 사람들이 감동하여 기꺼이 소비할 만한 가치를 갖는 스토리 관련 상품과 서비스를 잘 만들어 내기 위해서는 정부건 기업이건 인간, 한국인, 세계인에 대해서 전문적으로 연구하는 조치가 필수적이다. 그런 조사연구 결과로 알게 되는 인간성에 대한 빅데이터, 고급 정보와 자료를 갖고 독특한 스토리 기반의 제품과 서비스를 더 많이 개발할 수 있어야 성공할 수 있다.

다행히 우리들은 창조적 DNA를 많이 물려받은 우수한 민족으로서 정부가 앞장서서 가치 있는 이야기와 문화자산을 활용해 가성비 높은 콘텐츠를 만들어 내려고 노력하면 큰 성과를 거둘 수 있을 것이다. 이미 한류가 세계적 평가를 받고 있으며 BTS 공연에 세계의 젊은 이들이 열광하고 있는 것을 보면 더욱 확신이 든다.

우리나라가 가진 원천적 문화자산의 가치에 신뢰를 갖고 필요한 투자를 강화하여 OSMU(One Source Multi Use)가 활발히 이뤄지도록 정부가 적극 노력해야 한다. 국내외에 산재한 창조적 아티스트나 기획가, 기업가, 투자자들이 문화관광 콘텐츠 개발을 위해 우리나라로 몰려오도록 관련 법제도상 규제를 완화시키는 조치도 취하길 바란다. 그렇게만 된다면 우리나라는 매력적인 스토리의 개발과 활용이 촉진되어 관광산업과 문화산업이 동시에 발전될 것임을 확신한다.

허준과 산청 동의보감촌 개발

 우리 정부는 1998년 초 문화와 관광을 효과적으로 연계 개발하기 위한 정책 필요에 따라 전국을 대상으로 '7대 문화관광권 개발계획'을 수립하기 시작했다. 오랜 역사 과정을 통해 축적된 전통적 문화자원들과 역사유산 등을 관광개발 사업에 연계하려는 정책 의지가 발동된 계획이었다. 예술분야는 문외한이라 할 수 있지만 그 계획 수립에 나는 처음부터 참여하게 되었다.

 전국의 지자체와 협력하여 각 지방의 독특한 역사와 문화유산, 문화예술 관련 자원을 직접 찾아가 조사하고 문화관광 개발에 연계하는 방안을 연구하면서 귀중한 우리 문화유산 등에 대해 많이 알게 되고 자랑스럽게 생각하게 된 기회이기도 했다. 그 해 말 우리는 현지 조사 등을 끝내고 전국을 7대 문화관광권역으로 설정한 후 권역별로 특화사업을 50여 개 선정해 집중 개발되도록 하는 계획을 연구해 정부에 제출했다. 그때 설정된 7대 권역은 수도권, 강원권, 충청권, 호남권, 대구경북권, 부산울산경남권, 제주권 등이다.

2년이 지나 경기도 관광진흥본부장으로 근무하던 2001년 2월에 언론을 통해서 당시 문화관광부의 김한길 장관이 김대중 대통령에게 7대 권역별로 문화관광 특화사업을 선정하고 본격 개발되도록 정책 지원을 강화할 계획임을 보고 드리고 승인을 얻었다는 것을 알게 되어 기뻤다.

그 외에 인천시 영종도 인근의 용유도와 무의도에 대한 특수관광단지 개발 계획과 고양시 일산에 숙박문화관광단지를 개발한다는 정부 계획도 함께 대통령께 보고되고 추진을 승인받았다고 발표되었다. 대부분 내가 참여했던 연구 결과로 정부에 제안한 프로젝트들이 있는데, 상당수가 정책 과제로 선정되어 본격적으로 추진해 나갈 예정이라고 하니 뿌듯함을 많이 느끼기도 했었다.

그런데 내가 7대 문화관광권 개발 계획 수립을 위해 전국을 답사하며 시도별로 특징적인 문화관광 개발 사업 후보를 발굴하던 1998년에 의미 깊은 일이 있었다. 다른 광역자치단체에서처럼 경상남도 관광과를 방문해 경상남도 산하 시군에서 신청한 특화관광 개발계획 후보지를 심의하는 일이 있었다.

나는 그곳에서 경남 산청군 문화공보실의 김동한 실장을 처음 만나게 되었는데 그는 그때 동의보감과 허준에 관한 역사문화적 사실에 기초한 문화관광 개발 아이디어를 제시하며 산청군에서 그런 모범사례를 만들고자 한다는 계획을 열정적으로 어필해 왔다. 당시 허준과 유의태, 그리고 동의보감에 관한 이야기를 바탕으로 한방테마형 특화 문화관광지를 개발해 보려는 아이디어가 지리산 밑 심심산골이었던 산청군에서 피어나고 있다는 사실에 내심 크게 놀랐고 기뻤었다.

산청군청 김동한 실장의 제안이 있기 전 나는 극작가 이은성 씨가 쓴 장편 소설 '동의보감'을 눈물까지 흘리며 읽었던 적이 있었다. 1990년에 창작과 비평사를 통해 상, 중, 하 3권으로 발간된 그 책은 이상하리만큼 내게 감동을 주었다. 그 이후 나는 허준의 일생과 그를 키워낸 유의태라는 스승 이야기를 기억하고 있었다.

경상남도 산청군 공무원들이 세계인들이 높이 평가하는 세계기록유산(2009년 7월 유네스코 세계기록문화유산으로 등재) 동의보감을 저술한 허준과 그의 스승 유의태에 관한 전래 이야기에 착안하여 문화형 테마관광지를 조성하고 싶다는 아이디어를 제안한 것은 그 자체로 대단한 것이라고 생각했다. 1990년대 우리나라의 기초자치단체들은 자체 기획활동은 거의 하지 않고 상급부서가 지시하는 일 위주의 소극적 근무형태가 많았는데, 산청군은 그렇지가 않았던 것이다. 산청군 관내에, 죽도록 사랑하는 제자 허준에게 자기의 시신까지 해부해 의술을 높이도록 한 진짜 스승 유의태가 사용했다는 우물터가 있다는 이야기에 김동한 실장 등 현지 공무원들이 관심을 많이 갖고 있었던 것이다.

그리고 확인하기 어려운 그런 이야기라도 무시해 버리지 않고, 우리나라 고유의 한(韓)의학 성지를 산청군 관내에 문화관광지로 조성해 지역을 발전시켜 보려는 지방공무원들의 생각과 노력은 칭찬받을 만했다. 나는 그 후 추가 조사연구를 통해 그런 아이디어가 실현가능할 것으로 판단하고 문화관광부에 특화대상 사업후보지의 하나로 적극적으로 추천했다. 그 후 그 사업은 문화관광부의 특화사업대상으로 최종 선정되었다.

경남 산청군은 경남도청, 중앙정부 등과 긴밀히 협조하여 2001년부터 한의학 관련 축제인 산청한방약초축제를 개최하여 벌써 18회째 지속해 오고 있으며 2007년에는 전국 최초로 설립된 한의학전문박물관을 중심으로 한방테마공원, 산청약초관, 한방기체험장, 한방자연휴양림 등 한방 힐링을 경험할 수 있는 여러 시설들을 계속 조성하였고, 2013년에는 대규모 세계전통의약엑스포를 성공리에 개최했다. 오늘날 산청군의 허준과 동의보감에 기반한 문화관광 특화개발 사업은 경상남도 스토리관광 개발의 대표적 성공사례의 하나로 인정받았고, 한방테마형 문화관광지로 앞으로도 계속 발전되어 갈 것으로 생각한다.

몇 년 전 정년퇴직한 김동한 씨는 동의보감촌 개발로 촉진된 힐링, 웰빙관련 사업에 계속 종사하고 있다. 평생을 바쳐 한 우물을 파고 있어 고개가 숙여질 정도이다. 다시 말하지만, 고령토 채취를 하다가 버려진 산중 불모지를 활용하여 허준의 스승 유의태에 관한 이야기에 착안한 문화관광시설을 개발해 산청지역을 크게 발전시키게 된 데에는, 꿈을 갖고 어려운 현실에 맞서 도전적으로 업무를 추진해 온 김동한 씨를 비롯한 박재갑 씨, 김일곤 씨와 같은 산청군 공무원들의 헌신적 노력과 이재근 군수와 같은 역량 있는 지역 리더의 역할이 매

허준과 스승 유의태 이야기를 활용한
산청군 동의보감촌 안내도 모습

소설 '토지' 속 최참판댁을 재현한
하동군 관광안내도 모습

우 컸다. 그런 열정적인 공무원이 몇 명만 있어도 지방은 크게 변화
될 수 있다고 확신한다.

사실 우리나라에는 허준과 스승 유의태 이야기와 같은 감동적 이
야기 자원이 꽤 많다. 경남 하동의 섬진강 주변에는 박경리 여사가
쓴 대하소설 '토지'를 배경으로 하는 최참판댁 한옥도 실재해 있어
섬진강과 매화골, 쌍계사를 찾는 관광객들이 자주 방문하고 있다.
소설 이외에 역사, 음악, 미술 등과 관련된 이야기들도 흘러넘친다.
매력적 문화관광 자원으로 지역에 성공을 불러올 이야기거리가 꽤
많이 있다고 본다.

정부나 지자체 공무원들의 열정과 지역에 거주하는 향토사학자,
지역 예술가, 주민, 독지가, 기업가 등의 관심과 협조만이 필요할 뿐
이다. 예산은 그 다음 과제로서 일단 강한 열정으로 추진해 간다면 자
본 등은 뒤따라오게 된다. 해답은 공직자 등 관계자들의 열정 그리고
선도적 행동이다. 열정은 모든 문제를 해결해 줄 수 있다. 앞으로 전

국 각 지방에서 열정을 가진 공직자들이 지역 고유문화 등을 적극 활용하는 문화관광개발에 많이 나서주길 간절히 바란다.

문화관광부 업무보고-관광 분야 주요 추진계획

김한길 문화관광부장관은 2001년 2월 14일 김대중(金大中) 대통령에게 올해 업무계획을 보고하는 자리에서 관광 분야와 관련, "한국방문의 해를 계기로 관광진흥의 전기를 마련, 우리나라를 21세기 아시아 관광 중심국으로 도약시키겠다"고 밝혔다.

김 장관은 특히 ▲관광산업 육성을 위한 제도개선 추진 ▲인천국제공항 주변의 관광핵심단지 조성 ▲국민관광시책 활성화 ▲특화관광자원 및 상품개발 등을 올해 관광 분야에서 중점 추진하겠다고 보고했다.

문화관광부의 보고자료에 따르면 관광지 조성에 외국인의 참여를 적극 유도하고 관광자원 개발에 대한 국고지원을 확대하기 위해 관련 부처간 협의를 통한 제도 개선작업을 활발하게 벌일 계획이다. 또 3월 인천국제공항의 개항을 계기로 이 주변을 관광핵심단지로 육성키로 하고 인천 중구 일부 지역에 관광특구와 차이나타운을 조성함과 동시에 경기 고양시 일대에는 2010년까지 30만 평 규모의 대규모 관광숙박문화단지를 갖추기로 했다. 이와 함께 내국인들의 관광활성화를 도모하기 위해 지역별 테마관광지와 연계 관광상품을 적극 개발하고 오는 5월에는 한국관광협회중앙회 주관으로 6종류의 관광상품권을 발매하기로 했다.

보고된 분야별 주요 내용은 다음과 같다.

제도개선 추진

• 수도권내 관광지 조성규모 제한 완화 = 수도권 내에서 관광
개발 사업을 하고자할 경우 현행 3만㎡ 이하만 허용(수도권정비
위원회 심의를 거칠 경우 3만~6만㎡까지 가능)하던 것을 개발면적이
50만㎡ 이상이고 외국인 투자지분이 51% 이상일 경우 수도
권정비위원회의 심의를 거쳐 허용할 수 있도록 함. 시행령 개
정을 놓고 건설교통부와 협의 중

• 관광자원 개발 국고보조율의 상향 조정 = 낙후지역 관광시설
확충과 관광자원의 원활한 개발을 추진하기 위해 지방자치단
체의 재정자립도를 감안해 국고보조율을 탄력적으로 적용키
로 하고 기획예산처와 협의 중. 현행 법률상 관광지나 전적지
개발에는 50%, 박물관·향토사료관·전시관 건립에는 30%,
문화재 보수정비에는 국가지정문화재의 경우 70%, 시·도지
정의 경우 50%까지 국고로 보조할 수 있도록 돼 있음

• 외국인 투자범위 확대 등 = 외국인 투자지역 대상범위에 현
행 제주도, 관광단지, 관광특구 내 종합휴양업 외에 이미 조
성계획이 수립된 100만㎡ 이상의 관광지내 종합휴양업 또는
종합유원시설업을 추가하고 외국인 투자신고기한(2001년 12월

31일)과 납입기한(2005년 12월 31일)을 연장 또는 폐지하는 방안을 관계부처와 협의 중

• 관광숙박시설 투자에 대한 세제 · 금융지원 강화 = 관광숙박시설의 확충을 위해 재정 · 세제지원의 확대가 필요하다고 보고 부가가치세법 등 관련법령의 개정을 통해 숙박시설 건설자금 지원과 각종 부담금 · 세제 감면을 확대할 계획

인천국제공항 주변 관광핵심단지 조성

• 경기 고양시에 관광숙박문화단지 조성 = 2010년께 수도권내 객실이 약 1만6천~1만8천 실 가량 부족할 것으로 보고 이를 해소하기 위해 이때까지 민관합동으로 1조1천315억 원을 들여 고양시 장항동 일대 30만 평에 숙박시설과 함께 상업, 운동 · 문화시설 등이 겸비된 대규모 문화관광숙박단지를 조성할 계획

• 인천 중구 관광특구 지정 및 차이나타운 조성 = 내 · 외국인의 방문이 많은 인천 중구 신포동, 연안동, 북성동 일대 약 6㎢(181만 평)를 빠르면 1/4분기 중에 관광특구로 지정, 외국인 유치와 지역경제 활성화를 꾀할 계획. 이와 함께 최근 급증하고 있는 중국관광객들에게 볼거리, 먹거리, 즐길거리를 제공하기 위해 관광특구 예정지에 포함돼 있는 선린동 일대를 '차이나타운'으로 조성할 예정

• 용유·무의도 일대 위락형 리조트 개발지원 = 2012년 완료를 목표로 현재 인천시가 추진하고 있는 '용유·무의도 관광단지' 개발사업의 효과적인 진행을 위해 필요한 행정적, 제도적 지원을 강화할 계획

국민관광시책 활성화

• 국민관광상품권 발매 = 오는 5월부터 한국관광협회중앙회 주관으로 국민관광상품권이 첫선을 보일 예정. 종류는 1만 원권부터 50만 원권까지 6가지로 숙박, 항공, 음식점뿐만 아니라 스키장, 유원시설, 관광기념품 등 다양한 용도로 쓸 수 있도록 할 방침

• 국민휴양 관광자원 확충 = 전국에 걸쳐 200개에 이르는 관광지를 독특한 테마관광지로 육성하고 주변 문화관광자원과 연계한 여행상품 개발을 본격화할 계획

• 문화유산해설사 1천 명 양성 = 지역별 역사와 풍속 등에 대해 전문지식을 갖춘 '문화유산해설사' 1천 명을 2002년까지 양성할 계획. 이를 위해 시·도별로 양성교육기관을 선정하고 퇴직교원이나 향토사학가 등을 상대로 수개월간의 교육과정을 거쳐 올해 말부터 현장에 투입할 예정

• 휴가분산제 확대 = 주 5일제 근무의 확산과 상반기에 개정될

'초중등교육법시행령'에 따라 방학시기 결정이 학교장 자율에 맡겨질 전망에 따라 지난해까지 공공부문을 중심으로 시범 실시돼 왔던 휴가의 연중분산제를 확대할 계획

특화관광자원 및 상품개발

• 환경친화적 역사관광상품 개발 = 세계 5대 갯벌의 하나로 평가받고 있는 강화갯벌, 전라선 개량화 사업으로 쓸모가 없어진 섬진강 기차마을의 구 철도와 구 역사(驛舍) 등을 비롯, 기존에 추진 중인 역사관광상품을 국제적인 명소로 육성시킬 예정

• 7대 권역별 특화사업 개발 = 99년부터 추진해 오고 있는 7대 문화관광권 개발사업을 더욱 내실 있게 추진하고 권역별로 선정된 50개 특화사업에 대한 지원을 강화할 예정

– 연합뉴스 2001년 2월 14일자

예술이 흐르는 공단, 부천테크노파크

경기도 부천시에는 '부천테크노파크' 라는 공단이 있다. 국내 최초로 아파트형 공장을 건설해 도심형 공장 집적화 사례를 만들어 낸 공단이다. 2000년에 준공된 총 8개 단지의 테크노파크에는 3천여 개 기업이 입주해 노동자가 약 3만여 명 근무하고 있다. 전자, 부품, 금형, 로봇, IT까지 다양한 업종의 중소기업들이 공동 물류시스템을 운영해 비용을 절감하고 인적 네트워크 교류를 통해 상호 시너지를 높이고 있다.

그런 8개 단지 중 제일 먼저 조성된 부천테크노파크 1단지 야외의 휴식공간과 식당 입구에 공공미술품이 설치되었다. 2012년도에 경기문화재단과 부천테크노파크발전협의회가 긴밀히 협력한 결과물이다.

국내 대표급 공공미술가로 유명한 최정화 작가가 부천테크노파크 공단 내 각 사업체들에서 폐기처분해 버리는 고철들을 수집하고 그것들을 재활용해 '당신은 꽃입니다' 라는 작품 명칭의 순백색 목련

부천테크노파크 1단지 입구 모습

최정화 작가의 '당신은 꽃입니다'라는
공공미술품의 모습

꽃을 창작해 냈다. 작품명에서 '꽃' 이란, 부천테크노파크에서 근무하고 있는 노동자를 의미한다. 또한 건축가 조민석은 최정화 작가의 목련 꽃 작품을 위한 좌대이자 근로자들이 잠시라도 휴식을 취할 자리를 만들어 주기 위해 컬러 블록을 입체적으로 재조합한 '꽃방석' 이란 작품을 제작했다. 공공미술가와 건축가가 공동작업을 통해 멋진 공공미술품을 완성해 냈다.

이런 공동작품이 설치된 부천테크노파크 1단지는 회백색 콘크리트 공장 벽이 국내 최대 크기의 벽화가 그려진 캔버스로 변했고 '당신은 꽃입니다' 라는 공공미술품은 부천테크노파크 전체의 명소가 되어 근로자뿐만 아니라 지역주민과 관광객들에게도 볼거리가 되었다.

경기도 관내에는 부천테크노파크 같은 제조업관련 중소기업체들이 모여 있는 공단들이 많다. 그런 공단들은 대체로 근무환경이 열악하다. 사무실이나 공장, 주변 거리가 지저분하기도 하다. 젊은이들은 아무리 취업하기가 어렵다 해도 그런 공단에 취업하길 싫어한다. 입주업체들은 젊은 직원들을 채용하기가 어렵다고 호소하고 있다. 처우를 잘 해줘도 근무환경이 좋지 않으면 취업하려고 하지 않는 실정이다.

사실 이런 현상은 과거에 비하면 격세지감을 느끼게 한다. 우리나라가 높은 경제성장을 달성하게 된 것은 공장에서 불철주야로 일했던 우리 앞세대 선배들 덕택이다. 1970~80년대 전국의 제조업 공장이나 산업단지, 공업단지에서 근무했던 수많은 노동자들의 피와 땀, 눈물의 결과로 경제가 빠르게 성장할 수 있었다. 그 시절 대부분의 공단들은 열악한 근로환경 속에서도 종업원들의 생산 활동이 치열하게 전개됐었다.

그동안 환경이 많이 개선됐지만 국민소득이 3만 달러를 넘어서고 있는 요즘에도 대부분 사람들이 갖고 있는 공단환경에 대한 이미지는 예전과 크게 다르지 않다. 이런 바람직하지 않은 환경에 놓여 있는 공업단지나 산업단지, 공장들에 문화예술 활동이나 공공미술품 설치 등을 적절히 활용하면 공동체 문화가 꽃피게 되고 근로환경이 조금이라도 개선될 수 있다. 그렇게 되면, 젊은이들의 취업이 늘어나게 되고 기존 직원들의 이직도 줄어드는 등으로 입주기업들의 근로자와 경영자가 모두 좋아질 수 있다. 덩달아 배후 지역까지도 이미지가 긍정적으로 바뀌게 되고 발전하게 되는 효과도 발생할 수 있다.

이런 생각을 갖고 경기문화재단에서는 2011년부터 제조업체들이 많이 모여 있는 안산시, 시흥시, 군포시, 파주시 등에 소재한 공단들을 대상으로 문화예술을 수단으로 근무환경 개선과 근로자들의 여가 선용, 노사 간 소통을 강화시켜주는 사업을 기획해 매년 추진하게 되었다. 이른바 '예술이 흐르는 공단' 프로젝트라는 사업명칭의 커뮤니티 아트 사업을 고안하여 안산시 소재 반월공단에서 처음 시작했다.

흉물스럽던 공장 굴뚝과 거대한 유류탱크가 한글체를 활용한 커다란 공공미술작품으로 바뀌었고, 삭막했던 공장 외벽은 공구 대신 붓을 든 노동자들의 그림으로 경쾌하게 변화되었다. 입주 기업들의 문화예술 관련 동아리 활동을 지원하여 점심시간에는 작은 음악회가 자주 열릴 수 있도록 했다. 이런 식으로 안산 반월공단의 풍경이 변화되자, 지루하게 반복되는 노동자들의 일상에 작지만 즐거운 파문이 생겨났다. 예상대로 현장의 반응이 좋았다. 그래서 2014년까지 군포, 부천, 파주지역 공단으로 '예술이 흐르는 공단' 사업을 계속 확대해 나갔다.

그 과정에서 2012년에 진행된 부천테크노파크 공단에 대한 문화예술사업은 특히 성공적이었다. '당신은 꽃입니다' 라는 공공미술품은 부천테크노파크 전체 단지의 명소가 되었고 직원들은 합창단, 문예동아리, 밴드, 인문학 아카데미 강좌 등에 참여하여 나름대로의 소확행을 찾아내게 되었다. 근로자와 경영자 모두 반응이 좋아 참여도가 높았다.

이러한 성과가 발생된 이유는 우선적으로 부천테크노파크 발전협의회라는 입주기업 단체가 다른 공단들보다 협조적이었다. 그들은 삭막하기만한 아파트형 부천테크노파크에 조금이라도 변화를 만들어 내기 위해 부천시청을 통해, 경기문화재단에서 '예술이 흐르는 공단' 사업을 공모방식으로 추진한다는 소식을 듣자마자 즉각 협조를 요청해 오는 등 매사에 적극성을 보였었다. 그런 적극성과 협조자세가 부천테크노파크의 커뮤니티 아트 사업이 성과를 내게 된 근본 원인이었던 것이다.

'당신은 꽃입니다'라는 공공미술품 작업과는 별도로 문예강좌도 진행되었다. 일반적인 저녁 강좌들과는 다르게, 출근시간 이전인 아침 7시부터 9시까지 진행해 제때 참석하기가 곤란한 시간대에 진행되었으나 매 강좌마다 성황을 이뤘다. 주 1회씩 총 6회 이상 진행되는 프로그램 중 정호승 시인이 직접 나서서 수강생들과 함께 시를 낭송해 보는 시간이 있었는데, 참석한 임직원들이 모두 신나하며 "아침부터 시 낭송을 하니까, 너무 기분이 좋아요. 오늘 회사일도 무척 잘 풀릴 것 같네요"라며 진짜 감사하는 반응을 보이기도 했다. 일반적으로 경영이나 경제, 정부정책 등에 대한 특강들이 많은 편이라 참석하기가 싫은 경우가 많았는데, 이러한 문화예술, 인문학관련 강좌가 무척 흥미롭고 기업체간에 네트워크하는 데에도 효과가 크다고 후하게 평가해 주었다.

사실 커뮤니티 아트 사업이나 공공미술 사업은 지역을 발전시키고 공동체를 풍요롭게 만들어 주는 효과가 큰 현대적 문화예술 사업이라고 할 수 있다. 선진국에는 공공미술작품들로 유명해진 곳들도 많다. 공공미술품이 지역의 이미지를 바꾸고 주민들의 자부심을 높여주며 외래관광객들까지 끌어들이는 관광목적물이 된 경우도 많다.

시카고 밀레니엄 파크에 설치된 아니쉬 카푸어 작가의 '클라우드 게이트'라는 공공미술품 등은 다른 우수한 작품들과 함께 시카고를

시카고 밀레니엄 파크에
설치된 공공미술품
'클라우드 게이트'

예술의 도시로 재탄생시키는 데 나름 큰 역할을 했고, 관광객들이 찾아가는 도시관광의 거점이 되기도 했다.

이러한 경우는 세계 도처에 많다. 대표적으로 스페인 빌바오의 구겐하임 미술관 앞 루이즈 브루주아 작가의 '거미'라는 작품과 제프 쿤스의 '퍼피'라는 작품도 그런 역할로 빌바오시를 변화시키는 데 크게 기여했다. 우리나라에서도 공공미술을 이용한 지역이미지 변화와 경관미 제고, 관광객 유치 등을 도모하는 경우가 많지만 세계적으로 인정받는 사례는 아직은 없다.

'예술이 흐르는 공단' 사업은 내가 경험한 바로는 가성비가 높은 프로젝트였다. 그 결과 모범적 문화예술 프로젝트로 인정되어 한국문화예술위원회로부터 최고 등급의 평가를 받기도 했다. (당시 해당 프로젝트 팀을 이끌며 노력을 많이 했던 양원모 팀장(현 경기도어린이박물관장)과 팀원들, 경기도 미술관 직원들의 노고에 감사하고 부천테크노파크 1단지 입주기업협회 회장 등 관계자들 모두에게 깊이 감사드린다.)

문화로 지역재생,
DMZ 통일촌과 평택 안정리

요즘 '재생'이라는 말이 화두다. 도시재생, 마을재생 등 온통 재생이란 말이 주위에 넘쳐난다. '마을이나 도시를 재생시킨다'는 것은 뉴타운·재개발 같은 불도저식으로 주거환경을 개선시키는 사업이 결코 아니다. 마을 구성원들이 합심해 마을이라는 공간을 새롭게 가꾸고 공동 관심사를 해결해 가는 '공동체 문화'를 재생해 내는 것이 진짜 재생이다.

허름해진 집과 건물, 도로 등은 돈만 들이면 뚝딱 고칠 수 있다. 그러나 오랜 세월 동안 그곳에 쌓인 이웃 간의 정과 신뢰에 바탕을 둔 '공동체적 마을 문화'는 쉽게 고치거나 만들어 낼 수 없다. 그러므로 진정한 재생에는 시간과 비용이 많이 들게 되는 게 사실이다.

그래서일까 요즘 정부 주도로 진행되는 재생사업들은 대개 외형적 개선, 치장에 치우쳐 비교적 쉽게 끝내 버리려는 경우가 많은 것 같다. 관 주도로 사업을 진행하다 보니 정작 마을 주민들의 자발적 참여나 협력이 미약해진다. 일부 협조적인 주민들이 참여하기는 하나, 그마저도 예산지원이 끊기면 흐지부지되기 십상이다. 물론 정부로부터 예산이 지원되는 것은 중요하고 절실히 필요하다. 단, 주민이나 이해관계자들의 자발적이고 적극적인 참여와 협력을 유발할 방법에 대하여 사전, 사후 진지한 고민과 대책이 꼭 이루어져야 한다. 공적 재원 투여만으로 해결할 수 있는 사업이 아니기 때문이다. 이런 인식을 갖고 도시나 마을을 제대로 재생시키려는 노력이 전국적으로 펼쳐지고 있고 그 주요 수단으로 문화예술을 집중 활용하는 재생사업이 두각을 나타내고 있다고 생각한다.

이와 관련해 경기문화재단에서 주도하여 성공적으로 추진했던 2가지 문화재생 추진사례를 간략히 소개한다.

DMZ 내 통일촌의 변모

이스라엘에는 집단 노동과 공동분배, 공동취사, 공동육아와 같은 사회주의적 가치를 세우고 운영하는 키부츠라는 공동체 농장이 유명했었다. 그러다가 1980년대 이후 많은 키부츠들이 사유재산 불인정, 무료급식, 공동육아 등 사회주의적 가치와 협동의 원칙을 폐지하게 되면서 그곳에 거주하던 이스라엘 주민들은 생활 방식을 바꿔 키부츠 마을의 자연환경을 축제로 개발하거나 슬로푸드, 슬로라이프 체험 등으로 마을을 관광대상지로 변모시키고 있다.

우리나라 휴전선 주변 비무장지대(DMZ)에도 이스라엘 키부츠와

통일촌 마을 축제 개막식 모습   DMZ 전시관 모습

비슷한 마을이 있다. 통일촌이라는 파주시 군내면 백연리에 소재한
마을이 그곳이다. 이스라엘의 키부츠를 모델 삼아 1973년 민통선 내
황무지를 개간해 조성했다. 초기에 80가구가 입주했는데 절반은 30
대 미만의 실향민이었고 나머지 절반은 민통선 지역에서 군복무 경
력이 있는 50대 미만의 민간인이었다.

그 당시 정부는 입주하는 가구에 집과 농지를 제공했다. 입주민들
은 "일하면서 싸우고 싸우면서 일한다"는 구호 아래 50~60대 여성
들도 사격 훈련과 각개전투 훈련 등 예비군 훈련을 받으며 황무지에
가까운 땅을 개간해야 했으니, 통일촌은 공동생활을 기반으로 자율
과 자치를 통해 단단한 공동체로 계속 발전되어 왔다.

초기 통일촌 입주자는 낮에는 생계를 위한 농사일을 하지만 전시
에는 언제든 동원할 수 있도록 군인 출신을 주로 선발했다. 그래서
군복무를 필한 사람 · 5인 가족 이내로 노동력 2인 이상인 기혼남
자 · 새마을 정신이 투철하고 국가관이 확고한 사람 · 신체 건강하고

영농능력이 있는 사람·사상이 건전하고 전과사실이 없는 사람·주벽 및 도벽이 없고 채무가 없는 사람 중에서 입주자를 선별했다. 이렇게 선발된 장교나 하사관 출신 군인가족들에게는 교육비와 교통비를 각각 50%씩 지원해 주기도 했다. 정부는 80개 입주 가구 모두에게 가구당 평균 2.7ha(약 8천 평) 크기의 경지를 무료로 제공해 주었다. 상당한 지원 정책이었다. 그렇게 넓은 경지를 개간하는 노동력이 절대 부족했기에 농기계 등 영농장비를 많이 보유하게 된 부자마을이기도 했다.

이러한 통일촌 마을은 155마일 비무장지대에 위치해 판문점·민통선 등 육안으로 북한군 지역이 식별되는 대표적인 지역이다. 통일촌은 개성공단으로 상징되는 남북 교류 길목의 하나로써 향후 분단의 상처를 씻고 남북한이 새로운 미래로 나아가게 될 최전방에 위치하며 약 450여 명의 주민이 농사지으며 거주하고 있다.

지난 2013년에 경기문화재단은 파주시와 협력하여 6.25정전 60주년, DMZ 60주년을 맞아 통일촌을 민통선 내 대표 관광마을로 변화시키기 위해 'DMZ브랜드마을 육성 1단계사업'을 진행했다. 이스라엘의 키부츠마을이 시대발전에 따라 변화하게 된 것처럼 통일촌에서도 마을의 역사와 문화를 한눈에 볼 수 있는 '마을박물관'과 마을을 돌며 이색적 환경과 체험을 맛볼 수 있는 '마을탐방길' 등 관광객들을 위한 시설들을 우선적으로 조성했다.

사실 오래 전부터 정부는 DMZ의 통일, 안보, 역사, 문화, 생태자원을 연계한 관광코스를 지속적으로 개발해 왔다. 그래서 매년 5백만 명이 넘는 국내외 관광객들이 임진각을 비롯해 제3땅굴, 도라산 전망대, 태풍전망대, 통일공원, 철도종단점, 판문점, 자유의 다리 등 역사가 살아 숨 쉬는 현장을 방문하고 있다.

이런 관광객 이동 추세에서 한발 더 나아가 경기문화재단과 파주 시는 통일촌 마을과 주민에 초점을 맞춘 문화관광형 개발사업을 추진했다. 그 결과 통일촌에는 주민들의 적극적 참여로 개성 있는 마을박물관이 만들어지고 마을 탐방길이 조성됐다. 마을의 노인, 부녀자들이 주인의식을 발휘해 적극적으로 마을을 아끼고 홍보하게 되었다.

동 사업은 통일촌이라는 특수한 마을의 역사를 제대로 알리기 위해 주민들이 간직한 이야기와 소장품 등을 스토리텔링 방식으로 풀어냈고, 접경지역의 특수성을 살리기 위해 방공호, 무기고 등을 체험해 보는 관광코스도 만들었다.

무엇보다 사업이 본격 시작되기 이전부터 주민들과의 소통을 활발히 하여 참여도를 높였으며, 사업이 끝난 뒤에도 주민들 스스로 마을박물관 등을 활발히 운영할 수 있도록 했다. 마을의 발전과정, 역사나 특성을 잘 아는 어르신이 박물관장과 큐레이터 역할을 기꺼이 맡게 했다. 70~80대 노인 30여 명으로 (가칭)장단실버솔저단을 구성하여 관광객들에게 평화통일, 안보교육, 생태환경 보전 등을 교육하거나 안내하는 역할을 수행케 했다. 통일촌 마을사람들은 이런 문화예술을 활용한 마을재생사업의 주체가 되어 활기를 갖고 여러 가지 일들에 적극 나서게 조치했다.

통일촌에 대한 문화마을 육성 사업은 경기문화재단 혼자만이 아니라 파주시와 마을주민 등의 아낌없는 협력으로 적은 비용으로 비교적 큰 성과를 낼 수 있었다. 무엇보다 그 업무를 전담했던 김지욱 팀장의 열정과 헌신이 훌륭했다. 사업 초기단계부터 통일촌 마을로 아예 이주하여 마을 사람들과 밤낮없이 소통하여 그들의 마음을 열고 자발적 협력을 이끌어 낸 당사자였다. 그리고 당시 경기문화재단 엄기영 대표의 관심과 현장 지원도 큰 힘이 되었음을 밝힌다. 열정에 불타는 인재가 정답이라는 또 하나의 모범사례가 만들어진 경우였다.

앞으로 국내 다른 마을들에서도 통일촌처럼 지역주민들이 신명을 내어 공동체 마을의 미래를 스스로 만들어 가는 재생 사업들이 많이 추진되길 바란다.

평택시 안정리의 재생

경기도 평택시 팽성읍에 안정리라는 곳이 있다. 한국전쟁 이후 미군이 주둔하면서 성장한 곳이다. 그러다가 1990년대를 전후하여 미군들이 줄어들고 뉴타운 지구가 해제되면서 지역 상권이 침체되고 노후 주택 밀집 등으로 안정리는 희망이 없는 마을로 쇠락하게 되었다. 평택시는 이런 안정리의 쇠퇴 현상을 효과적으로 극복해 내기 위해 문화예술을 통한 재생사업을 추진키로 하고 2012년에 경기문화재단에 협조를 의뢰해 왔다.

그에 따라 안정리 마을을 가급적 빨리 안정시키고 발전시키기 위

평택 안정리 댄싱 카니발,
마토예술제, 한미 어울림 축제 등의 모습

한 경기문화재단의 역할이 전개되게 되었다. 속칭 '기지촌'이었던 안정리에 새 숨을 불어 넣는 재생사업은 결코 쉽지 않은 일이었다. 그러나 안정리의 마을 역사와 문화 그리고 그 곳에 살고 있는 사람들에 주목하는 문화예술적 접근방식으로 3년간 지속될 프로젝트들을 창의적으로 계획했다. 전담업무팀을 꾸려서 안정리 재생 현장에 상시 근무토록 하고 지역상인과 주민 대표들과 잦은 소통으로 협력을 이끌어 내도록 하는 등 본격적으로 재생사업을 진행했다. 안정리 마을을 문화예술의 힘을 활용하여 재생시키는 사업들을 다양하게 고안해 추진하게 되었는데, 그 중 주요한 사업들을 아래에서 간략히 살펴본다.

• 매월 마지막 주 토요일마다 안정리 상가 로데오 거리에서 열리는 '마토 예술제'라는 축제를 기획해 거리 곳곳에서 다양한 문화공연과 벼룩시장을 열어 나갔다. 코스튬 플레이도 함께 벌여 온갖 재미난 캐릭터 복장을 한 마니아들이 거리를 휘젓고 다니게 했다. 일본에서 젊은 층들에게 많은 인기를 끌고 있는 코스프레형 축제가 한국에서는 찾기 어렵다 보니 부산에서도 마니아들이 참가해 왔다.

처음에는 시큰둥하던 동네 아줌마들도 스스로 춘향이와 어우동으로 변신해 같이 거리를 누비기도 했다. 무엇보다 '밤문화' 유흥가 분위기 위주였던 로데오거리가 마토축제 때마다 독특한 문화 거리로 바뀌자 남아 있던 미군가족들까지 찾아오는 등 안정리 마을의 변화를 리얼하게 느끼게 되는 축제를 정기적으로 열어 갔다.

• 사용하지 않던 예전의 보건소 건물을 '팽성아트캠프'라는 이름의 마을 공동체용 문화공간으로 리모델링했다. 그 공간에서 지역 아티스트, 주민들과 미군 가족들이 함께 모여 각종 생활예술 활동을 벌이고 음식 등을 나누며 서로 다른 생활문화를 이해하고 인간적 교류도 나누게 했다. 팽성아트캠프 2층에는 '안정리 생활사박물관'을 만들어서 안정리 마을의 지리, 역사, 문화, 사람들의 이야기 등을 보게 하고, 한편에는 연습실을 만들어 주민들이 선호하는 음악, 무용, 영상, 전시 활동 등에 자유롭게 사용

하도록 했다. 이 공간에서 주민들은 스스로 자긍심을 회복하고 미군기지에 의존된 서비스업 중심의 마을 환경을 문화예술 친화적인 환경으로 변환시켜가는 생각과 행동을 기획하기도 했다.

- 무엇보다 안정리 주민들과 미군가족들이 포함된 '한미문화예술운영위원회'라는 35명이 넘는 사람들로 구성된 주민자치기구가 만들어지게 했다. 이름이 다소 거창하지만, 이 자치 위원회는 매월 월례회의를 열고, 자율적으로 건강한 문화마을 재생을 논의하는데, 직접 첫 회의에 참석해 보니 위원들의 각오와 열의가 대단했다.

이렇게 2013년부터 시작된 안정리 문화마을 재생사업은 3년간 성공리에 시행되었다. 평택시는 경기문화재단을 활용해 쇠락중인 안정리 마을에 활력을 불어넣는 계기를 만들었고, 문화재단은 문화예술을 활용해 낙후된 마을을 재생시켜낸 귀중한 경험을 갖게 되었다. 그 당시 안정리에 맞게 기획하고 추진했던 여러 가지 사업들이 다른 지역에서도 충분히 적용할 수 있는 플랫폼이 될 것이라고 생각한다. 안정리에 대한 문화마을 재생사업 이전에 전통재래시장을 문화로 재생시키는 '문전성시'라는 유사프로젝트도 있었으나, 안정리는 좀 더 다양하고 새로운 사업들이 고안된 사업으로써 의미가 있다고 본다.

현재까지 평택시는 안정리 마을에서 우리가 처음 고안하고 시행했었던 여러 사업들을 계속 발전적으로 추진해 가고 있다. 마을 재생이라는 것이 단숨에 끝낼 일이 결코 아니고, 주민들이 스스로 성숙한 방식으로 재생을 이끌어 갈 수 있도록 많은 시간과 노력을 투여해야 될 일이므로 평택시가 그런 방향으로 행정을 계속 펴나가는 것은 매우 바람직하다고 본다. (당시 안정리 재생 사업을 주도한 경기문화재단 담당 직원들과 평택시 관계자들 및 주민들에게 깊이 감사드린다.)

부정적 이미지 벗고 예술친화적 거리로

[경기신문 기획] 마을재생 프로젝트

경기신문은 도심 및 미군기지 도시가 슬럼화·공동화돼 가는 현상을 막기 위한 일련의 국가정책사업에 동참하기 위해 평택시와 경기문화재단이 추진하는 프로젝트를 5차례에 걸쳐 소개했다. 다음은 경기신문 기사 내용이다.

평택시 팽성읍 안정리는 지난 1952년 미 공군이 일제 강점기 일본군이 사용하던 활주로를 확장하면서 전형적인 농촌마을에서 군사기지 주변 마을로 변모됐다.

한때 기지 주변 안정리 로데오거리에는 400여 개의 상점이 번성했을 만큼 활기찼으나, 점차 슬럼화돼 현재는 빈 점포가 100여 개에 달하고 주말에도 인적이 드문 지역으로 쇠락했다.

최근에는 군사시설 이전 및 뉴타운개발 백지화 등 사회적 문제로 마을공동체 간의 갈등이 남은 지역이기도 하다.

경기문화재단과 평택시는 오는 2016년까지 미군기지 이전 확장으로 미군의 증가가 예상됨에 따라 다양한 문화를 가진 지역의 여러 단체 간 문화적 교류를 활성화시키고, 부정적인 이미지를 지닌 부대 앞 거리를 예술 친화적인 거리로 만들기 위해 군사기지 주변 마을 재생프로젝트를 3년에 걸쳐 추진할 방침이다.

우선 평택 팽성읍 안정리 로데오거리 일대에서 마토예술제와 코스튬플레이 페스티벌 개최, 아트센터 운영 등 올해 1차 사업을 진행했다. '하이 프렌즈(Hi Friends)'라는 캐치프레이즈를 내건 마토예술제는 지난 6월 29일을 시작으로 8월 31일, 9월 28일, 10월 26일까지 매월 마지막 토요일에 평택 팽성읍 안정리 주한 미육군 캠프 험프리스 수비대(K-6) 앞 로데오거리 일대에서 열렸다.

이 행사는 일대에 거주하는 주한미군과 그 가족들, 상인, 다국적 지역 주민들이 모두 참여하는 벼룩시장·예술마당·사물놀이 체험마당·어린이 알뜰시장·거리공연·먹거리 장터 등 다채로운 프로그램이 진행됐다. 이는 전통적인 벼룩시장의 개념과 예술 장터의 개념을 접목해 지역 주민은 물론 상인, 미군, 예술가들의 교류의 장이 되도록 유도하기 위함이다.

그 일환으로 국내 최초로 전국 규모의 코스튬플레이 페스티벌도 11월 2일 이 일대에서 선보였으며, 유휴시설 팽성보건소의 공간재생을 거친 커뮤니티센터화, 특화거리 조성, 빈 점포의 창작 작업화, 마을에 버려진 빈 공터의 정원화 등 안정리 일대 곳곳에서 에코 뮤지엄 작업도 진행되고 있다.

경상현 평택사업추진단장은 "마을재생 프로젝트를 위한 이 모든 행사는 초대가수 공연과 같은 일회성 이벤트 대신 안정리를 미군과 지역주민 모두가 함께 만들어 가는 교류의 장으로 만들기 위한 것"이라며 "이번 프로젝트를 통해 평택 안정리를 중심으로 지역예술네트워크가 구축되고 나아가 지역의 화합과 발전에 기여하게 되기 바란다"고 말했다.

- 경기신문 2013년 11월 25일자

PART 4

문화유산관광과
남한산성

PART 4

　역사는 사람들의 호기심을 불러일으킨다. 옛 사람들의 생활양식과 그들이 발전시킨 문화에 대한 내용들은 항상 흥미로운 주제가 된다. 특히 많은 인명 살상과 파괴를 일으킨 전쟁에 대해서는 사람들의 관심이 더욱 크다. 그들은 전쟁이 벌어지게 된 전후 배경은 무엇이고, 후대에 어떠한 영향을 끼쳤으며, 이로 인해 후손들이 잊지 말아야 할 교훈은 무엇일까에 대해 알고 싶어 한다. 전쟁에 관한 책을 읽고 영화를 보기도 하며, 흔적이 남아 있는 전쟁 유적지를 직접 방문하기도 한다.

　궁궐이나 성곽, 고분 등 문화재나 역사적 사건이 발발한 장소, 전쟁유적 등은 세계적으로 많은 관람객이 방문하는 명소이다. 때문에 문화유산관광(Heritage Tourism)은 중요한 문화관광 상품으로 여겨지고 있으며, 유네스코가 인정해 준 840여 개가 넘는 세계문화유산들은 실제로 주요한 관광목적지가 되고 있다. 우리나라에도 12개에 달하는 세계문화유산이 있으며 이들 모두 우수한 관광자원으로써 역할을 수행하고 있다.

　그 중 경기도 동부의 광주시와 성남시, 하남시 그리고 서울시 송파구에 걸쳐 있는 남한산성 지역은 특히 많은 사람들이 찾는 명소이다. 남한산성이 간직하고 있는 이야기와 역사적 자취가 흥미롭고 서울에서 1시간이면 닿을 거리에 위치하고 있어 그러하다. 더불어 서울을 방문하는 1천만 명 이상의 외래관광객 유치가 용이하다는 입지성까지 겸비하고 있다.

하지만 남한산성이 세계적 문화유산으로써의 가치를 제고하며 방문객의 발길을 지속적으로 이끌어 내기 위해서는 여러 가지 현안 과제들을 해결하기 위한 끊임없는 노력이 필요하다. 주말과 공휴일마다 문화유산이 집중된 산성구역과 산성마을 바깥 도립공원 구역은 수많은 사람들과 차량들로 어수선해진다. 병자호란과 세계문화유산 지역으로서 남한산성이 지니고 있는 역사적 교훈을 느끼기가 곤란해진다. 이런 상태에서 유희를 추구하는 관광객만 계속해 늘어나는 것은 별 의미가 없다고 본다.

이 장에서는 문화유산관광과 남한산성에 대한 세계문화유산 등재 추진 및 등재 이후 과제 그리고 한성백제 마지막 21대 개로왕의 동생인 곤지왕자 이야기와 남한산성을 두 번씩 방문하게 된 하멜 일행 이야기 등을 살펴보면서 남한산성이라는 우리나라의 귀중한 역사문화자원을 어떻게 효과적으로 보전하고 활용해 나갈 것인가에 대해 다각도로 생각해 보고자 한다.

문화유산관광과 유네스코

사람들은 대체로 잘 알려지지 않은 장소나 낯선 문화를 탐험하고 알고 싶어 하는 욕구를 갖고 있다. 이러한 지적 욕구는 새로운 문화를 창조하게 하는 힘이 되기도 한다. 고대 로마인은 지적 호기심을 채우기 위해서 고대 그리스나 이집트의 문화유산 현장을 즐겨 방문했다. 중세시대에는 신앙과 영적인 이유로 종교적 성지를 방문하는 종교문화유산 순례여행이 활발하기도 했다.

세계관광기구(UN WTO, World Tourism Organization)가 10년 동안 조사한 연구 결과에 따르면 현대인들의 해외관광 활동에서 문화유산 또는 문화의 체험이 차지하는 비중이 거의 40%에 이르며, 앞으로 문화유산관광에 대한 수요는 지속적으로 늘어날 것으로 예상된다. 일반적으로 문화유산관광에 참여하는 관광객은 고령층일 것이라는 예상과는 달리 민텔그룹(Mintel Group)이 조사한 바에 따르면 문화유산관광에 참여한 관광객의 40% 이상이 20세에서 29세 사이의 비교적 젊은 연령층인 것으로 나타났다.[9] 그리고 관광객의 지출 측면에서도 일반 관광객은 평균 52유로, 해변 관광객은 48유로, 도시 관광객은 42유로인데 반하여 문화유산 관광객은 70유로 이상을 소비하는 것으로 조사되어 다른 관광에 비해 문화유산을 관광하는 사람들의 평균 지출액이 상대적으로 많은 것으로 나타났다.[10] 같은 조사에 따르면 예상 밖으로, 젊은 계층들이 문화유산을 중요한 가치가 있는 관광자원으로 생각하고 있다는 걸 알 수 있는데, 바람직한 현상이라고 생각한다.

흔히 문화유산이란 "공동체가 발전시켜 대대로 계승되어온 문화적 전통으로 관습, 관행, 장소, 사물, 예술적 표현, 유·무형 문화재, 정신적인 가치관 등이 포함"되는 말이다. 이러한 문화유산은 세계문화유산, 국가문화유산, 지역문화유산, 개인적 문화유산 등으로 구분될 수 있다.[11] 그리고 주제별로 종교순례 문화유산, 건축 문화유산, 무형 문화유산, 유형 문화유산 등으로 구분되기도 한다. 그 중 세계문화유산은 인류 전체를 위해 보호되어야 할 가치가 있다고 인정된 가장 중요한 문화재로써, 사람들에게 꼭 한 번쯤은 방문해 볼 만한 가치가 있는 목적지로 여겨짐에 따라 해당 유산이 위치한 지역으로 관광객들을 이끄는 자석 같은 역할을 한다.

문화유산을 통해 그동안 별로 알려지지 않았던 지역이 하루아침에 세계적인 명소가 되기도 한다. 이에 따라 지역 이미지가 급격히 변화

---

9) Mintel Group, Cultural and Heritage Tourism – International Travel & Tourism Analyst; London: Mintel International Group Ltd, 2004, P.23.

10) Mintel Group, Op. cit., 2004, P.24.

11) Timothy D. J., Boyd S. W., Heritage Tourism; Pearson Education, 2003, P.14~16.

되고 지역주민들의 자부심이 높아지는 등 금전으로는 환산하기 어려울 정도로 가치 있는 변화가 생겨난다. 또한 관광객들이 몰려들며 지역 경제가 활성화되고 새로운 산업이 발전하는 등 여러 가지 경제적 효과를 가져오기도 한다.

일반적으로 문화유산관광을 통하여 수익이 발생되고, 이 수익금으로 다시 지역의 문화유산을 보전하고 있다는 점을 고려해 보면 관광과 문화유산은 서로 공생적 관계이다. 이런 까닭으로 세계 여러 나라들은 자국의 문화유산을 유네스코가 인정해 주는 세계문화유산으로 등재하기 위하여, 여러모로 노력하고 있다.

세계문화유산으로 등재되기 위해서는 해당 문화유산이 '탁월한 가치가 있는 세계 인류의 보편적인 유산(OUV, Outstanding Universal Value)'이어야 하고, 진정성과 완전성을 가지고 있어야 한다. 여기서 진정성(authenticity)이란 문화유산의 재질, 기법 등에서 원래 가치를 보유하고 있어야 함을 의미하며, 완전성(integrity)이란 문화유산의 가치를 충분히 보여 줄 수 있는 제반요소를 보유하고 있어야 함을 의미한다.

세계문화유산으로 등재를 신청하려면 먼저 1년 전에 해당 유산을 잠정목록(tentative list)에 등재시켜야 한다. 그 다음 본 신청서를 제출하면, 해당 문화유산을 국제기념물유적협의회(ICOMOS)에서 엄밀히 평가하고, 그 후 ICOMOS 등 자문기구 권고사항을 고려하여 세계유산으로 '등재, 보류, 반려 그리고 등재 불가' 등 최종 결정을 내리게 된다.[12]

---

12) UNESCO & HERITAGE, http://heritage.unesco.or.kr/wh/wh_reg/wh_reg_process/

현재 유네스코가 지정하는 세계유산은 특성에 따라 문화유산, 자연유산, 복합유산으로 분류되는데 이중 77.5%가 문화유산이다. 2018년 8월 기준으로 전 세계에 등재된 세계유산은 총 1,092건으로 문화유산 845건, 자연유산 209건, 복합유산 38건이 있고, 위험에 처한 세계유산목록에는 총 54건이 등재되어 있다.[13] 세계유산의 분포를 살펴보면, 이탈리아, 스페인, 독일, 프랑스, 중국 등 상위 5개국이 전체 유산의 약 20%를 차지하고 있어, 지역적 편중이 심한 편이다. 참고로 세계문화유산으로 등재된 우리나라의 문화유산들은 아래와 같이 2018년 기준으로 12개소(자연유산 제외)가 있다.

한국의 세계문화유산 등재현황

종묘, 1995년

해인사 장경판전, 1995년

석굴암 및 불국사, 1995년

수원 화성, 1997년

창덕궁, 1997년

고창 · 화순 · 강화 고인돌 유적, 2000년

---

13) UNESCO & HERITAGE, 세계유산현황, http://heritage.unesco.or.kr/wh/wh_list/wh_list_intro/

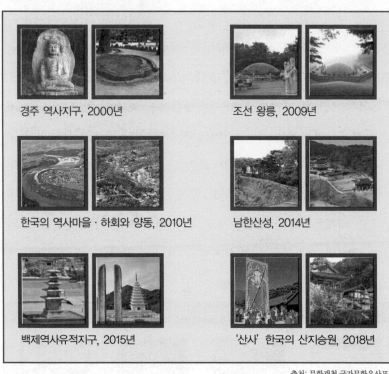

경주 역사지구, 2000년 조선 왕릉, 2009년

한국의 역사마을 · 하회와 양동, 2010년 남한산성, 2014년

백제역사유적지구, 2015년 '산사' 한국의 산지승원, 2018년

출처; 문화재청 국가문화유산포털

어떠한 문화유산이 탁월한 가치를 인정받고 세계문화유산으로 등재되려면 유네스코가 운영하고 있는 세계문화유산 등재 세부 기준 6가지 중 최소한 1개 이상의 기준에 적합해야 한다. 6가지 기준은 다음과 같다.

첫째, 인간의 창의성으로 빚어진 걸작을 대표할 것

둘째, 오랜 세월에 걸쳐 또는 세계의 일정 문화권 내에서 건축이나 기술발전, 기념물 제작, 도시계획이나 조경 디자인에 있어 인간가치

의 중요한 교환을 반영하는 것일 것

셋째, 현존하거나 이미 사라진 문화적 전통이나 문명의 독보적 또는 적어도 독특한 증거일 것

넷째, 인류 역사에 있어 중요 단계를 예증하는 건물, 건축이나 기술의 총체, 경관 유형의 대표적인 사례일 것

다섯째, 특히 번복할 수 없는 변화의 영향으로 취약해졌을 때 환경이나 인간의 상호 작용이나 문화를 대변하는 전통적 정주지나 육지, 바다의 사용을 예증하는 대표 사례일 것

여섯째, 사건이나 실존하는 전통, 사상이나 신조, 보편적 중요성이 탁월한 예술 및 문학작품과 직접 또는 가시적으로 연관될 것(다른 기준과 함께 적용 권장)

세계적으로 유네스코에 등재된 문화유산은 해당 지역의 큰 자랑거리이며 관광객들이 필수적으로 방문해 보려는 목적지가 된다. 세계문화유산으로 지정된 지역은 그 유산으로 인해 사회경제적 부가가치를 새로 창출하게 되고 지적재산도 갖게 되며 지역개발이 촉진되는 계기가 만들어지기도 한다. 해당 세계유산의 특성을 기리는 문화예술행사나 세미나, 축제 등이 정기적으로 개최되어 그 유산의 특징과 인류발전에 기여하는 가치 등을 지속적으로 전파하게 된다.

해당 정부 등 공공기관에서는 세계문화유산에 대한 체계적 관리 이외에 관련 행사를 지원하고 안내책자나 홍보자료 등을 제작, 배포하는 등 세계문화유산에 대한 각별한 관심과 보전관리 정책들을 시

행한다. 우리나라도 문화재청에 세계유산 등재 등에 관한 전담부서를 조직하고, 유네스코 본부가 위치한 프랑스 파리에는 전담 외교관을 배치하는 등 유네스코 관련 업무를 국익에 맞도록 추진해 가고 있다.

그런데 세계문화유산이 되면 방문객이 늘어나고 그들에 의해 문화유산의 가치가 훼손되는 위험상황이 발생할 수도 있다. 수백만 명이 계속 방문하는 인기가 많은 세계유산의 경우, 밀려드는 관광객으로 인하여 교통체증, 대기오염 등이 발생하기도 하고, 문화유산이 마모되거나 파괴되는 문제가 발생할 수 있다.[14) 따라서 관광객의 급증으로 인한 역기능, 문화유산 가치의 훼손을 효과적으로 억제하기 위한 사전 예약제, 모델컬처 개발 등을 적용해야 할 필요가 생겨난다.

문화유산의 보전 못지않게 중요한 사항으로, 문화유산은 현대인들에게 과거에 대한 향수를 충족시켜주고, 역사의 의미를 잘 전달해 줌으로써 감동적인 가치(feeling value)를 준다는 점이 있다. 이러한 측면에서 문화유산관광은 에듀테인먼트(edutainment)[15) 활동과 같다고 할 수 있다.

배우면서 즐기는 에듀테인먼트는 문화유산관광의 가치를 높여주는 중요한 활동이다. 세계적인 문화유산들은 이런 에듀테인먼트 관광을 위해 다양한 노력을 기울이고 있다. 특히 저녁시간에 해당 문화

---

14) Garrod B., Managing Visitor Impacts; in: Fyall, A., Garrod, B., Leask, A.; Managing Visitor Attractions – New Directions; Oxford: Elsevier ButterworthHeinemann, 2003, pp.125-39.
15) Swarbrooke J., The future of the past: heritage tourism in the 21st century; in A. V. Seaton (ed.) Tourism, the State of the Art. Chichester: John Wiley & Sons, 1994, pp.222-29.

유산이 내포하고 있는 역사적 사실이나 문화예술적 특성 등을 즐기며 체험해 볼 수 있도록 입체적 조명, 홀로그램과 음악, 미디어아트 활동 등 여러 가지 수단을 활용하는 경우가 많다.

예를 들어 일본이 자랑하는 세계적 명소인 오사카성은 '사쿠야 루미나' 라는 체험형 멀티미디어 공간을 만들어 야간 방문객들의 얼굴이 성벽 돌담 위에 꽃처럼 피어나게 해 당사자들에게 큰 즐거움을 주고 있다. 일본이 자랑하는 세계적 성곽을 야간에도 매력적 체험관광지로 만들어 내는 첨단 문화콘텐츠 상품인 것이다.

이집트에서는 야간이 되면 피라미드와 스핑크스에 조명과 소리를 활용해서 낮에 보았던 스핑크스와는 전혀 다른 관광매력을 느끼도록 하고 있다. 코를 잃은 스핑크스에게 영상을 투영해 마치 스핑크스가 말을 하는 듯한 착각에 빠지게 하기도 한다. 우리나라에서도 영종대교, 동호대교 등 주요 다리들과 동대문, 광화문, 진주성 등 주요 문화재들에 단순한 수준의 야간 조명을 하고 있으나 이집트나 오사카성의 사례와 같이 보다 창의적으로 개선할 필요가 있다고 생각한다.

한편 관광객 중에는 정말로 무엇인가를 배우려는 마음을 가지고 문화유산을 방문하는 지성적인 관광객(mindful)도 있고, 재미있는 여행을 즐기러 왔다가 내친 김에 단순히 문화유산을 방문하는 무신경한(mindless) 관광객도 있다.[16]

---

16) Timothy D. J., Boyd S. W., Heritage Tourism; Harlow (UK): Pearson Education, 2003, P. 198.

지성적인 관광객은 해당 문화유산에 대한 사전 조사를 통하여 사전 정보를 준비했을 뿐만 아니라 새로운 정보와 그 의미에 대해서 적극적으로 질문도 하는 성향을 보인다. 이 중에는 문화유산에 대해서 전문적 지식을 가지고 있는 사람들도 있지만, 반대로 무신경한 관광객은 문화유산에 대한 사전 조사나 사전 정보 없이 그냥 참가하고, 새로운 지식을 적극적으로 추구하지도 않는다. 단지 얄팍한 호기심으로 방문하고 이내 잊어버리는 속성을 보이기도 한다.

그러나 지적 호기심에서 차이가 나는 두 종류의 관광객 모두를 감동적이거나 열성적인 문화유산 해설을 통해서 '문화유산을 사랑하는 마음'을 갖도록 변화시킬 수 있다는 점이 중요하다. 관광객들이 재미있게 즐기면서, 자연스럽게 문화유산을 사랑하게 만들고, 더욱 문화유산에 대해서 알고 싶게 만들 수 있는 방법으로 문화재 해설이 아주 중요한 요소이다.

여러분들도 간혹 그런 문화유산 해설사를 만나보았을 텐데, 유능한 해설사로 인해 무관심했던 방문객마저도 그 유산을 사랑하는 마음을 갖게 될 수 있다. 그리되면 그 사람은 절대 문화유산을 훼손하는 행위를 하지 않게 될 것이고, 주변 사람들에게도 문화유산 보호를 전파하는 전도사 역할까지 할 수 있게 된다.

따라서 앞으로 정부는 우수한 문화유산 해설사들이 더 많이 활동할 수 있는 교육양성과 자격인증 및 활용 시스템을 잘 마련해야 할 것이다. 유능하고 열성적인 인재들이 문화유산관광 분야에서 활약하게 함으로써 문화유산들을 잘 보전해 가며 단계별, 유형별 자격증 제도를 만들어 해설가들의 능력과 수준에 맞는 보상을 받을 수 있도록 개선할 필요도 있다.

세계문화유산을 많이 보유한 그리스, 이탈리아, 독일 등에서 운영하고 있는 관련 제도를 타산지석으로 삼는 것도 좋을 것이다. 젊은 사람들 이외에 은퇴한 화이트칼라 출신들에 대해서도 양질의 일자리를 창출해 줄 수 있는 등 긍정적 효과를 많이 발생시킬 수 있다고 생각한다.

민간전문가 조직,
남한산성문화관광사업단의 활약

경기도에는 자연공원법에 의한 도립공원이 2개 있다. 안산시와 안양시, 군포시 경계에 걸쳐 있는 수리산과 광주시, 성남시, 하남시 등에 걸쳐 있는 남한산성이다. 그 중 남한산성은 1971년에 해발 496미터의 남한산을 정점으로 36.4평방킬로(약 1,100만 평) 구역을 공원구역으로 지정한 곳으로써 산성 성곽과 남한산성행궁 등 국가 사적이 2개소, 수어장대, 청량사, 숭렬전, 현절사, 연무대 등 지방문화재가 10여개 지정되어 있는 문화유산형 도립공원이다. 성남시나 서울시 송파구 등 배후도시 주민들이 자주 찾아 산행을 즐기며, 산성 내 음식점과 공터, 문화재 등으로 가벼운 운동과 외식을 위해 방문하는 사람들이 많아 주말이나 공휴일은 접근 교통이 정체될 정도로 인기가 있다.

남한산성 도립공원의 문화유산을 잘 보전하며 방문객들의 욕구를 만족시켜줄 다양한 사업들을 자체적으로 수립해 추진해 나가기 위해서, 경기도는 2008년에 특별한 결단을 내렸다. 남한산성의 문화유산

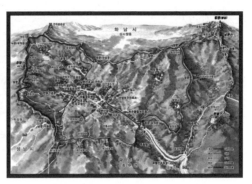

남한산성 내 행궁복원 공사 모습　　남한산성 탐방 안내도

보전과 관광명소화 사업을 공무원보다는 민간전문가들에게 맡겨 추진하겠다는 방침을 결정한 것이다. 문화유산 발굴과 보전, 활용 등에 전문성과 경험을 갖춘 민간인들로 전담조직을 꾸려 성과를 크게 올려 보려는 창의적 조치였다.

나는 2000년 봄부터 민간전문가들로 구성된 경기도 관광진흥본부장으로 2년간 일했던 경험과 특별조직이 가진 목표 지향적이고 생산적인 업무수행 능력을 잘 알고 있었기 때문에 경기도가 신설하는 남한산성문화관광사업단에 도전해 초대 사업단장으로 선발되었다. 이후 2009년 3월에 고건축학, 문화인류학, 관광학 등 분야별 민간전문가들을 선발하는 등 전담인력을 확보하고 제반 규정을 제정하며 조직의 주어진 목표를 빠르게 달성할 수 있도록 각종 사업을 발굴하고 기본계획 수립과 대외 협력 등 활발한 활동을 이어갔다. 능력 있고 열성적인 직원들과 합심하여 여러 가지 일들을 성공리에 추진하게 되어 조직 설립 1년도 안 되어 안팎으로 인정받는 민간전문가 조직으로 자리를 잡게 되었다.

한편, 그 당시 나는 민간조직을 만들어, 남한산성의 문화유산을 효과적으로 복원하고 관리해 내방객들에게 유익한 체험을 제공해 주는 문화관광명소화 사업을 추진하도록 조치한 경기도지사에 대해 궁금했다. 지나간 우리 역사를 보면, 백성들보다 공동체 존중 의식이나 애향심, 애국심 등이 미약한 고위층들이 많았다. 이러한 관점에서 볼 때, 남한산성에 민간전문가 조직을 설치해서 그들을 활용한 새로운 방식의 문화관광명소화 사업을 추진해 나가겠다는 결정을 내린 사람이라면 평소 일에 대한 가치관과 업무추진방식에 남다른 소신과 자신감, 추진력을 겸비한 사람일 것 같다는 생각이 들었다. 그 후 업무를 추진해 가면서 내가 생각했던 경기도지사에 대한 추측이 거의 맞았다는 것을 몸소 느낄 수 있었다.

현 시점에서 남한산성이 우리나라 10번째 세계문화유산으로 등재되는 쾌거를 이룬 데에는 과거 경기도지사로 근무했던 두 사람의 역할이 무엇보다 컸다는 사실을 말하고 싶다. 먼저 1998년에 경기도지사가 된 임창열 지사는 거의 방치되어 있던 남한산성 문화유산들을 경기도가 앞장서서 복원토록 초기단계 예산과 행정을 대폭 지원해 준 큰일을 했다.

그 시기에 남한산성이 세계문화유산으로 등재될 기초가 단단히 마련될 수 있었다. 그는 주춧돌 몇 개만 남아 있던 남한행궁 터를 직접 방문해 병자호란이 벌어졌던 핵심 문화유적들이 제대로 보존, 관리되지 못하고 있는 사실에 부끄러워하며 남한산성을 하루속히 정비,

복원해 보겠다는 다짐을 한 후, 예산 확보 등 필요한 제반 사항들을 적극적으로 지원했다.

임창렬 지사가 떠나간 후 4년이 지나 경기도지사로 선출된 김문수 지사는 민간전문가 조직의 유용성을 잘 알고 있었고, 남한산성의 중요성을 간파하고 이와 관련된 사업들이 조속히 추진될 수 있도록 지원했다. 두 분의 도지사가 있었기에 남한산성은 2009년 문화관광 명소화 사업을 착수한 지 5년 만에 세계문화유산으로 등재될 수 있었다고 본다. 물론 그 과정에 남한산성문화관광사업단이라는 민간 전문가 조직의 활약 또한 중요한 밑거름이 되었다.

2009년 초에 출범한 남한산성문화관광사업단은 남한산성 성곽이나 행궁 등 국가 사적의 복원과 전통문화예술의 전시, 공연 등 문화 명소화 작업을 빠르게 진행해 나갔다. 그리고 유네스코 세계문화유산 등재를 성공시키기 위한 여러 가지 사항들을 흔들림 없이 추진해 나갔다. 무엇보다도 산성 주민들을 대표하는 노인회, 부녀회, 상가번영회 등 주민단체들과 자주 만나 남한산성에 대한 각종 사업들에 대해 사전 소통과 의견 조율 등 현장 협조 활동을 강화했다.

산성 주민들과 수많은 식당 종사원들의 역사의식 제고를 위해 남한산성역사아카데미를 새로 만들어 주민들을 대상으로 학습활동을 정례화하고 마을 주민간의 소통을 촉진시켜주는 마을소식지를 정기 발간하기도 했다. 그리고 주민들의 애로사항을 수시로 경청하고 공원 관리사무소와 협력하여 가급적 해결되도록 앞장서기도 했다.

남한산성에서 근무하던 광주시 소속 문화해설사들의 격려와 지원을 늘려 20여 명에 달하는 문화해설사들이 방문객들에게 친절하고 열정적으로 해설하도록 독려했다. 경기도 전체 문화해설사 500여 명을 대상으로 개최한 문화해설 경진대회에서 남한산성 문화해설사 한 분이 최우수 해설사로 선발되기도 했다. 또한 산성마을 내 만해기념관의 전보삼 관장님을 통해서 남사모('남한산성을 사랑하는 사람들의 모임'의 약칭)라는 시민단체와도 협조를 강화했다.

남한산성 도립공원 구역에 자생하는 새나 철새들, 야생동물들을 보호하고 소나무 등 자연생태계를 보호하는 민간인들과도 협조해 문화관광사업단이 문화유산 보전관리 외에 다각도로 일해 나가는 조직이라는 평가가 나오게 되었다. 특히 새 박사 별명이 붙은 임봉덕 씨나 김태홍 사진작가, 박익희 대표로부터 도움을 많이 받았다. 도립공원에 소속된 광주시 중부면 관내 산성리, 불당리, 검복리 등 6개 이장들과도 정기적 설명회와 협력소통 모임을 운영해 자주 소통하고 돕는 협조적 분위기가 확산되도록 했다.

이런 남한산성문화관광사업단의 활동으로 지역주민들과 시민단체, 전문가, 공무원들이 상호 협력하려는 분위기가 확산되었으며 결과적으로 세계문화유산 등재에 절대적으로 필요한 지역사회로부터의 협력이 든든해지게 되었다. 그러던 중 나는 2010년 9월에 경기문화재단 본부로 자리를 이동하게 되어 현장에서 계속 사업을 추진하지 못한 아쉬움이 있었지만, 재단 사무처장으로서 남한산성 사업단의 여러 가지 사업들을 효과적으로 지원하기 위해 계속 나름의 노력을 이어갔다.

2014년 6월 카타르에서 개최된 유네스코 총회에서
남한산성에 대한 세계문화유산 등재가 최종 결정되던 모습

　그 후 2014년 6월 남한산성이 세계문화유산으로 최종 등재되었고, 2년 후 남한산성세계유산센터라는 공무원 조직이 출범하면서 남한산성문화관광사업단이라는 민간전문가 조직은 발전적으로 해체되었다. 마치 외인부대, 특수부대처럼 주어진 과업을 성공적으로 수행하고 7년 후 역사 속으로 묵묵히 사라진 조직이었다. 정부나 공공기관에서 참고할 만한 민간역량 활용의 좋은 사례라고 생각한다.

　(다시 한 번 이러한 민간전문가 조직이 탄생하고, 활약할 수 있도록 이끌고 지원해 준 두 분의 전 경기도지사와 두 분의 전 경기문화재단 대표, 황성태 전 경기도 문화관광국장(현 황해경제자유구역청 청장) 등 관계자 모든 분들에게 깊이 감사드린다.)

세계문화유산 등재 추진과 그 후

　남한산성은 지금으로부터 383년 전인 1636년 12월 병자호란이 발발하자 조선 조정이 도피해와 46일간을 항전하다 1637년 1월에 남한산성 서문을 통해 삼전도로 하산하게 된 뼈아픈 역사가 있는 산성이다. 인조 임금은 그날 삼전도로 내려가 청나라 태종 홍타이지 앞에서 삼배구고두례라는 항복의식을 마치고 한양성으로 돌아갔다. 그러므로 엄밀히 생각해 보면 남한산성이란 산성 자체는 오랑캐에게 함락된 적이 없었다. 결코 패배해 무참히 파괴된 장소가 아니었다.

　그런데 우리 국민 대부분은 남한산성을 오랑캐에게 패배한 치욕스러운 산성으로 잘못 인지한 채 부정적으로 생각해 왔다. 그러다 보니 사람들은 남한산성을 주말이나 공휴일에 등산을 오거나 닭백숙, 오리탕 등 외식을 즐기며 족구와 같은 운동을 하러 찾아오는 유원지 정도로 생각했다.

　내방객 중에는 무심코 성곽이나 문화재 등을 훼손하거나 술타령과

남한산성 성곽과 성곽길의 모습

고성방가를 하는 사람들도 있었다. 하지만, 남한산성이라는 성곽과 그 안에 있는 산성마을은 병자호란 당시 결코 적에게 정복당한 장소가 아니라 오히려 관민이 똘똘 뭉쳐 오랑캐의 도발에 강력히 저항했던 장소였다. 죽더라도 결코 항복하지 않으려는 민족적 기상이 넘치던 역사의 현장이었던 것이다. 단지 청나라에 항복한 인조 임금이 잠시 머물렀던 곳이기에 패전장소로 착각하게 된 것뿐이다.

사실 남한산성은 백제를 창업한 온조왕 시대부터 삼국시대, 고려시대를 거치면서 한번도 외적에게 점령당하지 않았던 난공불락의 요새였다. 그리고 병자호란 이후 조선후기 르네상스라는 태평성대가 이어졌던 18세기 영조, 정조시대의 문화유산들이 많고 1년 365일 내내 주민들이 거주하고 생활하는 독특한 산성인 것이다.

이렇게 중요한 남한산성의 가치를 알고 있는 사람들은 일부 전문가들을 제외하고는 거의 없었다. 관련 전문가나 공무원, 지역주민들

조차 남한산성의 역사문화적 가치에 대해 별로 의미를 두고 있지 않았고, 세계문화유산 등재는 전혀 생각지도 않았다. 내가 2009년 3월 초대 사업단장이 되어 남한산성을 문화관광명소로 가꾸기 위해 뛰어다닐 때에도 그러한 인식들이 지배적이었다.

결국 무관심과 소극적 생각들을 바꿔내지 못하면 남한산성을 역사문화적 명소로 만들려는 우리 사업단의 목표는 달성하기 어렵다는 생각이 들었고, 이를 계기로 무언가 더 큰 의미가 있는 사업을 추진할 필요가 있겠다고 판단했다. 그래서 나는 각종 문헌자료와 유·무형 문화유산을 바탕으로 남한산성이 보유한 역사문화적 가치를 제대로 보여주는 자료를 만들어 홍보해 나갔다. 그리고 내친 김에 남한산성을 세계문화유산으로 등재해 보려는 도전적 생각을 하게 되었다. 그에 따라 경기도청과 문화재청, 문화재전문위원들을 대상으로 남한산성이 세계문화유산으로 등재될 만한 가치가 충분하므로, 등재를 추진하자는 설득을 본격적으로 전개하기 시작했다.

문화재청에서는 세계문화유산적 가치가 있는 국내 문화유산을 발굴해 유네스코 등재를 받게 하는 업무를 매년 중요하게 추진하고 있는데, 2009년에도 그러했다. 그 당시 이미 전국 각 시도에서 문화재청에 등재신청 후보로 제안해 놓은 문화유산들이 여러 개 있었지만 남한산성은 후보 리스트에 들어 있지 않았다. 문화재청이나 경기도에서도 남한산성을 세계문화유산 등재 후보지로는 거의 생각하지 않고 있었다.

2009년 가을에 문화재청이 추가로 세계문화유산이 될 만한 후보들을 발굴하려 한다는 소식을 듣게 되었고 남한산성 단독으로 세계유산 등재를 추진하기보다는, 서울에 소재한 북한산성, 한양도성 등과 함께 추진하는 게 더 효과적일 것 같다는 관계자들의 견해도 알게 되었다. 나로서는, 경기도와 서울시로 행정구역이 나뉘어져 있는 현실 여건에서 광역지자체들이 공동 협력하여 세계문화유산 등재를 추진한다는 것은 사실상 실현되기가 어렵다고 생각했고, 남한산성 독자적으로도 세계유산으로 등재 받을 만한 가치가 충분하다고 생각했었기에 동국대학교 이혜은 교수 등 국내 세계문화유산 전문가들의 협조를 받아 남한산성 단독 등재 방식을 관철시키게 되었다.

결국 2010년 1월 초에 광화문 고궁박물관에서 문화재청 주관으로 각 시도에서 신청한 세계문화유산 후보지들에 대한 공개 발표회에서 남한산성을 유네스코 세계문화유산 등재 잠정목록에 최우선 대상지로 정하자는 결정이 내려졌다. 타 시도보다 뒤늦게 신청한 경기도 남한산성 지역이 문화재청의 최우선 등재 추진 후보지로 선정된 것은 놀라운 일이었다.

정부의 결정에 따라 우리 사업단은 세계문화유산 등재 추진 5개년

종합계획을 수립해 도지사의 결재를 받았고 필요한 준비들을 추진해 나갔다. 12킬로미터가 넘는 성곽의 보존과 원형적 보수를 촉진시키며, 병자호란 당시 인조와 소현 세자가 거주했던 남한산성 행궁 복원 사업을 빠르게 진행시켰다. 행궁 터 앞을 원상회복시키기 위해 식당과 상가, 집 등 기존 가옥 17채도 주민 협조를 통해 이주시켰다.

더불어 문화재 전문가들의 협조를 받아 세계문화유산으로서 남한산성이 보유한 각종 가치를 정확히 측정하기 위한 연구 활동과 국내외 세미나, 포럼 등을 활발히 개최했다. 남한산성에 대한 각종 정보 자료를 국내외에 알리기 위해 영문으로 된 분기별 뉴스레터를 발간해 배포했고, 마을 주민들을 위한 신문 발행을 지원하는 등 다각도로 여러 가지 준비사업들을 진행해 나갔다.

남한산성은 기본적으로 군사시설이므로 정조대왕 때 발간된 '무예도보통지'를 근거로 신성대 십팔기보존회 회장의 도움을 받아 한국 전통무예 18기를 수어장대 앞에서 시연도 했다. 사실 우리나라는 상고시대부터 고려시대까지는 무력이 강해 오랑캐들의 침략에 잘 대응했었다. 그러나 조선시대 들어 그런 기상이 약화되고 문약한 유생의 나라로 변모해 여러 번 외침에 큰 고통을 당하다가 일제 식민지로 전락한 수치스러운 역사를 갖게 되었다. 여러 원인이 있겠으나, 문무(文武)를 함께 중시하는 사회적 기풍이 미약하고 조정에 무인들이 중용되지 못했던 게 주 원인 중의 하나라고 생각한다. 그런 측면에서 남한산성 수어장대에서 여러 번 전통무예를 시연하게 한 것은 우리 고유의 전통무예에 대한 이해를 돕고 문(文)과 무(武)를 균형 있게 갖추는 것을 중시하는 사회 분위기가 확산되도록 하며 남한산성을 세계문화유산으로 등재하려는 정부 방침에 부합하는 등 여러 가지 효과를 기대한 것이었다.

그런 기대는 맞아 떨어졌다. 독특한 볼거리인 18기 무예가 시연되는 시간이 되면 사람들이 수어장대로 많이 모여들었다. 다만, 사업단 재정 형편상 18기 무예 시연처럼 좋은 무예공연을 자주 보여드리지 못해서 많이 아쉬웠다.

한편 남한산성의 역사문화적 중요성을 널리 알리고 자연생태환경도 보전하는 활동을 '남사모'('남한산성을 사랑하는 사람들의 모임'의 약칭)라는 시민단체와 협조하여 전개했다. 남사모는 1990년대 후반에 자생적으로 결성되어서 20여 년이 넘도록 매월 말 남한산성을 찾아와 관련 학습을 하고 문화재 보호와 자연환경 보전 활동을 전개하는 단체였다. 최초 설립 당시에 조유전 원장, 조병로 교수 등 국내의 유명 전문가들이 다수 참여해 모범적인 자생단체로서 발전할 수 있었는데, 남사모와 협력하여 남한산성이 세계문화유산으로 등재될 만한 가치가 풍부하다는 점을 계속 알려 나갔다. 또한 서울벤처대학원 대학교(SVU)의 황찬규 교수와 도명종 교수, 정홍국 씨, 박익희 씨 등 지인들의 협조를 얻어 타 분야에 종사하는 전문가나 기업가들에게도 계속 남한산성을 홍보해 나갔다.

이에 따라 2013년 1월에 문화재청이 유네스코에 남한산성을 세계문화유산으로 등재해 줄 것을 공식으로 요청하는 등재신청서를 제출하게 되었고, 2013년 9월에 ICOMOS 전문가가 남한산성 실사를 시행했다. 그리고 최종적으로 2014년 6월 22일 카타르 도하에서 열린 유네스코 총회에서 남한산성을 세계문화유산으로 등재하겠다는 최종 결정이 내려졌다. 등재를 추진한 지 5년만에 당초 목표를 달성한 역사적인 성과였다. 문화재청, 경기도청, 남한산성문화관광사업단 관계자들, 이혜은 교수 등 문화유산 전문가 모든 분들의 협력이 만들어낸 쾌거였다. 이 일을 처음부터 계획하고 활발히 추진해 나갔던 당사자였던 나는 특히 큰 보람을 느끼지 않을 수 없었다.

세계문화유산 등재 이후 추진할 만한 과제들

남한산성이 세계문화유산으로 등재된 2014년 6월 이후 경기도는 2016년에 전담조직을 개편했다. 민간전문가로 만들어진 특별 조직이었던 남한산성문화관광사업단이 발전적으로 해체되고 세계문화유산센터라는 공무원 조직이 설립되었다. 남한산성이 보유한 세계문화유산으로서의 가치를 계속 유지하고 증진시키면서 도립공원에 대한 관리도 연계시키기 위한 결정이라고 본다.

잘 알려진 대로, 세계 여러 나라들은 자국의 문화유산이 유네스코 세계문화유산으로 등재되길 바라며 많은 노력을 기울인다. 그런데 일단 등재가 되고 나면 사람들의 관심이 떨어지게 되고, 관광객 유치에만 공을 들이는 경우가 생기면서 본래의 세계문화유산 가치가 떨어지거나 훼손될 우려가 발생하기도 한다. 이런 이유로 유네스코는 등재 이후 관리가 잘못 이뤄지고 있는 일부 유산들을 위험유산으로 분류하고 등재 취소까지 고려하기도 한다. 남한산성도 잘못 관리하면 그렇게 될 수 있으므로 등재가 성공리에 완료되었더라도, 등재 이후를 잘 관리해 나가는 조치가 매우 필요하다.

이와 관련해서 남한산성이 세계문화유산으로서의 가치를 유지하며 세계적 명소로 자리 잡기를 바라는 마음에서 평소 생각한 몇 가지 아이디어를 제시해 본다.

- 기본적으로 문화재보호법에 의해 구획된 문화유산지구 내에서는 인위적 개발을 철저히 금지시켜야 하므로, 산성마을은 역사교육이나 전통문화를 배우고 체험하게 하면서 방문객들이 흥미와 재미를 느끼고 즐길 수 있는 프로그램들을 제공해 주는 사업들 위주로 관리하는 것이 필요하다. 산성마을에 들어오면 우리나라 조선시대의 각종 전통문화예술을 체험할 수 있는 공연시설이나 전시시설 등이 여러 곳에 분포되어 있어 내방객들이 국악이나 민속악, 마당놀이, 전통무용, 가곡, 전통회화, 복식, 도예품, 공예품, 자수, 농기구 등을 관람하고 체험하며 배울 수 있는 독특한 환경이 제공되도록 조치할 필요가 있다. 이를 위해 마을 내 기존 가옥이나 상가 건물 일부를 경기도 등 공공기관이 매입하여 전통문화예술에 관한 공연이나 전시체험 공간으로 리모델링하여 관련 시민단체에서 운영해 나가도록 유도하는 방안이 바람직하다고 본다. 용인민속촌이나 종로구 인사동 거리와 달리 우리 고유의 전통문화와 예술이 살아 움직이는 마을로 운영되도

록 관리해 나가는 것이 바람직하다. 중국 운남성 리장고성지구 내의 전통마을과 거리에서 제공되는 것처럼 과거의 전통문화예술이 현대적으로 각색, 연출되어 내방객들에게 많은 즐거움과 배움의 기회를 제공해 주는 것과 같은 조치가 필요하다.

또한, 남한산성의 성곽과 옹성들의 성벽 중 적절한 구역을 선정하거나 남한산성 내 행궁이나 침궤정 등 주요 문화재 주변의 적정 공간을 활용하여 야외에서 남한산성과 관련된 각종 스토리를 주제로 하는 미디어아트 작품이나 연극, 고전무용, 고전음악 등 우리 고유의 전통문화예술을 정기적으로 공연해 주는 프로그램을 개발하여 운영하는 것도 효과가 상당히 클 것이다. 마치 중국의 장예모 감독이 연출해 크게 성공한 인상서호나 인상리장 등 인상시리즈물과 같은 실경공연작품이 남한산성에서 제공된다면 남한산성은 매우 모범적인 문화유산관광지로 내외 관광객들에게 호평받게 될 것이다.

한편, 남한산성은 기본적으로 군사시설로써 군인들이 거주하던 곳이었으므로 정조시대에 발간된 '무예도보통지'의 십팔기와 같은 전통무예를 핵심 볼거리로 재현하는 프로그램을 정기적으로 제공하는 것도 바람직할 것이다. 동시에 산성마을 내 남한산성 초등학교나 가옥 등 기존 건물을 활용해서 전통무예와 심신을 수련하는 특수아카데미를 개설해 운영하는 방안도 추진해 볼 수 있다. 국력을 튼튼히 하고 나라 발전을 이끌어 갈 인재가 되려면 육체와 정신을 고르게 고양시켜야 하므로, 전통무예를 통한 심신

단련을 위주로 교육하여 사회에 필요한 인재를 양성해 내는 바람직한 새로운 유형의 아카데미 사업으로 인정받을 것이다.

• 둘째, 미국 캘리포니아 주 샌 시메온 근교의 사적지로 유명한 허스트 캐슬의 교통처리 방식처럼 주말마다 남한산성 정상으로 가는 수많은 차량 행렬들을 남한산성 밑에서 처리할 수 있도록 개선하는 대책을 전개해야 한다. 경기도나 광주시 또는 성남시가 보유한 공유지를 이용해 대형 공용주차장을 설치하고 그곳에 방문객들이 편리하게 주차한 후 그 자리에서 남한산성 전용셔틀버스를 이용해 남한산성에 들어가고, 나올 때도 셔틀버스를 타고 내려오도록 유도하면 된다. 셔틀버스를 타고 이동하는 시간에 차량 안내방송을 통해 남한산성의 역사와 문화적 가치, 남한산성 방문 요령 등에 대한 설명을 해준다. 이런 방법과는 별도로 대형 공용주차장 내에 관광케이블카를 설치해 남한산성 남문이나 검단산 주변으로 접근하게 하는 관광 삭도를 개발하는 방안도 검토할 필요가 있다. 또한 이배재 고개를 통과해 광주시와 성남시가 편리하게 연결되도록 관련 도로를 확장하는 도로개선 사업도 빠르게 완료시키는 등 주변 교통체계를 개선해야 한다. 어떠한 방식으로든 남한산성 세계문화유산 지역이 수도권 최고의 문화명소가 되기 위해서는 반복되는 교통체증과 그로 인한 각종 불편 및 주변생태계 훼손을 조속히 개선하기 위한 특별조치가 있어야 한다.

• 셋째, 남한산성 내방객이 계속 늘어나 세계문화유산으로서의 가치가 훼손될 우려가 생기게 되면 모델 컬쳐형 관광객유도개발 (Honey-pot Development) 방법을 적극 활용하여, 제2의 산성 마을을 개발할 것을 제안한다. 남한산성 도립공원 내 광주시와 하남시 및 성남시가 관장하는 국공유지나 기존 마을을 활용해서 제2의 산성마을을 별도로 조성하는 것이 여러 가지 효과를 발생시킬 것으로 생각한다. 중국 운남성에 있는 세계문화유산 리장고성 근방에 개발한 속하고성이 유사한 사례이다. 2009년에 속하고성을 직접 가 보았을 때 깜짝 놀랐다. 그곳이 한 중국의 디벨로퍼 회사가 최근 건축공법으로 개발한 인위적 문화관광지라는 걸 알게 되었기 때문이다. 모델컬쳐 방식을 적용한 사례였다. 리장고성이 1997년에 세계문화유산으로 등재된 후 관광객이 폭증하게 되고 그들을 수용할 숙박시설이나 위락시설, 상업시설 등 관광시설들이 많이 부족해지자 리장고성에서 승용차로 15분 정도 떨어진 속하고진이라는 옛 마을을 이용해 부족한 관광위락시설, 숙박시설 등을 추가로 조성했다. 그곳에 있는 건물들은 외형적으로는 대개 오래전에 지어진 형태여서 마을에 있던 옛날 건물들과 구별이 잘 안 된다. 전체가 마치 수백 년 된 고성같은 분위기를 창출해 내고 있었다.

이런 방식으로 제2의 산성마을이 조성되게 되면 그곳에 한옥주택과 한옥관광호텔들로 이루어진 한옥마을과 전통 거리를 조성하여 도립공원 내 산재한 기존의 식당, 카페 등을 이주시켜 인사동 거리를 능가하는 테마형 전통 거리와 장터, 주막, 상가 등이 밀집한 명품 문화마을이 될 수 있다. 수많은 식당이나 상가들을 제2의 산성마을로 이주시키면서, 남겨지게 될 기존 식당이나 카페 등은 철거하여 훼손된 도립공원내 자연생태 환경이 원상태로 복원되게 한다. 일부 존치시킬 건물들은 재활용하여 전통적 문화기술을 교육하거나 심신을 단련하는 아카데미시설들로 변모될 수 있도록 남한산성 도립공원 전체에 대한 관리를 혁신하는 정책을 진지하게 검토할 필요가 있다고 생각한다. 무분별하여 세계문화유산 지역이 아니라 유원지같은 느낌을 주는 현재의 남한산성 도립공원 분위기가 많이 아쉽기 때문에 더욱 그러하다.

현행 법령이 허용하는 범위 내에서 남한산성 도립공원 내 무분별한 개발사업을 억제시키면서 다른 한편으로는 전통 생활문화를 체험하고 학습하는 공간, 명상과 심학, 무예 등을 수련하는 장소로 도립공원 관리를 특색 있게 개선해 나가는 방안도 추진할 필요가 있다. 중국의 소림사와 그 주변 마을들과 같이 산성마을 바깥 도립공원 구역에 고유한 전통 무예와 심신단련을 위한 무예학교들, 품격 있는 국제매너를 가르치는 교육시설, 국악이나 고전 무용, 회화, 도자기, 자수, 목공 등 각종 전통문화 기술을 교육하고 전수하는 시설 등이 남한산성 내 몇몇 장소에서 운영된다면 국내 다른 공원들과는 확연히 차별화된 문화유산관광의 대표지로 발전될 것이다. 사실 소림사 주변은 무술 관련 아카데미 사업 등으로 각종 효과를 거두고 있다. 경기도는 문화재청,

환경부 등 정부와 긴밀히 협력해 남한산성 세계문화유산과 도립공원에 대한 관리 방식을 미래지향적이고 독창적인 방향으로 전개해 나가야 할 것이다.

- 넷째, 남한산성의 남문 밑 성남시 관내에 있는 남한산성공원을 국내외 관광객들이 전통문화예술과 연계된 볼거리, 놀거리, 살거리 등 각종 관광을 즐길 수 있는 문화유산형 관광단지로 전문화시키는 개선을 촉구한다. 기존의 평범한 유원지 시설을 대폭 보완하여 국악, 무용, 창극 등 전통문화예술 관련 하우스 콘서트가 열릴 수 있는 중소규모의 공연장들, 전통 생활문화 박물관과 전시관, 한옥 숙박시설과 상업시설 등이 적절히 조성되도록 개발하면 성남시 관광산업은 지금보다 크게 발전될 수 있을 것이다. 국제도시로서 성남시가 발전하려면 그런 문화관광 개발이 강력히 추진되어야 한다.

결론적으로, 세계문화유산으로 등재된 이후가 더욱 중요하므로, 앞으로 남한산성을 보다 효과적으로 보전, 관리하여 국제적 명소로 발전시키기 위해 종합적이고 창의적인 관리계획을 수립해 일관성 있게 추진해 나갈 필요가 있다. 이러한 미래지향적인 계획을 통해 우리의 후손들이 남한산성의 가치와 중요성에 대해 제대로 이해하고 자연스럽게 아끼게 하며, 도립공원 구역까지 포함한 전체 구역이 세계 일류 문화유산관광 명소로 발전되도록 정부가 적극 나서야 한다. 이를 위한 관련 정책이 새롭게 개발되고 추진되어지길 기대한다.

유원지라는 인식에서
벗어나야 할 남한산성

　17세기 초반은 우리나라를 둘러싼 동북아 국제정세가 급속히 변화하고 있어 나라의 안위가 심하게 흔들리던 때였다. 누르하치가 이끄는 여진족이 크게 흥기하여 한족의 명나라를 위협하던 혼란스러운 중국을 상대로 조선의 광해군은 지혜롭게 등거리 외교를 했었다. 그러나 인조반정으로 집권한 서인정권은 국제정치 변화에 대한 몰지각, 무의식으로 친명사대주의 외교에 집중하다 여진족이 일으킨 정묘호란과 병자호란에 연거푸 당하며 온 나라와 백성을 도탄에 빠지게 했다. 그 당시 수십만 명의 백성들이 비참하게 죽음을 당하거나 청나라로 인질과 노예로 끌려가 생을 마감하기도 했다.

　예나 지금이나 세계 각국의 정부는 자국민의 안위를 위해 국력을 튼튼히 하며 유리한 국제정세를 점하기 위해 외교활동에 많은 공을 들이고 있다. 한반도를 포함한 동아시아 지역에서 미국과 중국이 첨예하게 대치하고 있는 요즘, 국민들이 외교에 더욱 신경을 곤두세우는 것은 당연한 일이다.

임진왜란의 경우와는 달리, 우리나라는 병자호란에서 2개월도 못 버티고 완패했다. 청나라에 항복한 이후 잠시 북벌정책을 강조하며 국력을 비축하려 노력했으나 실패했다. 그로부터 250여 년이 지난 19세기 말에 또다시 쇄국정책 등 국제정세의 변화에 둔감하다가 일본에게 나라 전체를 빼앗겼다. 이런 일련의 아픈 역사가 주는 교훈을 깊이 되새기고, 다시는 반복하지 않으려는 의지와 각오를 다질 수 있는 장소가 바로 남한산성이다. 남한산성은 한성백제 때부터 고려시대, 조선시대 그리고 구한말까지 외세의 침략에 강력히 저항한 역사 공간이다. 병자호란 이후 영조대왕이 '무망루'를 짓고 정조대왕은 4대문에 의미 깊은 편액을 내려주며 역사적 교훈과 민족 기상을 고양시켰던 곳이기도 하다.

이러한 남한산성을 우리 후손들이 별 생각 없이, 단순히 먹고 놀러가는 유원지 정도로 생각한다면 정말 곤란하다. 세계문화유산으로 등재된 요즘에도 남한산성은 역사적 교훈을 배우고 느껴야 할 귀중한 문화유산이라는 생각보다는 생활스트레스를 푸는 유원지나 외식장소, 주말 산행지라는 인식을 많이 하고 있는 것 같다. 남한산성 동문 바깥 광주시 관내는 특히 식당과 카페, 편의점 등 상업시설들이 난무하고 있어, 이곳이 과연 1971년 지정 이후 40여 년이 넘도록 수도권 남부의 주요 도립공원으로서 시민들의 허파노릇을 하던 구역이 맞는지 의아할 정도이다.

환경부와 경기도청 그리고 광주시청이 도립공원 관리를 제대로 하고 있는 것 같지 않다. 자연공원법의 취지가 무색할 정도로 공원 내 자연환경이 무분별한 개발에 시달리고 있다. 솔직히 남한산성을 세계문화유산에 빛나는 역사문화의 현장이라 생각하기보다 그저 하나의 유원지나 휴양지, 놀이동산쯤으로 여기는 사람들이 더 많은 것 같다.

주말만 되면 수많은 방문객들로 산성으로 진입하는 편도 1차선 도로가 주차장으로 변한다. 차량들이 너무 많아 산성마을 전체가 어수선해진다. 오래전부터 이런 분위기가 지속되고 있다. 식당들은 대부분 닭볶음탕 등을 주 메뉴로 영업을 지속하고 있다. 산성마을 내에는 문화재보호법에 의해 기존 건물 외에는 신축이 불허되는 바람에 마을 전체 환경이 낙후된 상태이다. 별로 재미없는 오래된 유원지로서 주말마다 교통지옥 현상이 재발되고 있는 곳이 남한산성인 것이다.

남한산성이 2014년 세계문화유산으로 등재된 이후에도 과거처럼 이렇게 운영되는 것은 곤란하다. 유원지처럼 생각하고, 외식하러 방문하고, 산행하러 찾아오는 남한산성으로 인식되고 관리되어서는 안 된다. 산성마을 바깥 도립공원구역도 과거처럼 난개발해서는 안 된다. 남한산성을 방문하는 사람들은, 누구라도 남한산성이 어떤 이유로 병자호란에 휘말려 들었고 그 전쟁에서 패전한 후 우리 조상들이 어떤 아픔을 겪어야 했으며 그런 비극이 되풀이되지 않게 하려면 어찌 행동하는 게 바람직할까? 등에 대해 한번쯤은 생각해 볼 수 있는 그런 세계문화유산으로 관리되어져야 한다. 그저 먹고 마시고, 운동하며 여가를 즐기는 유원지가 되어서는 세계인에게 조롱거리가 될 것이며, 우리 후손들에게도 자랑스럽지 못하게 될 것이다.

그런 인식에서 향후 남한산성은 우리나라의 밝은 미래와 후손들의 행복한 삶을 위해서 이스라엘의 "마사다" 성지처럼 국가차원의 역사교육장으로 인식되고 관리되어야 할 필요가 있다고 생각한다. 지난 정부에서는 승리한 전쟁이었던 임진왜란과 이순신 장군을 기리기 위해 충남 아산시에 위치한 현충사로 학생들이 참배 가도록 하는 등 현충사를 국가적 역사교육장으로 활용했었다. 그런데 패배한 전쟁이어서인지 병자호란과 남한산성에 대해서는 이러한 활용이 거의 없었다.

하지만 생각하기에 따라서는 오히려 남한산성이 후손들에게 전해줄 수 있는 역사적 교훈이 더 큰 장소일 수 있다. 요즘 같은 미중 대결 시대는 더욱 그렇다고 생각한다. 그러므로 남한산성은 산성 내 연무대와 그 주변의 이아터 등 제2단계 문화유적 복원을 추가로 계속 추진해 나가는 게 필요하다. 이를 통해 국민들의 정신적 무장을 강화하고 지난 역사를 통해 냉엄한 현실을 비추어 보는 특별한 장소가 되도록 정부가 앞장서서 전쟁과 평화를 연구하는 국제적 연구센터, 전쟁관련 전시관 또는 박물관, 교육장 등을 설치해 활용하는 방안도 생각해 볼 수 있다. 남한산성이 유원지라는 인식을 없애고 세계문화유산 지역으로서 여러 가지 역사적 교훈을 배우고 전통 문화를 체험해 볼 수 있는 귀중한 공간으로 관리하는 것이 중요하다.

그리고 무엇보다도 정부에서 남한산성에 관한 프로그램 개발이나 콘텐츠 확충을 추진할 때, 남한산성을 유원지로 착각하지 않도록 한층 유의하여야 한다. 도시계획법상 유원지라는 기존 제도가 있으므로, 그런 명칭을 사용하는 것이 잘못된 것은 아니겠으나, 유원지라는 명칭을 사용하게 되면 내방객들이 혼란스러워질 수 있다. 또한 유네스코 세계문화유산으로 등재된 자랑스러운 유적지이며, 오달제 등 삼학사의 충절이 서려 있는 남한산성의 가치와 의미를 자칫 왜곡시킬 수도 있다. 과거 일제 식민지 시대에는 한국 사람들의 민족혼, 저항정신을 말살시키고자 남한산성을 유원지나 공원으로 변모시키려는 시도가 있었지만, 우리 후손들은 지금 절대 그러면 안 될 것이다.

이런 관점에서, 남한산성 초대 사업단장으로 부임했던 2009년에 남한산성이라는 고유 명사에 유원지라는 법적 용어를 조합시켜 사용하는 행위를 억제시키기 위해 광주시, 하남시, 성남시 등 관련 자치단체에 협조를 강하게 유도했었던 일이 생각난다. 당시 경기도지사를 위원장으로 하는 남한산성 관리위원회라는 조직이 있었는데, 그 위원회 회의를 통해서 참석한 광주시, 성남시, 하남시 등 관련 기관들에서 우선적으로 유원지 명칭 사용을 금지해 달라는 요청을 했었다. 마침 당시 경기도의회의 성남시 출신 정재영 도의원(현 낙생농협조합장)께서 적극 협력해 주었고, 그 후 남한산성을 유원지와 연결시키는 명칭 사용 등은 대부분 억제되었다.

이와 궤를 같이 하여 남한산성 도립공원 구역의 절반 정도를 관장하고 있는 경기도 광주시와 하남시가 산성마을 바깥에 식당과 상점, 카페 등 각종 상업시설 영업을 무분별하게 허가해 주는 행위도 규제되어야 한다. 비록 문화유산 보호 구역은 벗어난 지역이어도 상업시설들이 늘어나면 날수록 전체 도립공원의 자연환경과 생태계를 보전해 나가는 데 어려움이 크기 때문이다. 자연환경이 잘 지켜져야만 세계문화유산의 가치가 제대로 보전될 수 있다. 그리고 남한산성을 즐겨 찾는 내방객의 상당수가 경기도 성남시에 거주하고 있고, 성남시는 판교테크노밸리 등으로 외국인들이 많이 찾는 국제도시이므로 향후 세계문화유산 남한산성을 잘 관리하며 활용하는 사업에 성남시가 많은 관심과 투자를 할 필요가 있다고 생각한다.

다시 말하지만, 남한산성은 더 이상 유원지로서 인식되지 않아야 하며, 수도권의 대표적 세계문화유산으로 역사적 교훈과 전통 문화를 체험하는 문화유산관광의 명소로 인식되어야 한다. 이런 방향으로 조속히 발전되도록 정부와 경기도, 광주시, 하남시, 성남시 등 공공기관이 적극 대처해 가길 기대한다.

백제 온왕묘와
곤지왕국제네트워크

　백제는 온조왕이 BC 18년에 한강 이남에 도읍을 정한 후 AD 660년에 멸망한 고대국가이다. 무려 680여 년 동안 존속했던 백제는 그 중 약 490여 년 간을 한강 유역에 자리 잡고 있었는데 그 시기를 한성백제 시대라고 칭한다. 그러다 고구려 장수왕의 남하 정책으로 AD 475년 한강유역에서 벌어진 고구려와의 전투에서 백제 21대 개로왕과 그 가족들이 전사하며 나라가 매우 위태롭게 되자 충남 공주로 천도하게 되었고, 63년이 지난 후 또다시 부여로 재천도하여 약 122년간 존속하다가 백제 31대 의자왕 때 나당 연합군에 의해 완전히 망하게 된다. 사학자들은 한성백제 통치 기간 이후의 통치기를 웅진백제(AD 475~AD 538), 사비백제(AD 538~AD 660) 시기로 구분한다.

　백제는 사실상 한강 유역에서 고대문명을 피워냈고, 그 기간 중 고구려와 공방전을 여러 번 벌이며 승리와 패배를 주고받았던 나라다. 물론 한성백제를 세운 온조왕은 생모인 소서노가 주몽과 함께 고구려를 건국할 때 주몽을 아버지로 부르기도 했던 고구려의 왕자이기도 했다. 그러나 고구려 건국이 성공한 후, 주몽의 첫째 아들인 유리왕자가 나타나자, 어머니 소서노와 함께 고구려를 떠나 남한의 한강유역으로 내려와 위례성(지금의 송파구 관내 한강변)에 자리 잡고 나라를 세웠다. 그의 큰 형이었던 비류왕자도 함께 남하해서 미추홀 즉, 지금의 인천 해역에 비류백제를 세우기도 했으나 얼마 못가서 망했고 그를 따르던 부하들이 온조가 세운 한성백제에 합류했다.

한성백제 초기에는 말갈족이 자주 침략해 왔고 낙랑, 남옥저, 마한과도 여러 번 전투를 치르는 등 힘든 시기를 거치기도 했으나, 그들은 한강변에 몽촌토성, 풍납토성 등을 세우고 사방으로 세력을 계속 키워 나갔고 강력한 해상왕국을 건설했다. 한성백제의 전성기는 4세기 근초고왕 시절이었는데 한강 남쪽으로 영토를 확장하고 서남해안을 장악했으며 고구려 평양성 전투에서 고국원왕까지 전사시키며 중국에까지 국력을 뻗쳤었다. 그러다가 고구려 장수왕의 남하정책으로 한성백제시대를 마감하고 충남 공주지역으로 천도하게 된 것이다.

경기도 광주시에 소재한 남한산성에는 백제의 창업주 온조왕을 모시는 사당이 있다. 이 사당에 온조왕이 모셔진 이유는 분명치 않으나 병자호란과 관련해 전해져 오는 야사에 따르면, 남한산성으로 피난 온 인조가 어느 날 꿈에서 온조왕을 만나 청나라와의 서문전투에서 승리하게 되는 도움을 받는 등의 일이 있어 그 후로 조선 임금들이 온조왕이 남한산성과 그 일대를 관장했던 백제의 시조였다는 걸 알게 되고 조선 19대 숙종 때에 남한산성 내에 온조왕을 기리는 사당,

남한산성 숭렬전에 모셔진
백제 시조 온조왕 위패 모습

남한산성 내 숭렬전 모습

즉 '온왕묘'를 건립하게 된 것이다. 그 이후 조선 22대 정조대왕 시
절에 온왕묘라는 기존 명칭을 숭렬전으로 바꾸고 조정에서 예를 갖
춰 정성껏 모시게 되었다고 한다.

2009년 여름 어느 날 내가 근무하던 사업단장실로 오사카상업대
학에 근무하던 양형은 교수가 찾아왔다. 무척이나 반가운 마음에 사
무실에 걸어 놓았던 남한산성 고지도를 탁자에 내려놓고 지도를 짚
어가며 내가 하고 있는 업무 이야기와 이런 저런 담소를 나누었다.
당시 양 교수는 오사카 주변 하비키노에 소재한 곤지왕 신사와 백제
곤지왕자라는 1,500여 년 전 인물에 관심을 갖고 주말이면 신사를 찾
아가 현지주민들과 친근한 관계를 맺어가고 있었다.

한성백제 마지막 왕이었던 개로의 동생인 곤지왕자의 역사적 행적
이 기묘하고 중요했기 때문에 연구하는 것 같았다. 이런 양 교수에게
나는 백제를 창업한 온조대왕을 제사지내는 남한산성 내 숭렬전에
대해 설명해 주었다. 이야기 끝에, 나와 양 교수는 서로 마음이 통해

1,500여 년 동안 곤지왕을 신사에 모셔오고 있는 하비키노시 아스카베 신사 주민들에게 남한산성의 온조왕 이야기를 전달하고 남한산성 주민들과 상호 교류를 추진토록 협조하기로 했다. 2009년 여름의 그런 만남 이후 양 교수의 적극적 노력으로 2011년 가을에 드디어 하비키노 시의원, 주민, 전문가, 언론인 등 20여 명으로 꾸며진 숭렬전 참배단이 남한산성을 처음으로 찾아왔다.

당시 남한산성 주민들과 숭렬전을 관리하는 경기도 유도회 어른들의 환영 속에서 일본 하비키노시 곤지왕 신사에서 가져온 흙과 남한산성 숭렬전 흙을 서로 합치는 합토식을 개최하고 경내를 참배하는 등 한성백제 마지막 왕의 동생이었던 곤지를 매개로 한 한국과 일본의 지역주민 교류가 최초로 시작되었다. 매우 뜻깊은 일이었다.

비록 우리나라 사람들은 대부분 곤지왕자에 대해 잘 모르고 있었지만, 나는 그와 함께 일본으로 넘어갔던 백제 도래인들의 후손인 하비키노시 아스카베 신사 주민들에 대해 애틋한 감정을 느끼고, 그곳에서 귀하게 대접하는 곤지왕자에 대해 우리나라에도 좀 더 알려야겠다는 생각을 하게 되었다.

그 이후 오사카 양 교수가 앞장서서 서울, 공주 등 국내에 한성백제와 곤지왕자 그리고 무령왕에 관한 이야기에 관심을 갖는 사람들끼리 '곤지왕국제네트워크'라는 모임을 만들었고, 몽촌토성이라는 한성백제 최대 유적지를 관할하는 송파구청과도 협조하여 2011년부터는 매년 10월 초 송파구가 개최하는 한성백제문화제에 하비키노시 주민들이 정식 초청을 받고 참여하게 되었다. 벌써 8회째 참여하고 있는데, 한국에서도 뜻있는 사람들이 계속 참여하고 있다.

아득히 먼 1,550여 년 전에 한국과 일본에 걸쳐서 일어난 꿈같은 일이지만, 곤지왕자라는 사람이 살아간 인생이 매우 흥미로워서 고대사를 좋아하는 사람들이 자주 만나 이야기를 나누며 깊은 유대를 맺게 되었다. 매년 5월말에는 오사카와 큐슈의 카라츠와 가카라시마 지역을 정기 방문하고 10월 초에는 송파구 개최 한성백제문화제에 일본 사람들이 정기적으로 참가하는 등 한국과 일본의 민간인 교류와 우정 쌓기가 계속 이어지고 있다.

한편, 2011년에 만들어진 '곤지왕국제네트워크'는 사학자, 교수, 큐레이터, 소설가, 화가, 문화유산해설가, 사진가, 캘리그래퍼, 여행기획가, 기업인, 공직자 등 다양한 사람들로 구성되어 각자의 관점에서 백제 곤지왕자에 대한 재미있는 구상도 나눠가며 지금까지 좋은 관계를 발전시켜 가고 있다. 특히 양형은 박사와 함께 조항진 씨, 김영화 화가, 국립중앙박물관 손은미 해설가, 김순하 교수, 유기현 씨, 김상일 씨, 박순천 여행가, 진현식 박사, 조연심 씨 등 주요 인사들이 곤지왕국제네트워크의 발전을 위해 긴밀히 협조해 가고 있다.

한편 오사카 지역에도 우리와 뜻을 같이 하는 일본인들이 많아 그들과 함께 2013년부터 곤지왕자와 관련된 역사적 사건, 인연과 장래 희망 등에 관한 생각들을 종합하는 작업을 추진했다. 그 결과 2014년 3월에 '존재, 곤지왕을 말하다'라는 책을 발간했다. 곤지왕자로 인한 여러 가지 관점과 이벤트들, 미래에 대한 다양한 생각을 서로 공유하기 쉽게 한글과 일문 병기방식으로 만들었는데 최근에는 두

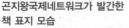

곤지왕국제네트워크가 발간한
책 표지 모습

곤지왕국제네트워크의 민간 교류 모습

번째 책을 발간하기 위해 준비하고 있다.

이와 같이 오래된 역사적 인물이나 사건을 매개로 국제적 네트워크가 형성되고 이로 인한 민간교류와 협력 활동이 전개되는 것은 여러모로 가치와 의미가 있고 또 다른 역사가 새롭게 만들어지게 하는 계기가 된다. 제주도에서도 중국 천하를 최초로 통일한 진시황제가 갈망하던 불로초를 구하러 온 '서복'에 대한 재미있는 이야기가 있고, '서복 일행'의 행적에 대해 조사하고 역사적 사건의 의미를 긍정적으로 부여하려는 우리나라와 중국, 대만, 일본까지 연결되는 민간인 교류와 협력 활동이 지속되고 있다. 이런 식으로 곤지왕자를 매개로한 한일간 민간인 국제네트워크 활동은 상당히 바람직한 일로써 장차 한일 양국 관계 발전에 긍정적 효과를 많이 가져다줄 수 있다고 확신한다.

참고로 곤지왕자는 5세기 한일 고대사에서 가장 미스터리한 인물로 알려져 있다. 삼국사기에는 그의 죽음에 대한 기록만 있으나, 일본서기 등에는 비교적 여러 가지가 기록되고 있어, 그의 삶과 행적에 대한 개략적 추정이 가능하다. 학자들에 따라 다양한 견해를 보이고 있으나, 대체적으로 곤지왕자에 대해 통용되는 내용은 다음과 같다.

…그(?~477년)는 백제 20대왕인 비유왕의 셋째 아들이었고 큰형인 백제 21대 개로왕에 의해 461년에 왜(일본)로 보내졌다. 곤지는 일본으로 부임하라는 개로왕의 명령을 받아들이는 대신에, 임신 중인 개로왕의 부인(곤지의 형수)을 자기에게 달라고 했고, 개로왕은 부인을 곤지의 요청대로 주어, 두 사람을 결혼시켰다. 그러면서 개로왕은 곤지에게 자기의 부인이었다가 곤지에게 간 그 여인은 이미 임신 중으로 곧 산월이 다가오므로, 만약 곤지와 함께 일본으로 가는 도중에 출산하게 되면, 반드시자기에게 되돌려 보내라는 조건을 걸었다. 곤지는 그렇게 하기로 하고 그녀와 함께 일본으로 넘어갔다. 그러나 왜로 향하던 그 해 6월경에 가당도(가카라시마)라는 지금의 큐슈 카라츠 앞에 있는 작은 섬에서 출산을 하게 되었다. 이때 태어난 아이는 섬에서 태어났다고 하여 시마라고 불렸고, 후에 백제 25대 무령왕이 된다.

이 이야기는 설화적 요소가 강하지만, 그 당시로써는 황당하기 만한 이야기는 아니었던 것 같다. 어쨌든 곤지왕자는 왜에 도착하여 왜왕 웅략천황을 보필하는 등 일본 야마토 정권을 정착시키는 데 중추적 역할을 했다. 그리고 475년에 개로왕이 고구려와의 전투에서 전사하고 문주왕자가 급히 왕위에 올랐을 때 백제 부흥을 위해 15년 만에 귀국하여 문주왕을 돕다가 477년 반역자 해구에게 살해된다. 그리고 백제 23대 삼근왕을 지나 백제 24대왕이 된 동성왕은 곤지왕자의 다섯 아들 중 둘째였다. 동성왕 이후 큐슈의 작은 섬 가카라시마에서 출생했던 무령왕이 백제 25대왕으로 등극하게 된다. 곤지왕자는 일본으로 건너간 후 백제와 일본의 야마토 정권을 하나로 묶는 '교류와 통합'을 만들어 낸 정치인이자 군인이었다. 그는 5세기에 한국과 일본 간의 평화와 교류가 튼튼해지도록 많은 역할을 했고 그의 후손들이 백제왕과 일본 천황가로 이어지게 한 한일고대사상 매우 중요한 인물이었던 것이다.

아스카 주민의 뿌리 찾기

백제 곤지왕을 모시는 일본 주민들, 뿌리 찾아 한국 찾는다

아스카 주민들은 서기 461년 일본열도에 건너간 한성백제 개로왕의 동생 곤지왕의 제사를 1550여 년 간 아스카베신사에서 지내 왔다. 아스카 주민들의 방한 목적은 자신들이 모시고 있는

곤지왕이 누구인지 확인하고 아스카 주민의 뿌리를 찾으려는 것이다. 이들은 백제 곤지왕의 근원인 남한산성 숭렬전의 온조왕 위패에 제사를 지내고 2012년 4월 개관 예정인 한성백제박물관과 아스카베 신사의 연계를 돕고 무령왕릉 발굴 40주년을 맞아 송산리 고분에서 제사를 지낸다.

하비키노시의회 부의장을 단장으로 하고 타니하타 중의원을 고문으로 한 이번 민간단체 한국방문은 첫날, 백제의 뿌리를 찾아 남한산성, 한성백제박물관, 석촌동 방이동 고분을 찾는다. 둘째 날에는 공주시청, 공주박물관, 무령왕릉, SBS 방송국 견학을 거쳐 마지막 날에는 한성백제문화축제 봉화제를 참관할 예정이다.

이들의 한국 방문 이후 11월 19일에는 일본 아스카베신사의 발전을 위해 곤지왕 심포지엄이 열리게 된다. 이번 아스카 주민들의 한국방문은 곤지왕 연구를 통해 일본과 한국의 민간외교에 힘쓰고 있는 오사카상업대학의 양형은 박사에 의해 이루어졌다. 자세한 사항은 페이스북에서 곤지왕을 찾으면 된다.

– 한국경제 2011년 10월 12일자

남한산성에 두 번 온 하멜 일행

우리나라 사람들은 대개 제주도에 표류해 온 네덜란드 하멜 일행들이 한양으로 올라왔다가 전라도로 내려갔고 거기서 모두 탈출해 버린 것으로 알고 있다. 그런데 하멜 일행들이 남한산성을 두 번씩이나 다녀갔었다는 사실을 아는 사람은 거의 없다. 청나라에 치욕적인 패배를 당한 조선의 군신들은 기필코 복수하려는 정책의 일환으로 한양에 압송된 하멜 일행들에게 대포를 만들게 했던 일이 있었는데, 이로 인해 하멜 일행들은 본의 아니게 남한산성을 두 번씩 다녀가게 된 것이다.

2010년 초 나는 우연히 함께 근무하던 사업단 직원을 통해서 〈하멜표류기〉에 그런 사실에 대한 기록이 있다는 걸 알게 되었다. 나는 남한산성 문화관광명소화 사업을 추진하는 데, 그런 역사적 사실을 활용할 방안을 강구해 보려고 고민했었다.

어째서 하멜 일행들이 남한산성을 두 번씩이나 가게 되었는지를 먼저 살펴보자.

네덜란드 동인도회사 직원이었던 하멜과 그 일행 64명은 1653년 7월 스페르웨르라는 상선을 타고 타이완을 거쳐 일본 나가사키로 항해하던 중 8월 16일에 태풍을 만나 28명이 죽고, 36명만 제주도 서귀포 앞바다에 표류하게 되었다. 당시 제주목사 이원진은 하멜 일행을 체포하여 감금하였고, 그때보다 25년 전인 1628년에 하멜 일행들처럼 제주도에 표류해 왔다가 조선인으로 귀화해 훈련도감에서 근무하고 있던 박연(네덜란드 이름, 얀 야너스 벨테브레)이 제주도까지 내려와 통역하여 하멜 일행의 소속과 정체가 파악되었다. 하멜 일행은 제주도에서 탈출을 시도하였지만 실패하였고 10개월 동안 감금되었다가 이듬해인 1654년 한양으로 압송되어 심문을 받았다.

당시 조선의 왕은 인조의 둘째아들이었던 효종이었다. 효종은 아버지인 인조가 병자호란 때 청나라에게 항복한 굴욕을 되갚아주기 위해 북벌정책을 은밀하게 추진하고 있었는데, 특히 청나라가 사용한 홍이포와 같은 우수한 대포를 제조하려고 노력했다. 이를 위해 하멜 일행을 훈련도감에 배속시켜 네덜란드의 문물과 지식을 무기개발에 활용하고자 했다.

한편, 1637년 병자호란 끝에 조선을 굴복시키고 1644년에는 명나라마저 패망시켜 중국 대륙의 새로운 지배자가 된 청나라는 조선에 대한 내정간섭과 감시감독을 엄하게 추진하고 있었는데, 명나라 시절과는 달리 매년 수차례씩 청나라 관리들을 한양에 파견하여 조선의 왕과 신료들의 동향을 감시하곤 했었다.

조선 조정에서는 하멜과 같은 외국인들이 한양에서 무기개발을 하고 있다는 게 청나라 사신들에게 알려지면 큰 분쟁이 일어날 것이 분명하므로 모두 조심스러워했다. 1655년에 청나라 사신들이 한양에 오자, 아예 하멜 일행들을 경기도 광주에 있는 남한산성으로 잠시 옮겨 지내도록 조치했다. 처음엔 영문도 모른 채 남한산성으로 이동해 있다가 청나라 사신들이 중국으로 돌아가고 난 후 한양으로 되돌아오게 된 하멜 일행들은 나중에야 그 까닭을 알게 되었다.

그 후 청나라 사신이 한양을 방문하게 되어 두 번째로 남한산성으로 옮겨가게 되었을 때는 하멜 일행 중 2명(일등항해사였던 사람과 포수였던 사람)이 몰래 남한산성을 빠져나와 한양으로 재잠입해서 결국 청나라 사신들에게 발각되는 일이 발생했다. 그들은 청나라 사신들에게 자기들은 조선에 억류된 네덜란드 사람들이며, 일본의 나가사키로 되돌아가도록 조치해 달라고 요청하려 했으나, 조선 조정은 청나라 사신을 매수하여 그 일을 없었던 일로 만들었다.

이 사건이 발생되자 조선 조정에서는 하멜 일행 중 살아 있는 22명을 1656년에 전라남도 강진으로 유배시키고 전라병영성에도 배속시켰다. 그곳에서 엄한 감시를 받으며 잡역에 종사하게 했다. 당시 흉년으로 생활이 궁핍하여 먹거리를 구걸하며 7년 이상 살게 하다가, 1663년 조선 조정은 다시 하멜 일행을 남원에 5명, 순천에 5명, 여수의 전라좌수영에 12명씩 분산 배치했다. 그때 하멜은 여수 전라좌수영에 배치되었고 고된 노역과 생활고에 지쳐 탈출을 결심하고 1666년 9월 마침내 7명의 동료와 함께 쪽배를 타고 일본 히라도로 건너가 나가사키로 탈출하는 데 성공했다.

나가사키에는 네덜란드 동인도회사의 상관(商館)이 있었으며 이를 통해 일본 바쿠후(幕府)에 하멜 일행 이야기가 전해져 조선에 남아 있는 네덜란드 선원들에 대한 석방교섭이 진행되었다. 1667년 석방 교섭이 완료되어 조선에 남아 있던 동료가 석방되었고 1668년 네덜란드로 귀국했다.

조국인 네덜란드로 돌아간 하멜은 그 해에 〈난선제주도난파기(蘭船濟州島難破記) Relation du Naufrage d'un Vaisseau Hollandois〉 및 부록 〈조선국기 Description du Royaume de Corée〉, 국내에서는 〈하멜표류기(漂流記)〉로 알려진 보고서를 발표하였는데, 이는 그의 억류생활 14년간의 기록으로 한국의 지리·풍속·정치·군사·교육·교역 등을 유럽에 소개한 최초의 문헌이다.

원래 〈하멜 표류보고서〉는 자신과 동료가 조선에 억류되어 14년간 받지 못한 임금을 청구하기 위해 작성한 보고서였다. 이 보고서가 출판되자 네덜란드와 유럽에서는 선풍적인 인기를 얻었다. 전혀 알려지지 않았던 조선이라는 나라가 유럽에 알려지기 시작했으며 당시 일본이 조선과의 무역에서 많은 이익을 얻고 있다는 사실을 알게 되었다. 네덜란드 동인도회사는 조선과 직접 교역을 위해 1,000톤 급의 선박인 코레아호를 건조하였으나 일본 바쿠후(幕府)의 반대로 코레아호는 조선으로 항해하지는 못했다. 하멜은 평생 독신으로 살다 1692년 2월 12일 사망했다.

나는 남한산성에 하멜 일행이 두 번씩이나 방문하게 되었던 흥미로운 사실을 사람들에게 널리 알리고 싶었다. 그래서 네덜란드 하멜

하멜표류기(漂流記)

기념재단과 긴밀히 협력하고 있는 지인을 만나, 남한산성에 하멜에 관한 전시관이나 기념관을 만들고 관련 교육프로그램 등을 운영해 보려고 했다. 하멜 일행의 표류 등에 관한 역사적 사건은 제주도 서귀포시와 전라남도 강진 등에서 스페르웨르 상선 복원이나 스토리 관광의 소재로 활용하고 있었는데, 경기도 남한산성에서도 하멜 일행의 내방에 관한 전시와 프로그램을 운영하게 되면 여러모로 효과가 클 것으로 생각했다.

독특한 관광상품 개발을 위해서는 없는 이야기도 창작해 내는 데, 하멜 일행이 두 번씩이나 남한산성에 왔었던 일은 매우 좋은 스토리 관광의 소재가 되며, 그런 스토리를 활용해 공공미술, 애니메이션, 연극, 캐릭터 상품 등 다양한 문화콘텐츠 개발을 추진해 갈 수 있다.

결론적으로는 하멜기념재단과 예산확보 문제로 협력이 성사되지 못해 많이 아쉬웠다. 앞으로 남한산성세계문화유산센터 등 유관기관에서 하멜 일행과 남한산성에 얽힌 이야기를 바탕으로 관련 사업들을 발굴해 활용할 수 있기를 바란다.

PART 5

국제자유도시로 개발되는 제주도

PART 5

제주도는 우리나라 관광을 대표하는 보물같은 섬이다. 우리나라 사람이라면 누구나 제주도 여행을 좋아하고 외국인들도 일단 방문하면 제주도의 매력에 쉽게 빠져든다. 화산활동으로 만들어진 독특한 섬으로 동굴, 오름, 한라산, 바다 등 자연경관이 아름다워 섬 곳곳이 유네스코 세계자연유산으로 지정된 곳이다.

그러나 불행히도 제주도는 아픈 역사를 간직한 곳이다. 고대왕국 탐라는 고려 때 육지에 완전 복속되었고, 13세기 말부터 1세기 동안 몽고의 직접적 지배를 받았으며 조선시대에는 중죄인들을 귀향 보내는 유배지로 취급되었다. 그러다 해방 직전에는 일본군의 대미항전을 위한 전쟁기지로 전락하기도 했고, 해방 직후엔 제주4.3사태 발생으로 무고한 주민들이 수없이 희생된 슬픔과 회한의 섬이기도 하다.

이런 비극적 역사의 현장이었던 제주도는 1970년대부터 신혼여행의 중심지, 국민들이 모두 바라는 관광목적지로 급변했다. 서귀포 중문에 국내 최초로 관광단지가 들어서고 공항과 도로 등 공공인프라가 대폭 확충되면서 관광산업이 제주도민의 주 수입원이 되었다. 그러다 1989년 국민들의 해외여행이 자유화되면서 제주도의 관광매력이 줄어들고 관련 산업이 침체했다. 이러한 위기를 극복하기 위해 정부는 제주도를 위해 많은 노력을 기울였다. 다른 시도보다 많은 지원을 아끼지 않았고, 급기야 2002년에는 제주도를 국제자유도시로 개발하겠다는 혁신적 정책을 마련하고 지금까지 추진해 오고 있다.

이 장에서는 우리나라의 특별한 섬인 제주도의 특성을 검토하며, 제주도를 동북아의 국제자유도시로 발전시키려는 정부 계획과 제주 국제자유도시개발센터(JDC)라는 개발전담기구의 역할을 살펴보고 향후 제주도다운 국제자유도시로 발전해 가는 데 필수적인 과제 등에 대해 함께 생각해 보고자 한다.

특별한 섬, 제주도

우리나라 사람들은 대부분 제주도를 좋아한다. 남한에서 제일 높은 한라산과 백록담이 있고, 360여 개가 넘는 오름들이 곳곳에 있으며 검은 화산석으로 길게 이어 만든 밭담이나 옥색 빛 바다 그리고 해녀들의 숨비 소리 등 제주도만의 독특한 자연과 아름다움이 있기 때문이다. 회색빛 콘크리트 건물 속에서 생활하는 육지 사람들 눈에 제주도의 자연은 이색적이고 신비로우며 아름답게만 보여진다.

유네스코 또한 제주도의 가치를 3번에 걸쳐 인정했다. 2002년 12월 생물권보전지역 지정, 2007년 7월 세계자연유산 등재, 2010년 세계지질공원 인증 등이 그것인데, 이런 경우는 세계적으로 유례가 거의 없는 자랑스러운 일이다. 자연환경 측면에서 제주도는 전 세계인이 함께 가꾸고 보전해야 할 보물섬인 것이다. 특히 세계자연유산으로 등재된 3구역은 더 그렇다. 세계에서 가장 아름다운 동굴계로 손꼽히는 '거문오름용암동굴계'와 바닷속에서 솟아올라 극적인 장관을 연출하는 왕관 모양의 '성산일출봉 응회구' 및 폭포와 다양한 모양의 암석과 물이 고인 분화구가 있는 '한라산' 등이 바로 그 주인공이다.

그런데 제주도는 자연환경만 뛰어난 곳이 아니다. 설문대 할망, 영등할매 등 육지와는 사뭇 다른 제주도 고유의 신화가 많고, 오랜 역사를 거치면서 독특한 민속 문화와 문화재 등을 많이 보유한 섬이기도 하다. 7~8만년 전 구석기시대부터 사람들이 살았으며 백제, 고구려, 신라 등 고대 삼국시대에 탐라라는 독립 왕국을 세워 일본과 중국 당나라와도 교역했고, 12세기 고려 중기에 제주 군현으로 편입된 후 조선 초기까지 탐라의 지배층은 성주, 왕자 등의 작호를 받기도 했었다.

삼별초의 난이 제주도에서 막을 내린 1273년부터 1374년(고려 공민왕 23년)까지 100년 동안은 몽고의 직간접적 지배를 받았다. 조선 시대에는 광해군, 추사 김정희 등 200여 명에 달하는 죄인들이 유배를 살던 형극의 섬이었고, 조선 인조 때부터 200여 년 간 도민들이 마음대로 육지로 나갈 수 없던 출륙금지의 섬이기도 했다. 일제시대에는 해녀항일운동 등 항일투쟁을 전개했으며, 해방 직후 1948년에는 제주4.3사태라는 엄청난 비극이 일어났던 눈물의 섬이었다.

어렵고 힘든 시기를 지나오던 제주도는 1960년대 말부터 서귀포 지역에 중문관광단지가 개발되면서 관광산업이 발전하기 시작했다. 그 당시 비행기를 타고 바다를 건너 제주도로 가는 신혼여행이 육지 사람들에게 선풍적인 인기를 끌었다. 1970년대 말 제주시나 서귀포시에 도착해 하얏트 호텔, 칼 호텔 등에서 묵으며 제주도 곳곳을 보고 즐기는 제주도 관광은 모든 육지 사람들이 동경하였던 로망 그 자

제주도 한라산 백록담

제주도 한라산 영실기암과 오백나한

제주도 성산 일출봉 모습

체였다. 비록 아픈 역사를 지녔지만 자연환경이 아름답고 음식과 언어(제주어), 주거지 등의 생활문화가 육지와 크게 달랐던 제주도는 최고의 신혼여행지이자 학생들의 수학여행지, 부모님들을 위한 효도관광지로서 빠르게 발전했다.

1989년 국민들의 해외여행이 자유화되기 전까지 제주도는 한국인들이 꼭 가보고 싶은 부동의 최고 관광목적지였다. 그런 국내관광 수요로 인하여 도민들의 70~80%가 관광서비스업에 종사하게 되었다. 10여 년 전부터는 바닷가와 오름 산봉우리 주변을 걸으며 자연의 아름다움을 음미하고 명상하며 심신을 치유할 수 있는 올레길들이 다수 개발되어 국내 최고의 힐링 관광의 섬으로 새롭게 많은 인기를 끌고 있다.

이런 보물같은 우리나라의 특별한 섬, 제주도와 내가 인연을 갖게

해녀항일운동 조선일보 기사 　　　해녀항일운동 기념탑　　제주 항몽유적지

된 것은 우연한 계기에서 시작되었다. 2002년 1월 경기도 관광진흥
본부장으로 근무하던 나는 해외 출장길에 우연히 만나게 된 지인을
통해 우리 정부가 제주도 개발을 전담할 제주국제자유도시개발센터
라는 공기업을 새로 설립하고 개발사업을 이끌어 갈 본부장 요원을
찾고 있다는 사실을 알게 되었다.

그 이야기에 나는 매우 놀랐다. 왜냐하면 건교부 산하 교통개발연구
원에서 근무하던 1994년 말에 인천 국제공항 주변에 (가칭)세계자유도
시라는 특정 도시를 개발하자는 전략을 세워 정부에 제안했던 적이 있
었기 때문이다. 그 당시 교통개발연구원의 전문연구자들이 (가칭)세계
자유도시라는 개념을 스스로 만들어 대한민국이 동북아의 중심국가로
발전하도록 여러 가지 혁신적 구상을 제안했다. 그런데 약 7년이 지난
시점에서 정부가 제주도를 그와 유사한 자유도시로 개발하려 한다는
것에 매우 기뻤고, 보람 있는 일이 될 것 같다는 생각이 들었다.

이후 출장을 마치고 돌아와 정부가 찾고 있는 개발본부장이라는
직책에 도전했고 2002년 5월 15일자로 제주국제자유도시개발센터

의 초대 개발본부장으로 부임했다. 그 당시 제주도를 국제자유도시로 개발하고 세계 일류 관광 섬으로 발전시키려는 정책들은 혁신적이었고, 그런 국가적 전략과제를 현장에서 성사시키려고 선발된 동료 임직원들은 50명도 채 안 되었지만, 모두 사명감과 각오로 무장한 우수 요원들이었다.

그러나 제주도의 현실은 좀 달랐다. 정부가 제주도를 국제자유도시로 개발하려는 정책이나 그 필요성에 대해 대부분의 제주도민들은 잘 모르거나 관심을 갖지 않고 있었으며, 구체적인 과제를 추진하는 데에 특별히 협조적이지 않았다. 개발전담기구로 설립된 제주국제자유도시개발센터(JDC)라는 공기업에 대해서도 신뢰하거나 지지를 보내는 분위기가 아니었다.

JDC 초창기 요원들은 그런 분위기에 의아해 하고, 갑갑하다는 생각을 하기도 했다. 예전에는 별로 의식하지 않았던 제주도의 특성과 도민들의 정서 등에 대해 부담을 갖는 직원들도 있었다. 그런 이유 등으로 제주국제자유도시개발특별센터(JDC)에 부여된 제주첨단과학기술단지 조성, 쇼핑아울렛 조성, 제주신화역사공원 조성, 서귀포 관광미항 개발, 휴양관광단지 조성 등 7대 선도프로젝트 개발 사업이 착착 진행되지 못하고 예상외로 시간이 소모되었다.

정부가 목표하는 제주국제자유도시 개발 정책이 순탄히 전개될 기반을 가급적 빨리 만들어 내야 할 초대 본부장으로서 고민할 일들이 정말 많았다. 프로젝트별 마스터플랜 수립과 법적 인허가 획득, 필요한 개발사업 부지 확보, 우량 민간투자자의 발굴과 유치, 관련 홍보

마케팅 등 내가 맡은 업무들은 특히 제주도 공무원들과 도민들의 협조가 필수적이었다. 관련 기업가와 민간투자가가 관심을 가지도록 좋은 프로젝트 추진 계획을 세우더라도, 제주도와 지역사회로부터 호응이 미약하면 행정절차 이행이 지체되거나 원활한 추진 자체가 곤란해지기 때문이다.

그러나 여러 가지 어려움 속에서도 나름 진척시킨 사항들도 많았다. 특히 국내외로부터 제주도에 대한 민간투자를 활성화시키기 위한 활동에 노력을 많이 했다. IMF사태 극복을 위해 김대중 대통령이 직접 투자유치설명회에 참여해 활약했던 뉴욕의 아스토리아 호텔에서 제주국제자유도시 개발에 대한 투자유치설명회를 개최하기도 했다. 그리고 대한민국 제주도에 대한 국제적 인지도 제고를 위해 CNN 등 세계적 언론매체를 활용한 광고 선전도 전개하며 최선을 다해 나갔다. 또한 제주국제자유도시 개발을 추진하는 정부의 정책의지와 관련 사업들에 대한 제주도민들의 이해와 협조를 확산시키기 위해 '제주도민 국제화 지원 사업'을 별도로 추진하기도 했다. 그리고 당시 서울에서 활동 중인 제주도 출신 유명인사들에게 수시로 조언과 협조를 받기도 했다.

제주도를 동북아시아 국제관광의 중심지, 홍콩과 같은 국제자유도시로 개발하려는 대담한 정책 목표를 위해 나는 불철주야 노력했다. 초대 임원으로서 제주도의 미래를 열어갈 선도프로젝트들이 원활히 추진될 기초를 튼튼히 만들어 놓아야 한다는 책임감을 많이 가졌었다. 그러던 과정에서 역점적으로 추진하던 쇼핑아울렛 개발 프로젝트가 좌초되는 안타까운 사태가 발생하기도 했다. 아쉬움이 많았던 일이어서 전후 사정을 간략히 살펴본다.

　제주도는 자연환경이 독특하고 아름답기는 하나, 기상 여건은 육지보다 열악한 편이다. 원래 바람이 강한 지역이기도 하지만 연중 비가 오거나 흐린 날씨가 육지보다 많다. 폭풍우가 치거나 폭설이 내리면 항공기 이착륙이 전면 금지되어 속절없이 관광객들의 발이 묶이기도 한다. 이런 기후 여건은 제주도가 세계적 관광휴양지로 발전하는 데 큰 단점으로 작용한다. 그렇게 비가 오거나 기상이 나쁠 때, 체류 중인 관광객들은 어쩔 수 없이 호텔이나 숙소, 카페 같은 실내에 머물러야 한다. 무료함을 감수해야만 하는 것이다. 제주도는 연평균 쾌청한 날이 120여 일에 불과하다. 그러므로 실내형 관광위락시설이나 전시장과 컨벤션 센터들 그리고 쇼핑시설 등이 기상여건상의 취약점을 해소시켜줄 좋은 대안적 관광시설이라고 생각한다.

　이와 같은 기후 여건상 불리함을 슬기롭게 극복하여 기후가 나쁠 때, 체류하던 관광객들이 쇼핑을 즐기거나 몰링하며 시간을 보낼 수 있는 관광객용 프리미엄 쇼핑관광단지를 제주도에 개발하려는 정책적 프로젝트는 제주국제자유도시개발의 핵심적 선도 프로젝트로 간주되었다. 2003년 당시 미국, 일본 등에서 유행하는 프리미엄형 쇼핑아울렛을 제주도에 개발하려는 사업계획은 제주도의 불리한 기상여건을 효과적으로 극복하고 제주도가 동북아의 전천후 관광지로 인정받으며 쇼핑관련 부대사업들을 적극적으로 발전시키려는 혁신적 프로젝트였다.

　그런 중요 프로젝트가 지역상인들의 지나친 우려와 지역사회의 소

경기도 여주의 프리미엄 쇼핑아울렛   제주도 서귀포항의 야경 및 세연교의 모습

극적 태도 등으로 사업자체를 무한정 지연시키게 되는 사태가 발생
했다. 지역상인들을 집중적으로 설득하고 협조를 구하며 지역 언론
사들과 함께 유사한 쇼핑시설을 성공리에 운영하고 있는 일본 고템
바 소재 프리미엄 쇼핑아울렛까지 현지 견학하는 등 여러모로 노력
했으나 진척이 안 되었다. 결국 제주도 진출을 검토하던 미국의 유명
한 쇼핑아울렛 개발회사가 포기를 하게 되고 JDC와 협력하던 미국
회사는 경기도 여주지역으로 사업대상지를 옮겨갔다.

그런 일로 국내 최초의 명품형 쇼핑아울렛이 제주도가 아니라, 경
기도 여주에 2007년에 조성되게 되었고 연달아 파주에도 추가로 개
발되었다. 경기도는 그런 쇼핑 시설로 인해 많은 고용을 창출하고 지
방세수가 계속 늘어나는 등 경제적 효과를 크게 거둬들이고 있다.

이러한 결과가 초래된 이유는 여러 가지가 있겠으나, 쇼핑아울렛
이라는 새로운 사업에 대한 지나친 우려와 반대, 그리고 지역주민들
의 정부 공기업에 대한 낮은 신뢰 등이 주된 이유였다고 생각한다. 이
런 사태를 경험하면서 모든 정책은 그 목표와 전략, 과제도출 등 세부

계획들을 잘 수립하는 것이 필수적이지만, 제주도의 기상여건을 극복하고 국제적 관광환경을 만드는 핵심적 관광시설임을 상인이나 지역 주민 등 이해당사자들이 왜곡하지 않도록 적극적으로 설명해 가는 홍보 활동이 매우 중요하다는 것을 뼈저리게 느꼈다. 한편으로는 쇼핑 아울렛 개발주체인 JDC가 좀 더 여유를 갖고 추진해 가지 않았던 것도 안타깝게 생각한다. 과거 우리나라가 경부고속도로를 처음 개발할 때에도 전국적으로 극렬한 반대가 있었으나 국가백년대계를 생각하며 반대를 무릅쓰고 실천했던 선례가 있었고, 유명한 파리의 에펠탑 건립 시에도 파리시민들의 엄청난 반대가 있었으나, 프랑스 정부가 뚝심 있게 건립해 성공시켰던 사례 등 참고할 만한 사례들이 많았으므로 조금 더 인내심을 갖고 추진해 나갈 수도 있었다고 생각한다.

그럼에도 당시 JDC는 그렇게 대응하지 않았기에 아쉬움이 있다. 사실 새로운 사업을 추진할 때는 어느 지역에서나 반대가 일어나기 쉬우며, 아무리 노력해도 모두가 찬성할 수는 없기 때문에 국가적 필요에 의한 정책과제를 추진할 경우 힘이 더 많이 들더라도 끝까지 실천해 나가는 것이 필요하다고 본다.

하여튼 우리의 특별한 섬, 제주도는 타 지역보다 더 많은 소통이 요구되는 지역임이 확실하다. 제주도의 역사와 정서를 깊이 이해하고 현장중심적 소통을 강화하며 지역민들에게 먼저 다가가는 추진방식이 성공의 지름길이 된다. 이러한 소통과 협력적 사업추진방식은 국내 모든 지역의 중요한 프로젝트 추진에도 같은 효과를 가져오게 할 것이다.

제주국제자유도시개발센터(JDC)
탄생과 역할

　우리 정부는 1998년 9월에 과거와는 확실히 다르게, 적극적인 자세로 제주도를 국제자유도시로 개발하겠다는 정책을 공표했다. 제주도를 홍콩이나 싱가포르처럼 개발하여 관광산업만이 아니라 IT, BT 등 첨단산업도 발전되게 하고 민간기업들이 비즈니스를 자유롭게 영위하는 특별 지역으로 변모시키겠다는 대담한 정책이었다. 그에 따라 2001년 11월에 국내외 민간투자환경을 획기적으로 개선해 주며 7대 선도프로젝트를 개발하는 등 각종 전략과제들이 제시된 '제주국제자유도시개발 기본계획'이 수립되었다. 그리고 그해 12월에 '제주국제자유도시개발특별법'이 제정되고 2002년 5월에는 제주국제자유도시개발센터(JDC)라는 전담개발기구를 설립했다.

　JDC는 한국토지주택공사나 한국관광공사처럼 우리나라 전역을 대상으로 업무를 수행하는 공기업과는 달리, 제주도를 국제자유도시로 개발하는 업무만 수행하기 때문에 정부가 제주도만을 위해 특별히 만든 공기업인 것이다. 과거 1960년대 프랑스 정부가 해안 불모지를 세계적 관광리조트 벨트로 개발시키기 위해 대통령 직속으로 설치했던 '랑독루시옹 해안관광개발본부'와 비슷한 조직으로 우리나라에 그런 특정지역개발을 위한 전담조직이 탄생했다는 것은 정부의 의지가 매우 강하였음을 증명하는 일이었다.

참고로 제주국제자유도시개발특별법 제170조에 규정된 JDC가 수행하는 각종 업무를 살펴보면 다음과 같다.

1. 제171조 제1항에 따른 개발센터시행계획의 수립 · 집행

2. 국제자유도시 개발을 위한 다음 각 목의 사업

　가. 토지의 취득 · 개발 · 비축 · 관리 · 공급 및 임대

　나. 개발센터에서 개발 · 관리하는 관광단지 · 산업단지 · 영어교육도시의 의료산업 · 건강산업 육성 · 지원 및 주택사업

　다. 투자진흥지구의 조성 및 관광단지 · 산업단지 · 영어교육도시의 조성 · 관리

　라. 외국교육기관 · 국제학교, 그 밖에 교육관련 기관의 유치 · 설립 · 운영 및 지원

　마. 외국의료기관의 유치와 설립 · 운영 지원

　바. 국가 또는 제주자치도로부터 위탁받은 가목부터 마목까지의 업무

사. 그 밖에 도민소득 향상과 국제화를 위한 지원사업 등

아. 가목부터 사목까지의 사업에 딸린 사업

3. 국제자유도시와 관련된 다음 각 목의 투자유치업무

　가. 국내외 투자유치와 이를 위한 마케팅 및 홍보

　나. 국내외 투자자에 대한 상담·안내·홍보·조사와 민원 사무의 처리대행 등의 종합적 지원업무

　다. 그 밖에 내·외국인 투자지원을 위하여 필요한 사항

4. 국제자유도시 개발에 필요한 자금조성을 위한 다음 각 목의 수익사업

　가. 대통령령으로 정하는 면세품판매장(이하 '지정면세점'이라 한다) 운영

　나. 옥외광고사업

　다. 그 밖에 국토교통부장관이 승인한 사업

이렇게 탄생된 제주국제자유도시개발센터(JDC)는 2002년 5월 출범과 동시에 여러 가지 업무를 추진하기 시작했다. 제주도청과 협력하여 특별법에서 규정된 각종 사업들을 활발히 추진해 나가는 한편, 세금감면 등 각종 투자유인 정책을 널리 홍보하고 시행해 나가자 국내외 민간투자가들이 관심을 갖기 시작했다. 과거 오랫동안 미진하기만 했던 내국인 투자도 꿈틀되기 시작했고 투자진흥지구 관련 사

제주 첨단과학기술단지 내에 위치한
제주국제자유도시개발센터(JDC)의 모습

업들도 가시화되기 시작했다. 이런 과정에서 JDC는 우선적으로 정
부가 발표한 7대 선도프로젝트들을 성공시키는 데 주력했다. 그래야
후속 사업들이 계속 발생되고 지역경제발전과 국제자유도시 개발이
효과적으로 실현될 수 있기 때문이었다.

　이런 인식하에 JDC는 2006년에 제주첨단과학기술단지 관리에 대
한 기본계획을 승인받아 공사에 착수한 뒤 2010년 3월에 부지조성
공사 및 지원시설건립 공사를 완료해 (주)다음 카카오, (주)이스트소
프트 등 국내외 주요기업을 유치해 현재 130여 개의 IT, BT 관련 기
업들을 입주시켰다. 2016년 말 기준으로 해당 업체들에 2,100여 명
이 넘는 직원들이 근무하고 있으며 약 1조 6,500억 원의 연 매출을
달성하는 등 제주도 내 고부가가치 첨단산업의 요람으로써 많은 성
과를 올리고 있다.

　또한 노무현 대통령 시절 2006년 12월에 재정경제부가 발표한 정
부 계획에 따라 JDC는 서귀포에 영어교육도시를 개발하기 시작하여

제주 영어교육도시 전경

제주 첨단과학기술단지 모습

제주신화역사공원 조감도

2010년 영국의 NLCS 개교를 비롯한 국제학교 4개에서 3천여 명의 학생들이 수학하고 있는 명품형 국제교육도시를 계속 조성해 가고 있다. NLCS, BHA 등을 졸업한 학생들이 영국의 케임브리지 대학교 등 세계 명문대학교에 합격하고 있어 국내 최고의 국제학교라는 평가를 받고 있다.

한편, 제주 관광산업의 질적 향상과 국제경쟁력 확충을 위한 선도 프로젝트인 제주신화역사공원 개발 사업은 정부가 추진하는 '한국형 복합리조트(IR) 개발정책'에 부합하는 방향으로, 수많은 난관을 극복한 끝에 2013년 8월에 중국기업을 투자유치하는 데 성공했다. 그 후 총 17억 달러가 넘는 외국자본이 투자되어 2018년 3월에 1단계 개발을 완료하고 개장했다. 조만간 2단계 개발 사업까지 완료되면 약 5천 명에 이르는 양질의 일자리가 새로 창출되어 수많은 제주도의 청년, 중장년층들이 좋은 일자리를 갖게 될 것이다.

제주공항에 설치된 내국인 면세점에도 1천여 명에 달하는 제주도민들이 안정적으로 근무하게 되었다. 이런 성과는 JDC라는 정부 공기업이 법규에서 정해 준 각종 업무들을 충실히 수행하지 않았다면 불가능했던 일이었다고 생각한다. 국내 다른 공기업들보다 늦게 탄생한 신설 조직이었음에도 각종 성과를 다수 올려 수년전부터 연달아 정부평가에서 높은 등급을 받고 있다.

그러나 모든 사업들에 명암이 있듯이 JDC가 추진했던 일부 사업들에도 어두운 그림자가 발생하기도 했다. 선도프로젝트 중 제일 먼저 추진되었던 쇼핑아울렛 조성 프로젝트가 지역상인들의 지나친 우려 등으로 2005년에 사업 자체를 무기한 연기하게 되었고, 말레이시아 버자야 그룹에 대한 외자 유치를 성사시키고 활발히 추진해 가던 예래동 휴양관광단지 개발 사업이 최근에 좌초될 위험에 놓이게 되었다. 정부와 제주도 그리고 JDC라는 공기업을 믿고 투자해 온 외국투자가들이 피해를 입을 우려가 크고, 자칫하면 제주도와 JDC의 국제적 공신력이 크게 저하될 수 있는 어려운 상황이다. 이해 당사자들의 지혜로운 대책 마련과 긴밀한 협력이 매우 필요하며 무엇보다도 선의의 외국투자가들이 피해를 받지 않도록 조치하는 것이 제일 중요하다고 본다.

여기에 제주국제자유도시 개발 정책과 저가 항공사 증가 등으로 2010년대부터 예상보다 급속히 관광객들이 증가하자, 그들을 대상으로 펜션, 호텔, 카페, 유희시설 등을 개발하려는 민간기업체들이 늘어나고 관련 건축물들이 제주도 곳곳에 우후죽순처럼 건립되었다. 이로 인해 아름답던 자연경관이나 해안변, 스카이라인 등이 훼손되고 쓰레기나 폐기물도 과도하게 발생되었으며 부동산 가격까지 치솟게 되는 바람직하지 못한 현상들이 나타났다. 일부 제주도민들은 JDC가 그런 역기능이 발생하게 한 주범역할을 했다고 불평과 비난을 했는데 만감이 교차했다.

2002년 제주국제자유도시개발센터(JDC)가 설립되던 시기에는 연간 500만 명이 채 안 되던 제주도 관광객이 10년이 지난 2012년에 969만 명, 2017년에는 1,475만 명 등 15년 만에 약 3배로 늘어났으며 육지에서 제주로 이주해 오는 사람들도 매년 1만 명 정도 계속 늘어났다. 이와 같은 관광객 증가 추세와 인구 증가 추세, 지역경제 성장률 등을 종합적으로 고려해 보면 제주도는 JDC가 출범하고 15년도 안 되어서 국내 최고 성장 지자체로 발전했다는 게 사실이다. 이러한 결과 뒤에는 정부의 제주국제자유도시개발 정책과 JDC의 활약, 제주도의 노력이 함께 각종 긍정적 시너지를 발생시켰기 때문이다.

참고로 최근 다른 지방자치단체들은 제주도가 JDC라는 정부 기업을 활용하고 있는 현상을 많이 부러워한다. 그래서 강원도는 JDC를 직접 방문해 업무추진 현장을 살펴보고, 정부에 강원도 지역만을 위해 일하는 JDC같은 정부기업을 설립해 줄 것을 요청하기도 했으며, 전라북도는 오랜 요청 끝에 새만금지역 개발만을 위한 새만금개발공사라는 국가 공기업을 드디어 2018년에 출범시켰다.

앞으로도 국내 지자체들이 그런 노력들을 계속할 것으로 본다. 그런 측면에서 JDC라는 정부 기업의 역할을 잘못 이해하고 JDC는 제주도에 백해무익한 조직이므로 해체하거나 제주도로 이관시켜야 한다고 말하는 일부 주장은 적절치 못하다고 본다. 제주도에 대한 정책목표와 정부의지를 불신하고 대다수 제주도민들을 혼란스럽게 만드는 무책임한 주장이다. 오히려 제주도가 동북아시아의 중추 관광도시, 국제적 자유도시로 조속히 발전하도록 JDC의 기존 업무와 역할을 보완, 확충시켜주는 방향으로 기존 특별법 규정을 개선하는 것이 바람직할 것이다. 이런 방향으로 관련 정책과 특별법제도 등이 변화되어 제주도가 세계적 보물섬으로 크게 발전하길 기원한다.

'돌아온 장고'와 제주도다운 개발 추진

'돌아온 장고'라는 오래된 서부영화가 있었다. 세르지오 코르부치 감독, 프랑코 네로가 주연한 서부영화 '장고'의 2편으로 넬로 로사티 감독이 만들었는데 악당들에게 복수하러 돌아온 총잡이의 통쾌한 복수를 그려내어 인기를 끌었다. 그 이후 '돌아와 잘못된 것을 바로잡는 정의의 사나이'라는 의미의 '돌아온 장고'라는 말이 항간에 유행했었다.

그런데 2016년 11월에 내가 제주국제자유도시개발센터(JDC)에 컴백함에 따라 '돌아온 장고'같다라는 말이 나왔다. 2002년 5월 JDC 출범 당시 초대 개발본부장으로 임기를 끝내고 2005년에 회사를 떠났던 사람이 11년이 지나 이사장이 되어서 돌아왔기 때문이다. JDC를 잘 알고 있는 내부 출신의 전문가가 최고경영자가 되어 돌아왔기에 임직원 중 나를 기억하고 있던 사람들은 일견 환영하면서도 긴장했다. '돌아온 장고'처럼 잘못된 것들을 해소하는 조치를 강력히 취해갈 것인지가 궁금했던 것 같다.

한편 그런 사람이 이사장으로 부임한 것에 대해 지역사회 또한 대체로 호의적 반응을 보이며, 업무 추진에 기대감을 나타냈다. 지역사회의 기대감, 임직원들의 희망, 그리고 제주도에 대한 평소 생각 등을 바탕으로 이사장 취임 당시 나는 앞으로 JDC는 '제주도다운 국제자유도시 개발'을 적극 추진해 나겠다는 경영방침과 이를 위해 '성숙한 개발' 방식을 지켜나갈 것임을 대내외에 공표했다.

널리 알려진 대로, 제주도는 특별하고 보물같은 섬이다. 자연환경이 특이하고 아름다우며 전통문화와 역사 또한 독특하여 매력적인 관광콘텐츠들을 다양하게 개발할 수 있고, 그런 특징을 집중적으로 마케팅하면 많은 관광객을 끌어들일 수 있는 지역이다. 최근의 사회 발전 트렌드를 보면, 세계 도처에서 자연환경의 가치를 더욱 중시하고 지역문화에도 많은 관심을 보이고 있다. 제주도는 이미 유네스코 3관왕의 세계 일류급 자연을 보유하고 있으며, 고유한 전통문화가 있는 곳이다. 이런 귀중한 가치들을 잘 유지 보전하고 창의적으로 활용할 수 있다면 제주도의 미래는 시간이 지나갈수록 더욱 밝아질 것이다.

그러므로 나는 제주도가 성공적인 국제자유도시로 개발되려면, 우선적으로 JDC가 제주도가 지닌 자연환경가치와 문화적 가치를 증진시키는 업무를 적극 수행하는 게 첩경이라고 생각한다. 현 시점은 제주도를 제주도답게 개발하는 업무에 집중하고 도민들과 그 성과를 나누는 게 가장 우선시 되어야 한다. 제주도는 홍콩, 싱가포르 같은 도시국가들은 도저히 따라올 수 없는 최고의 자연환경을 갖고 있다. 이러한 특징과 장점을 더욱 강화시키는 방식, 즉 "제주도다운 국제자유도시"로 개발해야만 국제적으로 경쟁력을 제고시키고 지속가능한 지역발전을 성공시킬 수 있다고 확신한다.

2016년 이사장으로 부임하자마자 JDC는 부지조성이나 건물 등 물리적 인프라스트럭처를 조성하는 하드웨어 개발방식만 고집하지 않고, 자연환경 가치를 증진시키며 문화적 특성도 함께 육성시키는 콘텐츠 중심의 소프트웨어 개발에 노력을 기울이겠다고 공개적으로 선언했다. 그에 따라 부임하기 이전부터 추진해 온 JDC사업이라도 보완할 부분이 있다면 즉시 보완하고 자연환경 가치 등을 제고할 미래 프로젝트들을 새롭게 발굴하도록 이끌어 갔다. 토목건축형 개발은 억제하고 자연환경과 지역문화 관련 고유가치를 증진시킬 프로젝트들을 발굴해 이해관계자들과 적극 협조하도록 솔선수범했다.

그간 제주특별법에 의거, 2012년부터 추진해 왔던 기존의 법정 JDC시행계획도 서둘러 수정했다. 제주신화역사공원 등 기존사업들을 보완하고 업사이클링 클러스터 조성, 스마트시티 실증단지 조성, 첨단 농식품단지 조성, 전기자동차 시범단지 조성, 드론 사업, 국제화사업 등 6개 신규사업을 발굴해 2017년부터 2021년까지 새롭게 추진해 나가겠다는 수정계획을 정부가 2018년 1월에 최종 승인해 주었다. 그에 따라 JDC가 '제주도다운 국제자유도시 개발'을 선도해 가는 새로운 모습으로 발전할 법적 토대가 마련된 것이다. 내가 강조했던 주요 사안들이 상당수 반영된 수정계획이 승인되자 임직원들도 활발히 움직이기 시작했다. 자발적 근무 분위기가 확산되는 바람직한 현상이었다.

이런 여건 하에서 나는 최우선적으로 제주도 환경가치 증진에 크게 기여할 프로젝트로 새롭게 발굴된 '업사이클링 클러스터 조성사업'에 앞장을 섰다. 연간 1,400만 명이 넘는 관광객들과 이주민 급증으로 문제가 된 도내 생활쓰레기와 폐기물 문제의 효과적 해결을 위해 JDC가 첨단기술을 활용한 폐기물처리 종합단지를 역점 추진하게 된 것이다. 오키나와를 직접 방문해 폐유리병을 고부가가치형 건축자재로 재활용하는 기술로 유명한 트림사라는 민간기업과 기술도입 등에 관한 협력각서를 체결해 냈고, 업사이클링 클러스터 조성을 위한 부지와 관련 예산을 확보토록 했다. 이런 신규 JDC프로젝트로 제주도의 생활환경이 개선되고 계속해서 자연환경가치도 증진하게 되면, JDC에 대한 지역사회의 불만이나 거부감이 빠르게 해소될 것으로 확신한다.

한편, 서귀포에 있는 귀중한 자연유산인 '하논 분화구'를 복원하려는 민간단체를 지원하여 환경부가 자체 정책과제로 추진하게 유도해 나갔다. 하논 분화구 복원의 필요성과 방향성 등에 대한 세미나 개최 등을 지원해 언론과 도민 그리고 중앙정부의 관심을 제고시키기도 했다. 이런 맥락에서 제주도의 아름다운 자연환경을 보전하는데 필요한 환경아카데미 설립, 한라수목원 같은 대규모 숲 조성, 친환경 첨단화장실 건립, 다랑쉬 오름 등 유명한 오름들의 환경관리를 위한 오름매니저 고용 배치 사업 등 각종 신규 사업들을 전개해 가며 그 추진력을 확실히 제고시키기 위해 제주도지사와 협력각서를 체결하기도 했다. 이런 선도적 활동으로 JDC가 제주도다운 개발을 실천하기 위한 각종 사업들에 팔을 걷어붙였다는 것을 지역사회에 널리 알려 나갔다.

그리고 제주도를 제주도답게 개발하기 위해, 고유한 전래 문화와 현대적 예술이 풍부한 문화예술과 관광의 섬으로 발전하도록 유도하는 활동들도 여러 각도로 추진해 나갔다. 제주도 미술관이 주도한 제1회 제주비엔날레와 오랜 전통의 제주관현악축제에 JDC 설립 이래 최초로 많은 후원을 했다. 제주문예재단과도 각종 협력사업을 추진하는 노력을 전개했다. 또한 이랜드라는 민간기업이 제주도와 JDC에게 약속한 문화관광지 개발 프로젝트가 조속히 이행되도록 필요한 조치를 취했다. 해당 기업 사정으로 지지부진한 상태로 표류되다시피한 프로젝트가 살아나도록 유도하여 2018년 말에 착공할 수 있도록 이끌어 나갔다. 그런 대규모 문화관광시설이 제주도에 조성되면, 제주도다운 국제자유도시 개발이 탄력을 받게 되고 제주도의 국제 관광 여건도 선진화될 것이 분명했다. 조만간 민간기업들이 주도하는 명품 문화시설들이 제주도에 많이 만들어져 문화관광을 선호하는 국내외 관광객, 젊은 계층들이 즐겨 찾아오게 될 수 있다고 본다.

다만, 제주도다운 개발을 위한 문화가치 증진차원에서 아쉬웠던 일도 있었다. 다름아니라, 예전부터 알고 지내던 왕종두 교수(제주시 소재 행복한 생명 그린대학 학장)의 도움으로 우리나라 문화인류학계의 거장인 서울대 전경수 교수와 함께 고대 탐라국의 역사를 학제적 접근

방식으로 재해석해 내는 조사연구와 그 결과물을 일반 서적으로 발간해서 우리 국민들에게 탐라국의 특성을 보다 명확하게 알려주려는 연구 프로젝트가 불발된 일이 있었다. 제주도의 역사문화적 가치를 새롭게 제고시킬 수 있는 창의적이고 도전적인 프로젝트였기에 아쉬움이 더 컸다. 그 과정에 적극 협조해 주셨던 전경수 교수께 미안하기도 하다. 가급적 빠르게 이런 의미 있는 프로젝트가 재추진되길 바란다.

한편, 제주도민을 위한 JDC의 각종 사회공헌사업도 그 내용을 개선하여 사회적 가치증진을 위한 사업을 다양하게 발굴하도록 하고 5개년 계획 등을 세워 보다 체계적으로 성과를 내도록 개선시켰다. 무엇보다 2018년에 70주년이 된 비극적 제주4.3사건에 대하여 국민들에게 제대로 알리는 사업에도 과감히 참여하고 적극 후원했다. JDC가 제주도민의 크나큰 불행을 극복하고 치유하는 일에도 관심을 갖고 노력해 가는 첫 사례를 만들었던 것이다. 당연히 관련시민단체의 대표들이나 지역 공무원들이 반가워하며 여러 가지로 협력해 주었다.

제주도와 도의회, 언론방송사, 대학 등 지역여론을 주도하는 관계자들과의 소통활동도 강화시켜 나갔다. 그들에게 JDC가 제주도다운 개발을 위해 변화하고 있으며, 특히 자연환경가치 증진을 위한 사업들을 역점적으로 추진하고 있다는 점과 문화가치 증진을 위한 업무도 추진한다는 점 등을 적극 설명해 주는 일종의 인식개선 활동을 열심히 추진했다. 이렇게 제주도다운 국제자유도시 개발을 반복적으로 주장하며 틈나는 대로 강조하다 보니 JDC에 대한 이미지가 많이 개선되었고, 내부 직원들도 스스로 그런 방향으로 노력하는 바람직한 변화가 감지되었다. '성숙한 개발' 방식이 조직 내에 착실히 뿌리를 내리기 시작한 것이었다. 2년이 안 되는 짧은 기간 내에 제주도다운 개발을 지향하는 새로운 JDC로 변화하고 각종 의미가 큰 성과들을 거두게 된 것은 제주도를 제주도답게 만들어 보자는 JDC 임직원들의 의지와 노력 덕분이었다.

앞으로도 제주도는 계속 자연환경과 문화환경의 가치를 유지, 발전시켜가며 세계 일류 관광섬으로 발전되도록 관련 계획과 프로젝트들을 미래지향적으로 정비하고 초지일관 자세로 흔들림없이 추진해 나가야만 한다. 그렇게 준비하고 끈질기게 노력해서 세계가 인정하는 자연환경 속에서 문화예술이 풍부하고 지식과 정보가 흘러넘쳐 고급 관광객들이 선호하며 도민들은 높은 소득으로 개방적 여유를 구사하게 되는 그런 품격 있는 제주도로 변화되어야 한다.

특히 제주도 관광산업은 회의, 인센티브, 전시, 컨벤션 등 MICE관광에 참여하는 고소비형 관광객들이 주류가 되는 지식·지능형 MICE산업의 국제경쟁력이 강한 지역으로 확실히 차별화되길 바란다. 단순히 관광객 유치 실적만 중시하는 정책 관점을 버리고 더 오래 체류하며 더 많이 소비하고 세련된 여행패턴을 보이는 MICE관광객이나 교육연수에 참여하는 관광객, 문화예술형 축제 등에 참여하는 문화관광객들이 꾸준히 선호하는 국제관광지로 특화시키는 정책이 강하게 요구된다.

그런 특정 관광객들을 대규모로 수용할 만한 하드웨어를 확충하고 관련 인재와 정보, 기술 등 소프트웨어가 원활하게 제공되도록 정부와 제주도가 머리를 맞대고 필요한 투자를 촉진시켜야 한다. 그렇게 되면 기존의 제주도 관광산업은 높은 역량과 실속을 갖는 고부가가치 관광산업으로 변화되고, 제주도민들은 풍요롭고 여유로운 개방사회를 영위하게 될 것이다.

그리고 현 시점에서 JDC가 문화관광시설이나 전시·컨벤션 시설 같은 필수시설들이 빠르게 조성되도록 대책을 마련하고 투자유치에 앞장선다면 JDC 위상에 대한 일부의 걱정과 우려를 날려 버리며 오히려 JDC의 역할과 기능이 바람직하게 보완되는 긍정적 효과를 낼 수 있다. 이와 관련해서 JDC가 2년 전부터 적극 추진하고 있는 제2첨단과학기술단지 개발사업 대상지의 일부를 활용해서 세계 일류급 전시·컨벤션 시설을 건설·운영하는 방안과 제주대학교 등과 협력하여 국제적 인재양성사업을 추진하는 것도 효과가 클 것으로 본다. JDC의 선제적 활동으로 제주도가 MICE산업과 교육연수산업의 경쟁력이 강한 국제관광도시가 되는 계기가 마련된다면 제주도는 경제적이고 사회적인 발전 효과를 크게 거둘 수 있을 것이다. 제주도가 진짜 제주도다운 국제자유도시로 발전하는 데 JDC가 보다 큰 역할을 수행하길 기원한다.

PART 6

국가전략과제,
문화관광

PART 6

우리나라는 요즘 저성장, 고실업, 저출산 등 여러 가지 어려움에 직면해 있다. 과거 제조업 위주의 수출지원 정책으로 눈부신 경제 발전을 일궈 냈지만, 앞으로는 중국 등 후발국의 추격으로 결코 만만치가 않다. 반도체나 자동차, 조선 등 기존의 제조업 이외에 AI로 대변되는 4차산업혁명을 주도할 첨단과학기술 분야에서 신성장동력을 만들어 내야 하고, 관광산업 분야에서도 고부가가치를 창출할 수 있도록 정책과 제도를 혁신적으로 마련하고 관민 협력이 강화되도록 해야 한다.

미국 등 선진국은 제조업 이외에 관광 등 서비스산업에서도 막대한 부를 창출하고 양질의 일자리와 여유롭고 풍요로운 선진사회를 만들어 내고 있다. 자연환경이나 문화유산 등으로 보아 우리나라도 볼거리, 놀거리, 할거리, 쉴거리 등 관광거리들을 세계 일류급으로 마련하면 세계인들이 즐겨 찾아오는 관광선진국으로 발전할 수 있다.

다행히 우리나라 주변에는 중국, 동남아 등 거대한 관광시장이 존재한다. 문제는 우리의 생각과 자세에 달려 있다. 정부가 확고한 비전과 정책을 세워 앞장선다면, 민간기업과 국민들이 협력해 세계적 관광거리들을 확보하고 고부가가치를 계속 거둘 수 있다. 지금의 저성장 고실업 현상을 빠르게 극복하는 데 국내 관광산업이 크게 기여할 수 있다.

이 장에서는 우리나라가 선진경제국으로 도약할 새로운 가능성, 새로운 길을 문화관광을 통해 찾는 것과 관련해서 국내관광환경의 실상 등에 대해 살펴보고 평소 갖고 있던 생각들을 제시해 보려 한다. 우리 정부가 과거 제조업에 모든 역량을 집중해 '한강의 기적'을 일궈 냈던 것처럼 국내 관광산업을 국가전략산업으로 삼아서 인재와 자본을 유인하고 관련 기술이 고도화되도록 적절히 지원해 간다면 조만간 관광 선진국으로 도약할 수 있다고 생각한다.

물론 과거와 달리 현 시기는 정부가 모든 걸 주도할 수는 없지만, 전문가와 기업가, 투자가 등이 관련 프로젝트에 자신감을 갖고 열정적으로 도전해 갈 수 있는 환경을 만들어 내면 충분히 가능하다. 정부가 그런 방향으로 정책을 마련하고 필요한 과제를 추진해 간다면, 머지않아 우리나라도 문화와 관광이 풍요로운 선진국으로 확실히 발전할 것이다.

소형 승용차 0.2대 수출보다
외래관광객 1명 유치가 더 효과적

흔히 외래관광객 1명 유치를 통해 벌어들이는 외화는 텔레비전 약 16대, 소형 승용차 0.2대를 수출하는 것보다 많고, 관광객 26명이 증가하면 일자리가 1개 더 늘어난다고 말한다. 중후장대형 제조업이나 경박단소형 제조업은 모두 자원을 소비하고 불가피하게 공해를 유발해야 돈을 버는 산업이지만 관광산업은 '굴뚝 없는 공장'이라는 말처럼, 제품을 생산하는 공장이 없어도 돈을 벌어들이며 고용 창출 효과도 크게 발생시켜준다. 특히 외화 가득률(상품이나 용역의 수출이 외화 획득에 공헌하는 정도)이 높아 국제 수지 개선 효과도 큰 고부가가치 21세기형 산업이다.

관광객의 증가는 숙박, 음식, 상업, 오락, 교통 등 관련 서비스 산업을 성장시키고 지역 경제가 활성화되며, 고용기회가 늘어나 국민들의 소득 증대로 직결된다. 동시에 지역 이미지를 좋게 만들고 국제 친선과 평화교류를 증진시키는 등 비경제적 효과도 크다. 이러한 특성 때문에 선진국뿐만 아니라, 자원이 빈약한 나라들도 관광산업을 국가전략 산업으로 집중 육성하며 외래관광객 유치 노력에 적극 나서고 있는 실정이다.

이러한 관점에서 요즘의 우리나라 국제관광 동향을 살펴보면 다른 나라들과는 달리 우려되는 현상이 나타나고 있다. 세계적으로는 국제관광객 수가 매년 증가하여 2017년에는 2016년 대비 6.8% 증가한 총 13억 2,300만 명이었으나, 우리나라는 그 반대 현상이 나타났다. 중국의 한한령(限韓令)이 발동된 2017년에 우리나라를 방문한 외래관광객은 2016년 대비 22% 이상 감소했다. 중국 관광객들이 전년 대비 48.3% 덜 입국한 영향이 컸었지만, 인도네시아, 필리핀, 말레이시아, 싱가포르 등 동남아 관광객들도 비교적 큰 폭으로 감소했다.

국제관광 측면에서 사드배치에 따라 관광업계가 피해를 크게 입게 된 예외적 현상 탓이라고 볼 수 있으나, 전체적으로 우리나라의 외래관광객 유치경쟁력이 미약한 원인도 컸다고 본다. 물론 2018년에는 방한 외래관광객이 다소 증가했으나, 외래관광객을 1명이라도 더 유치해야 한다는 관점에서 국내 관광산업의 경쟁력을 제고시켜야 할 필요가 절실하다.

한편, 외국으로 여행을 떠나는 내국인들은 오히려 늘고 있다. 특히 2016년부터 연간 2,000만 명 넘게 해외여행을 하더니 2017년에는 전년 대비 18.4% 늘어난 2,649만 명이 해외로 떠났다. 2018년은 더 늘어나 2,869만 명이 해외로 나갔다. 이는 국민의 절반 이상이 매달 평균 200만 명 이상 해외로 떠나가는 엑소더스 현상이 일어나고 있는 것이다.

2017년 한 해만 보면, 우리나라로 관광차 입국한 외국인들은 1,334만 명이었지만, 해외로 여행을 떠난 내국인들은 2,600만 명이 넘었다. 그 해 관광외화수지는 138억 달러(약 15조 원)에 이르는 큰 적자를 발생시켰다. 우리 경제 형편상 아직은 관광외화수지 적자가 아주 적거나 없는 것이 바람직한데, 그렇지 못한 실정이다.

우리나라의 관광 동향이 이렇다 보니 비판적 언론 기사들이 많다. 예를 들어 '관광으로 돈 벌기를 포기한 나라 한국' '먹거리, 팔거리, 놀거리, 볼거리 없는 4무 한국관광' '새로움 부족한 한국' '돈 쓸 곳 없는 한국' '즐길 것 없는 한국' 등의 기사들이 그렇다. 외래관광객을 애써 유치해 놓고도 보일 것도 없고, 팔 것도 없고, 즐기게 할 것도 없고, 먹일 것도 별로 없는 '4무(無) 관광'이 요즘 한국 관광산업의 민낯이라고 꼬집고 있다.[17]

언론의 비판이 다소 지나쳤더라도 이러한 현상은 조속히 개선될 필요가 있다. 그렇지 않으면 우리나라 관광산업은 국가 발전에 도움이 안 되는 소비성 향락산업으로 또다시 비난받게 될지도 모른다. 우리나라를 찾아오는 외래관광객들과 그들의 소비지출이 별로 늘어나지 않고, 우리 국민들의 해외여행 증가 추세가 지속된다면 관광산업은 나라 경제 발전에 주름살만 더해 줄 우려가 있기 때문이다.

참고로 이웃나라 일본의 최근 관광현황을 살펴보면 우리나라와는

---

17) 박병원, "관광으로 돈 벌기를 포기한 나라, 한국", 한국경제신문, 2016년 10월 3일.

사뭇 다르다. 일본은 2018년도 방일 외래관광객 수가 3,119만 명에 이르고, 그들이 일본에서 지출한 금액이 약 42조 원을 넘기고 있다. 반면에 해외로 관광을 떠난 일본 사람들은 많지 않아 2018년 한 해에 국제관광여행수지가 17.8조 원 정도의 흑자를 보이고 있다.

과거 일본은 만성적인 관광외화수지 적자발생국이었기에 최근 일본의 호황은 부럽기만 하다. 덕분에 오랫동안 침체되었던 일본 경제가 되살아나는 데 관광산업이 많은 기여를 하고 있다. 앞으로 일본 정부는 도쿄 하계올림픽이 개최되는 2020년에 4,000만 명의 외래관광객을 유치해 외래관광객 소비가 8조 엔에 이르게 하고 연달아 2030년까지 외래관광객 6,000만 명, 외래관광객 소비액 15조 엔을 달성토록 하겠다는 대담한 정책 목표를 세우고 각종 전략적 과제들을 착실히 추진해 가고 있다.

우리 정부도 2019년 4월 2일에 관광산업의 획기적 발전을 위해 대통령 주재로 확대 국가관광전략회의를 개최해 2022년까지 외래관광객 2,300만 명, 관광산업 일자리 96만 명 창출 목표를 세우고, 이를 달성하기 위한 '대한민국 관광 혁신전략'을 발표한 바 있다. 국제관광도시와 관광거점도시를 육성하고 케이팝 등 한류, 이스포츠, 비무장지대 평화관광에 집중 투자하며 관광 기업 창업 및 성장단계별 지원, 금융 및 기술지원 확대 등을 추진하겠다고 공언했다.

이번에 발표된 국제관광도시와 관광거점도시 육성, 한류와 이스포츠, 비무장지대 평화관광 등에 집중 투자가 이뤄지려면 금융이나 조세, 행정 측면의 민간투자 유인장치가 선진국을 능가할 수준으로 마련되어야 하고 민간부문 이외에 재정 측면의 투자도 많아져야 한다. 또한 발표된 각종 정책과제들을 효과적으로 추진해 나갈 전략과 세부 추진과제 등을 강력히 챙겨나갈 시스템이 정부 내에 잘 마련되어야 한다.

정부가 약속한 정책과제들이 잘 이행된다면 분명 지금보다는 국내 관광산업이 발전될 수 있겠지만, 솔직히 탁상공론으로 그치지 않을까 우려된다. 과거에도 여러 번 국내 관광산업의 획기적 발전을 위한 정책들이 수립되고 발표된 바 있었으나 그 결과가 흡족하지 못한 경우가 많았기 때문이다. 과거 사례를 타산지석으로 삼아 이번에는 정책 효과가 확실히 나타나길 바라는 마음이 크다.

한 마디로 말해, 우리나라 관광산업이 국제적 경쟁력을 제고하여 외래관광객을 한 명이라도 더 유치하고 관광외화수지를 흑자로 만드는 등 활기차게 발전되려면 무엇보다도 국내외 관광객들이 좋아할 볼거리, 놀거리, 할거리, 쉴거리, 살거리 같은 관광거리들을 세계적 수준으로 다수 보유해야 할 것이다. 미국이나 프랑스, 스페인 등 관광선진국들은 오래전부터 세계인들이 놀랄 만한 관광거리들을 개발하고 추가하는 데 많은 노력을 해왔다. 외래관광객들이 환호할 명품 관광자원을 확보하기 위해 우수한 인재들을 활용하고 투자를 확대하며 홍보마케팅을 고도화하는 등 우리나라보다 훨씬 많은 노력을 해왔던 것이다.

예를 들어 1960년대 후반부터 늪지대였던 올랜도 지역은 디즈니랜드와 같은 혁신적 관광위락시설을 집중 유치하기 위해 여러 가지

유인장치와 지원 제도를 마련해 세계적 관광도시로 도약하였다. 다른 지역보다 빠르게 고민했고 지역 정치가와 공무원, 주민들이 긴밀히 협력해 세계적 문화관광기업인 디즈니그룹 유치에 성공했던 것이다. 네바다 주 라스베이거스는 모하비 사막과 같은 불모지 위에 세계최고의 위락관광도시를 만들어 수많은 위락관광객들을 끌어들이며 발전을 지속해 왔다.

프랑스에서도 왕모기가 들끓던 해안 불모지 랑독루시옹 지역을 정부와 지방자치단체가 30여 년 간 초지일관 노력하여 세계 일류 해안 리조트벨트로 재탄생시켰다. 구리제련소로 인해 자연환경이 파괴된 일본의 나오시마 섬은 민간기업 베네세가 20여 년 헌신적으로 주민들과 협력하여 세계적 예술의 섬으로 탈바꿈시켰다. 최근 중동의 아랍에미리트 아부다비에는 루브르 아부다비와 구겐하임 아부다비라는 명품형 문화관광시설에 대규모로 투자하고 있다. 이런 노력과 투자사례들은 세계 곳곳에 많다.

우리나라도 이제는 외래관광객들이 꾸준히 몰려오도록 관광거리들을 세계 최고수준으로 확보하는 일에 적극 나서야 할 필요가 있다. 고만고만한 하드웨어 중시적 관광시설들만 갖고서는 한국관광은 점차 매력을 잃고 관광객들로부터 외면받게 될 것이기 때문이다.

정부와 민간기업들은 중간 수준의 관광상품보다는 세계 일류, 고급 관광자원을 만들어야 성공하고 오래 지속할 수 있다는 생각을 갖고 새롭게 행동해야 할 때이다. 국내 관광산업을 이끌어 가는 각계의 리더들은 일류나 명품, 최고가 되지 않으면 안 된다는 마인드를 가져야 한다. 그래야 중국이나 일본, 동남아 등 주변국들의 약 20억이 넘는 거대한 잠재 관광객들이 우리나라로 계속 방문하고 '연간 외래관광객 2천만 명 유치' 라는 정책 목표치를 2배 이상, 즉 '연간 4~5천만 명 이상' 으로 늘릴 수 있게 된다.

그 결과 관광숙박업 등 각종 연관사업들이 확장되고 꾸준히 성장하며 양질의 일자리가 엄청 늘어나게 될 것이다. 제조업 상품들을 수출해서 벌어들이는 외화보다 더 많은 외화가 관광산업을 통해 확보되고, 우리나라는 확실한 선진경제국으로 발전할 것이다. 따라서 자동차나 반도체 등 제조업 제품의 수출 촉진 정책 이외에 외래관광객을 한 명이라도 더 많이 유치할 수 있도록 세계적 관광거리의 확충, 관광산업의 국제경쟁력 제고를 위한 촉진정책을 확실히 강구하고 민간투자를 적극 유치하는 정부 활동이 강화되어야 한다. 제조업과 관광산업이라는 양 날개가 균형 있게 발전할 수 있도록 특단의 대책을 시행하는 것만이 급변하는 국제적 경쟁환경 하에서 우리 경제가 새롭게 비상하는 길이다.

새로운 가능성, 문화관광

21세기에 들어서 20여 년이 다 된 요즘, 세계적으로 관광객들이 여행을 즐기는 형태가 대중관광(Mass Tourism)에서 문화관광(Cultural Tourism)으로 발전해 가고 있다. 사람들은 과거와 같이 자연환경에 의존한 관광휴양시설과 프로그램에서 벗어나 경험과 콘텐츠로 관광 동기를 자극시키고 자기계발과 건강 증진을 촉진시키는 넓은 의미의 문화관광 행태를 선호한다.

도시관광, 전시컨벤션 관광, 생태관광 등도 더불어 인기를 끌고 있는 데, 향후 관광산업은 문화예술, 엔터테인먼트, 어드벤처, 생태, 전시컨벤션, 웰빙 등에서 발전이 지속될 것이다. SNS 확산과 여가시간 및 소득 증대에 따라 관광객들의 가치관이 변하고 문화적 자각을 구현하려는 라이프스타일이 강화됨에 따라, 고품격의 융·복합형 관광 상품이 계속 늘어날 것이다.

실제로 21세기 이전부터 문화예술과 문화산업이 국가경쟁력을 강화시키고 국가 이미지를 개선시키는 엄청난 힘을 가지고 있다는 사실이 강조되어 왔다. 문화예술의 힘을 활용해 고부가가치 관광객을 더 많이 유치하고, 경제를 획기적으로 발전시키기 위한 프로젝트를 전략적으로 개발해 막대한 예산을 투입하는 나라들도 이미 많다.

예를 들어 스페인의 빌바오는 1997년에 구겐하임 미술관 분관을 개관하여 도시이미지를 획기적으로 개선하고 매년 100만 명에 달하는 관광객을 유치하는 등 큰 효과를 거두고 있다. 아랍에미리트의 아부다비는 무인도인 시디야트 섬에 약 270억 달러를 투자하여 루브르 박물관 분관(루브르 아부다비, 2017년 11월 개관)과 구겐하임 미술관 분관(구겐하임 아부다비, 2022년경 개관 예정)과 같은 세계 최고 수준의 문화시설을 개발하고 있다. 특히 루브르 아부다비 개발을 위해서 루브르라는 명칭 사용과 그림을 프랑스로부터 빌려오는 데 10억 유로라는 엄청난 비용을 지불했다.[18]

또한 싱가포르와 홍콩은 아시아 문화중심도시로 자리 잡기 위해서 경쟁적으로 문화인프라 건설에 수십조 원을 투자해 오고 있다. 싱가포르는 2002년 박물관과 극장, 공연장이 포함된 에스프러네이드 개발에 100억 달러(약 12조 원)를 투자해 이미 완공시켰다. 홍콩은 서구룡문화지구 개발을 위해서 28억 달러(3조 3천억 원)을 투자하여 미술관과 다목적 전시장, 콘서트홀과 오페라 극장 등 종합 문화타운을 건설하고 있다.

---

18) 송기형, 아부다비 루브르 박물관을 둘러싼 논쟁, 프랑스학 연구 제44집, 2008, p.227.

널리 알려진 대로 뉴욕, 파리, 런던 같은 세계 유명도시들은 도시 내 박물관, 미술관, 역사유적 등 다양한 문화자산을 활용해 수많은 관광객을 유치하고 지역경제를 살찌우고 있다. 우리나라 서울도 각종 박물관이나 미술관, 경복궁, 북촌 같은 문화자산이 비교적 많아 세계 일류 문화관광도시로 발전하고 있다. 하지만 국내에는 아직 문화와 관광을 수준 높게 융복합해 사람들의 관광동기를 유발시키는 문화관광목적지는 별로 없는 편이다.

그런 융복합적 문화관광사업을 통해 수익을 창출하는 기업도 별로 없다. 하지만 미국이나 일본 등 선진국의 문화기업들은 자기네 역사문화 이외에 다른 나라의 전설이나 역사, 문화까지 활용해 큰 성공을 이어가고 있다. 예를 들어 디즈니사는 '아라비안나이트'의 '알라딘과 마법의 램프' 이야기를 활용해 '알라딘'이라는 애니메이션 영화를 만들어 히트시켰고, 파라마운트사는 중국문화 상징의 하나인 전통무술 쿵푸와 중국을 대표하는 동물인 팬더를 융합시켜 '쿵푸 팬더' 영화 시리즈를 히트시키는 등 유사 사례가 많다. 우리나라에서도 우리 고유의 신화와 전설, 고전, 공상소설에 주목하면서 필요하면 다른 나라 이야기들까지 활용해 영화나 공연작품을 창의적으로 제작해 내고 캐릭터들을 활용해 놀거리, 볼거리, 살거리와 같은 관광거리를 세계 일류급으로 만들어 내는 문화관광기업들이 출현하도록 지원해야 한다.

최근 세계인이 감동하는 메시지와 율동을 고안해 '제2의 비틀즈' 같다는 찬사를 듣고 있는 BTS나 한류의 성공 사례와 흥과 끼, 창의력을 갖춘 우리 민족의 특성 등을 고려해 볼 때 우리 기업들도 얼마든지 문화관광분야에서 크게 발전할 수 있다고 본다. 문화관광분야에서 그런 세계적 기업들이 출현하게 되면, 반도체나 자동차 등 제조업 수출로 벌어들이는 외화 이상을 문화관광에서 벌어들일 수 있다. 우리 국민과 정부가 문화산업과 관광산업에 인재와 자본, 기술이 몰려들도록 지원하면 충분히 가능한 일이다.

흔히, 어느 지역의 역사, 풍습, 민속, 종교 같은 문화적 요소와 미술, 음악, 문학, 연극, 영화 같은 예술적 요소들은 많은 사람들의 호기심을 불러일으키고 관광욕구를 자극시킨다. 대체적으로 사람들은 문화적 욕구를 충족시키고, 새로운 경험을 하려는 목적으로 문화예술의 명소로 여행을 떠나는 데 이런 관광을 문화관광이라고 말할 수 있다.

일반적으로 문화관광은 과거 인류가 살았던 흔적과 관련된 문화유산관광과 현대의 다양한 문화예술을 경험하는 예술관광을 모두 포괄하는 말이다.[19] 현대인들은 상당수가 외국이나 타 지역으로 여행을 가면 박물관이나 미술관에 들러 예술가들이 빚어낸 명작들을 감상하고 환상적인 느낌이나 감동을 받으려 한다.

이렇게 계속 증가하고 있는 문화관광 트렌드를 중시하는 관점에서, 우리나라에서 추진되고 있는 주요한 관광개발 사업 계획들을 살펴보면 문화예술이나 콘텐츠 개발을 소홀히 하는 것들이 많아 아쉬움을 느낀다. 역사와 문화예술은 매력적인 질적 콘텐츠를 개발하는 데 필수적인 수단이고 그런 콘텐츠를 갖춘 관광프로젝트라야 완공된

---

19) G. Richards, Op.cit., 2003, P. 10.

후 지속적으로 관광객들이 방문하고 경영도 성공하게 된다. 그렇지 못하면 막대한 투자비를 들여 개발한 관광휴양시설은 경영이 어려워져 결국은 실패할 우려가 커진다.

이미 국내의 20~30대 젊은 계층들은 문화예술 체험과 자기계발의 계기가 제공되는 문화관광을 선호한다. 이러한 유형의 콘텐츠가 미약한 관광시설들은 점차 외면 받는 현상이 나타나고 있다. 일반 국민들의 관광 트렌드나 휴가여행의 패턴도 달라지고 있다. 한 장소에서 꼼짝 않고 쉬기만 하려는 휴양관광보다는 여러 가지 놀거리, 할거리를 찾아 야간 시간까지 바쁘게 움직이는 휴양 패턴을 즐긴다. 또한 자기성찰적이고 웰빙에 효과적인 관광 상품을 중요시한다. 때문에 과거처럼 골프장, 스키장, 마리나, 카지노 등 운동오락 시설에만 의지하는 관광개발 사업들은 경영상태가 악화될 우려가 크다.

시간이 경과할수록 세련된 관광활동을 즐기려는 내국인들, 특히 젊은 층의 문화관광 트렌드가 늘어날 것이므로, 하드웨어 이외에 즐겁고 유익한 콘텐츠가 고급수준으로 제공되는 현대적 관광개발 사업이 절실히 필요해질 것이다. 현대적 관광개발이란 문화와 예술의 저력을 활용해 볼거리, 놀거리, 할거리 등을 재미있고 의미 있게 제공해 주는 개발 사업을 말한다. 물리적 시설도 중요하겠지만, 그보다는 관광객들에게 제공하는 각종 서비스와 체험의 가치를 더 높고 많이, 제대로 제공해 주려는 조치를 동시에 중시하는 것이다.

앞으로 우리 정부는 레드오션의 늪에 빠져 시설위주의 중복적 투자와 승산 없는 경쟁에 허덕이는 기존의 관광지나 관광단지를 재생시키는 방안을 마련해야 한다. 그 과정에서 관광진흥법에 의한 관광지나 관광단지의 지정과 조성계획 제도를 개선하여 문화와 예술을 창의적으로 활용하는 콘텐츠나 질적으로 수준 높은 프로그램들이 개발 초기단계부터 관광수요 지향적으로 마련되어야만 행정 인허가를 득할 수 있도록 개선하는 것이 필요하다.

이미 잘 알고 있듯이, 우리나라에는 세종대왕이나 이순신 장군, 연암 박지원, 다산 정약용 등 훌륭한 선조가 많으며 백남준 작가 같은 세계적 아티스트들도 있다. 의식주 관련 전통 생활문화, 도자기, 가구, 회화, 공예에서 세계적으로 인정받는 문화유산도 많다. 춘향전, 홍길동전, 흥부전, 심청전, 별주부전처럼 세계인을 감동시킬 내용의 고전 이야기들도 많고 경복궁을 포함한 5대 고궁, 조선왕릉, 불국사, 백제유적, 남한산성 같은 세계문화유산도 10여 개 이상 보유하고 있다.

최근에는 한류열풍으로 세계의 젊은이들은 한국어를 배우고 한국문화를 따라하며, 한국을 직접 방문하고 싶어 한다. 정부는 이런 문화자산을 창의적으로 활용하는 문화관광측면의 관광거리들을 도시나 지방에서 모두 세계 일류급으로 개발하도록 관련 정책과 프로젝트를 발굴하고 제도적 지원장치를 마련하는 역할을 본격적으로 해나가야 한다. 그렇게 하면 관광산업과 문화예술산업이 서로 상생, 발전할 수 있는 계기가 촉발되고 우리나라가 문화관광을 통한 경제선진국으로 도약할 수 있는 새로운 길이 활짝 열리게 될 것이다.

세계적 일류 관광 프로젝트 발굴과
추진 방향

우리나라에는 관광진흥법 등 관계법령에 의해 관광지, 관광단지, 관광특구, 관광레저형 기업도시, 국립공원, 도립공원, 군립공원, 관광농원, 농어촌체험휴양마을, 자연휴양림, 산림생태문화체험단지, 온천 등이 전국적으로 이미 수백 개 이상 지정·조성되고 있다. 그런데 여러 정부 기관별로 관광객들을 위한 시설들을 제각기 지정·개발하다 보니 불확실한 개발 내용 또는 중복적인 시설들이 많아져 불필요한 환경 훼손과 투자 낭비가 심하다.

과거 개발도상국 시절보다는 물량적으로 상당히 많은 부지와 시설들이 관광용으로 확보가 되었으나, SNS 소통 확산, 해외여행 자유화, 가처분 소득 증가, 욜로(YOLO: You Only Live Once)족과 워라벨(Work & Life Balance)을 중시하며 문화 체험을 추구하는 새로운 행태의 관광객 증가에 부응하는 현대적 관광지들은 거의 없는 실정이다.

무엇보다도 문화예술 체험과 자기계발 여행 트렌드에 익숙해진 젊은 관광객들에게 인정받을 만한 볼거리, 놀거리, 할거리, 쉴거리, 살거리를 제공하는 곳이 많지 않아 국내 관광지들의 관광객 유치 능력이 미약한 편이다. 시대변화와 여행 트렌드 변화에 맞는 관광휴양과 여가선용 기회를 수준 높게 제공해 주도록 관련 공직자들과 기업인, 지역주민이 새롭게 노력해야 할 필요가 있다.

하드웨어 위주의 수많은 기존 관광지들을 관광객들이 선호하는 테마와 콘텐츠를 가능한 많이 제공해 주는 공간들로 개선할 필요가 있다. 그렇게 변화되어야만 상당한 시간과 비용을 투자한 각종 관광지들이 관광객들의 지속적 방문과 소비지출로 성공할 수 있고, 주변 지역사회도 발전할 수 있는 것이다.

앞으로는 관계 법령과 정부 기관별로 관할하고 있는 각종 관광지들과 여가선용시설들이 질적으로 우수한 콘텐츠가 제공되는 고급스러운 관광시설들로 변화·발전할 수 있도록, 범정부적으로 기존 관광시설들을 업그레이드시키는 조치를 취하는 것이 바람직하다. 관광객들의 욕구와 행태를 최우선으로 수용해 주는 관광지만이 지속가능성이 있고 긍정적 기대효과들을 발생시켜주기 때문이다.

문화체육관광부가 관장하는 관광진흥법상의 관광지나 관광단지 이외에 타 부처에서 관할하는 각종 유관시설들이 21세기형 관광객들의 욕구나 여행추세를 이끌어 갈 수 있는 매력적인 관광휴식공간으로 재탄생되어 활용도가 높아져야 한다. 그리고 중간 수준의 관광대상지 중 입지 여건이나 배후시장 여건 등 제반 사업추진 여건이 우수한 일부 지역에 한해서는 세계적 관광명소로 업그레이드시킬 콘셉트와 콘텐츠를 개발토록 독려해야 한다. 그래야 기존 관광지 중 외국 관광객들까지 모두 수용할 수 있는 세계 일류급 관광시설들이 비교적 빠르게 확보될 수 있다. 국토교통부, 농림부, 산림청 등 수많은 정부 기관에서 관장하는 기존 관광시설들의 약 10% 정도를 국제적 명소로 업그레이드해 나간다면 우리나라는 전국에 걸쳐 수십 개의 우수한 명품 관광자원들을 비교적 빠르고 용이하게 확보할 수 있다고 본다.

세계 일류 관광프로젝트를 추진할 경우, 개발 부지를 원활히 확보하는 게 중요하기 때문에 기존의 수백 개가 넘는 관광지 중 국공유지를 다수 보유하고 있는 장소를 집중 발굴해 활용하는 방식이 효과가 클 것이다. 향후 정부 기관들은 관할하는 기존 관광시설들을 가급적 개성 있는 테마 관광지로 보완하고 그런 테마를 구현하는 소프트형 콘텐츠, 질적 프로그램이 풍부해지도록 개선하는 데 노력해야 한다. 그리고 국공유지를 다수 보유하고 있는 기존 관광지에 대해서 세계 일류 관광지로 발전하도록 스스로 전략과제를 설정하고 체계적으로 추진해 나가는 게 필요하다.

이런 방향으로 국내 관광시설들이 비교적 조기에 질적 업그레이드를 실현토록 관계법령이나 훈령, 조례 등을 개선하여 전국에 산재한 관광시설들이 21세기형 관광객들이 선호하는 소프트 콘텐츠들을 다양하게 제공토록 의무화시키고 각 지역이 보유한 역사문화적 특성을 고도로 활용해서 과거와 다른 멋진 체험과 느낌, 즐거움을 맛볼 수 있는 관광시설들이 다양하게 조성되도록 법제도를 조속 개선해야 한다.

무엇보다 질적으로 우수한 콘텐츠가 다양하게 개발되려면 관련 업무에 음악, 미술, 무용, 미디어 아트, 연극영화 등 각 장르별 예술가들이나 문학가, 사학자, 인류학자를 포함한 인문 분야 전문가들이 건축, 토목, 조경, 전기통신 같은 이공계 전문가들과 긴밀히 협업하도록 유도하는 제도적 장치를 마련할 필요가 있다. 각종 전래 이야기나, 고전 스토리, 역사적 사건, 의식주나 민속, 풍습 관련 전통문화나 영화나 연극, 공연, 공공미술 등 현대적 문화예술 그리고 한류 상품과 같이 한국인 특유의 흥과 끼, 신바람 기질을 창의적으로 융복합시킨 콘텐츠들을 제공하는 문화관광지들이 다수 출현토록 의무사항을 확실히 하는 게 효과적이기 때문이다.

세계 일류급 관광프로젝트를 개발하는 초기단계부터 다양한 인재들이 긴밀히 소통, 협업하고 민간투자가나 기업체가 협력하도록 유도하고 지원하는 것이 성공의 핵심이다. 우리나라는 수십 년 전부터 관광지 개발 사업을 토목건축형 사업으로 인식하고 물리적 시설개발 위주로 추진하는 관행이 지속되어 문제가 심각한 실정이다. 방문객들이 희망하는 문화 체험과 자각, 놀면서 공부하는 학습지원형 프로그램 등 질적으로 우수한 콘텐츠가 제대로 제공되는 관광지가 별로 없다. 그러므로 새로운 법제도적 장치가 서둘러 마련되어야 문화관광 중시형 관광지들의 확충에 효과가 발생할 것이다. 물론 이런 개선 과정에서 미국이나 일본 등 선진국의 성공적 프로젝트와 콘텐츠를 도입할 수도 있다.

다시 말하지만, 우리나라 관광산업이 우리 경제의 새로운 도약을 열어 갈 효자산업으로 역할을 수행케 하기 위해서는 우선적으로 국내외 관광객들의 관심과 주목을 불러일으킬 세계 일류 관광 프로젝트를 발굴해 조성해 놓아야 한다. 1등 관광지들이 가급적 여러 곳에 출현해야 한다. 그렇게 되도록 정부가 앞장서고 민간기업이 적극 따라나서야 한다. 우리는 그렇게 만들 저력이 충분한 나라임을 확신하며 아래에서 세계 일류 관광프로젝트 발굴과 추진에 도움이 될 수 있는 아이디어를 간단히 제시해 본다.

- 첫째, 서울, 부산, 인천, 대구, 광주, 전주 등 주요 도시들의 도시관광 매력이 획기적으로 제고되도록 박물관, 미술관, 공연장, 문예센터, 상징적 랜드마크, 공공미술공원과 거리 등 주요 문화시설들을 확충하는 게 필요하다. 하드웨어와 소프트웨어를 균형 있게 확충하는 것을 의미한다. 새롭게 박물관이나 미술관을 건설하자는 의미는 아니다. 우리나라에는 이미 약 1,100여 개가 넘는 박물관과 미술관이 존재하고 있다. 그러한 기존의 국공립 및 사립 박물관이나 유휴 건물들을 멋지게 재생시켜 매력적 공간으로 활용할 수 있다. 하드웨어보다는 콘텐츠가 독특하고 매력적인 게 더욱 중요하다. 독특하고 매력적인 콘텐츠는 오래된 마을이나 거리, 유휴건물, 보행자 전용공간, 소공원이나 골목길 등이 인간적이고 매력적인 도시관광 공간으로 기능할 수 있도록 도시 매력을 키우는 데 도움을 준다. 그리고 시설과 공간, 장소마다 관련 큐레이터나 지역해설가를 배치하고 민간 자원봉사자들을 활

용해 각종 서비스를 제공하도록 정부가 유도하고 지원하는 것이 바람직하다. 기존 도시 내 근린공원, 도시자연공원 등 수많은 도시공원 중 공유지가 많은 일부 공원의 토지를 민간기업들에게 장기간 저렴하게 임대해 주는 등으로 부지확보를 지원하며 필요한 문화관광시설 투자가 활성화되도록 유도하는 정책도 효과가 클 것이다.

또한 세계적 아티스트들의 천재성을 활용하는 융복합적 문화관광시설들을 도시의 공원이나 거리, 하천이나 호숫가, 교량 등 토지사용이 용이한 공간을 활용해 개발할 수도 있다. 요즘 신세대 관광객들은 국적을 불문하고 창의적 예술가들의 작품을 음미하는 데 시간과 비용을 아끼지 않는다는 점에 주목해야 한다. 관광객들이 잠시라도 값진 체험과 생각을 하게 만드는 문화관광 공간들이 도시 곳곳에 마련된다면, 지역주민 이외에 많은 외래 관광객들의 호평을 이끌어 낼 것이다.

스페인 빌바오의 구겐하임 미술관 분관처럼 세계적인 미술관이나 박물관을 전략적으로 유치하는 것을 추진할 필요가 있다. 세계 일류 문화시설은 그에 걸맞은 효과를 분명히 가져다준다. 일거에 한 지역이 국제적 명소로 발돋움하게 만들고, 관광객 유치 증대 등 부수적 효과를 엄청나게 창출해 주기 때문이다. 그리고 MICE 관련 전시컨벤션 단지를 문화융복합형 명품으로 개발하도록 지원하는 방안도 강조하고 싶다. 이렇게 도시관광을 발전시키는 문화예술 시설들이 강릉, 통영, 산청, 남원, 목포 등 중소

도시들에서도 적절히 조성되면 우리나라는 21세기 문화관광 시대를 선도하는 문화관광 부국이 될 것이 분명하다.

• 둘째, 디즈니랜드 같은 세계적 테마파크를 국가전략 차원에서 유치해 우리나라 관광을 세계 최고수준으로 일거에 격상시키는 방안을 추진할 필요가 있다. 디즈니랜드는 이미 그 위력이 널리 알려진 세계 최고의 융복합적 놀이시설이기 때문에 우리나라가 디즈니랜드와 같은 명품 테마파크를 보유하면 국제관광 이미지 측면에서도 긍정적 효과를 갖게 된다. 그런데 이미 디즈니랜드가 도쿄, 홍콩, 상하이 등 인접 지역에 진출해 있어 우리나라가 추가 유치하는 것이 어려울 수 있다. 그러나 디즈니그룹과 별도로 협력하면, 디즈니 스타일이 물씬 풍기는 새로운 콘셉트의 디즈니 테마파크를 얼마든지 창조해 낼 수 있다고 본다. 디즈니그룹은 상당한 기획력, 개발력을 가진 세계 최고의 스마트한 문화관광기업이기 때문이다.

예를 들어 세계적 관심지대인 DMZ 지역에 세계의 항구적 평화를 지향하고 인류의 미래 발전을 재현해 주는 (가칭)디즈니 피스랜드 같은 테마파크를 새롭게 개발하는 방안을 협력해 볼 수 있을 것이다. 이외에도 오래전부터 경기도 화성시 송산지역에 추진되고 있는 유니버설 스튜디오 같은 테마파크를 유치할 수도 있고, 한국적 문화예술이 강하게 표출되는 새로운 테마파크를 우리나라 자체적으로 개발할 수도 있다. 어쨌거나, 세계 일류급 테마파크를 국내에 보유하도록 정부가 높은 관심과 지원을 펴

나가야 한다.

• 셋째, 한려해상과 다도해 국립공원이 있는 남해안 지역을 대상으로 중국, 일본 등 동북아와 동남아 사람들이 즐겨 방문할 해양 리조트 벨트를 세계 일류로 다시 개발할 필요가 있다. 십여 년 전부터 정부에서 남해안을 그렇게 만들려고 노력했으나, 충분하지 않았다. 우리 남해안은 지중해에 결코 뒤지지 않는 아름다운 자연을 가진 천혜의 해양관광지대이다. 프랑스의 랑독루시옹 해안리조트를 능가하는 세계적 리조트벨트로 재탄생시킬 수 있는 요충지이다. 그런 입지적 장점을 최대한 발휘할 수 있도록 정부가 세계적인 계획가와 설계자, 투자가 등이 참여하도록 유도한다면 중국, 일본, 동남아 등 인접 국가들의 거대한 관광시장이 반응해 올 것이고, 매년 엄청난 규모로 해양관광을 즐기려는 외래관광객들이 추가로 유치되어 영호남 지역의 발전과 우리 경제의 발전에 크게 기여할 것이다. 더불어 매년 수많은 국민들이 동남아 등지로 해외여행을 떠나는 현상도 개선할 수 있다. 물론 동해안과 서해안 지역도 세계 일류급 개발 콘셉트를 개발해 추진하는 방안을 함께 시도할 수도 있다.

• 넷째, 남한산성과 같은 세계문화유산으로 등재된 지역이 우리나라에 12개소에 달한다. 유네스코가 등재해 준 세계문화유산들은 엄청난 가치를 지닌 문화적 자산이며 보물 같은 관광자원이기도 하다. 그러므로 해당 문화유산의 가치를 적극 보전하면서

그 가치를 최대로 활용할 수 있어야 한다. 이런 관점에서 문화재청을 포함한 관계기관과 문화재전문가의 문화유산 활용 강화를 위한 연구와 협력, 법제도적 개선이 필요하다. 또한 선진국처럼 민간부문이 문화유산의 보전과 관리, 활용에 적극 나서는 게 바람직하므로 민간기업들의 참여와 후원이 증가하도록 유도하고 지원해 주는 정책을 활성화시키는 것도 필요하다.

• 다섯째, DMZ, 새만금, 제주도 등 특정지역들과 전국적으로 국공유지 확보가 용이한 일정 지역들을 대상으로 우리나라의 역사와 문화예술의 특성을 창의적으로 활용하는 세계 일류급 문화관광시설들 10여 개를 발굴하여 국가전략프로젝트로 설정하고 집중적으로 추진할 것을 제안한다. 우리에게 남은 시간이 많지 않기 때문이다. 그런 문화관광 차원의 창의적 프로젝트가 조성된다면 세계인들이 별로 경험하지 못했던 볼거리, 놀거리, 할거리, 쉴거리 등이 고도로 융복합된 문화관광 명소가 국내에 확충되어 무수한 외래관광객들을 불러 모을 것이다.

(1) 우리나라가 배출한 세계적 아티스트인 백남준 작가의 천재성에 기반한 21세기 미디어 아트 관광단지를 조성하는 구상을 해본다. TV정원, 거북선, 다다익선, 칭기스칸 등 백남준 작가가 창작한 작품들은 언제 보아도 매력적이며 미래를 향한 상상의 나래를 펼치게 만든다. 그런 백남준 작가의 미디어아트 기법을 기반으로 하며 각종 동영상, 홀로그램, VR,

AR, MR 같은 첨단 정보통신기술과 환상의 미래세계, 우주나 해저, 지저세계를 가상적으로 리얼하게 체험하고 즐길 수 있는 (가칭)백남준 아트 월드를 개발해 보는 게 효과적일 것이다. 게임이나 애니메이션 작품들도 융합시켜 기발한 재미와 감동, 체험을 전달해 줄 수 있게 만들면, 전세계로부터 게임 마니아까지 필수 목적지로 방문하고, 관련 제조업과 유통업도 함께 발전할 수 있다. 최근 정부가 강조하는 스마트 시티 개발 방식으로 관광단지를 개발해 나간다면 세계 최고, 최초의 디지털 미디어 아트의 전문관광지도 가능하다.

(2) 또한 세종대왕 시절의 천재 과학자 장영실을 상징하는 (가칭) 장영실 로봇나라를 개발하여 첨단 AI를 장착한 각종 로봇들이 단지 내에서 다양하게 활동하는 모습을 보여주고, 관련 제품들이 전시·제작되며 정비도 이뤄지고, 그들을 활용하는 스포츠, 오락 등 게임까지 전개되게 만든다. 21세기 이후 현생 인류의 미래를 예측하며 각종 AI, 로봇들이 다양하게 활동하는 모습을 미리 체험해 보는 전문단지를 조성하는 아이디어다. 그러한 주제의 관광개발 프로젝트는 국내외 과학기술계를 이끌어 가는 인재들과 유력 기업들이 다수 참여하고, 세계를 상대로 한국의 AI, 로봇, 자율주행차 등 최첨단 기술을 전시해 주며 관련 산업을 발전시키는 플랫폼 기능도 동시에 수행할 수 있다. 이 프로젝트에는 건축이나 토목, 조경 분야만이 아닌, 각종 첨단과학기술들이 접목되고 활용되어 마치 올랜도의

디즈니월드 내 EPCOT 센터를 방문하는 것보다 훨씬 더 특이하고 놀라운 경험을 맛보게 만들 수 있다. 그런 측면에서 우리 정부가 주력하는 4차산업혁명 관련 기술들을 활용하여 미래 로봇사회를 체험하고 즐기게 해주는 첨단 관광위락시설을 우리나라가 최초로 개발해 볼 것을 제안한다.

(3) 이러한 맥락에서 홍길동전의 율도국 이야기를 기반으로 한국적 유토피아를 체험하게 해주는 (가칭)율도국처럼 한국인이 존경하는 인물과 스토리에 기초한 문화관광 프로젝트들을 추진해 볼 것도 제안해 본다.

이상에서 언급한 세계 일류 관광 프로젝트 개발을 통해서, 다른 나라들에서는 아직까지 볼 수 없었거나 체험해 보지 못했던 볼거리, 놀거리, 할거리, 쉴거리 등 관광거리를 세계인들에게 다양하게 보여주며, 한국인 특유의 정(情)을 바탕으로 하는 환대서비스를 제공해 나갈 수 있게 된다면 우리나라는 세계적 관광선진국으로 부러움을 받게 될 것이다. 특히 문화관광 매력이 강한 문화부국으로 인정받으며 또 한 번 제2의 한강의 기적을 이룩해 낼 수 있다고 확신한다. 세계 일류 관광프로젝트들로 국내 관광산업이 활력을 되찾고 나라 경제 또한 새롭게 도약할 전기가 마련되길 바란다.

관광산업의 전략적 육성과
제2 한강의 기적

제조업이나 서비스업, 농수산업과 같은 모든 산업 분야가 제대로 발전하려면 관련 사업에 인재와 자본, 정보가 몰려들고 기술이 계속 발전되어야 한다. 과거 우리나라가 불과 30여 년 만에 제조업을 크게 발전시켜 '한강의 기적'을 일으킨 나라라고 부러움을 받게 된 것도 결국 제조업 분야에 인재와 자본, 정보가 계속 몰려들었고 관련기술이 계속 혁신될 수 있었기 때문이다. 그렇게 제조업이 발전되도록 정부가 정책과 제도를 잘 마련했고, 관과 민이 힘을 모아 가도록 앞장서서 이끌었기 때문에 눈부신 성공을 이룰 수 있었던 것이다.

이러한 제조업 분야와는 많이 달랐지만, 정부는 국내 관광산업도 빠르게 발전시키기 위해 수십 년 전부터 관련 정책을 여러 번 수립해 왔다. 그 결과 열악했던 국내 관광숙박시설이나 관광지, 관광단지, 교통망처럼 관광객을 수용할 수 있는 여건은 많이 개선되었다. 하지만, 중간 수준의 하드웨어형 관광지들이 대다수로 세계 일류 관광시설들은 별로 만들어 내지 못했다. 요즘 전 세계적으로 현재의 행복을 중시하며 나를 위한 투자를 아끼지 않는 욜로족(YOLO: You Only Live Once)의 가치관이나 행동양식, 라이프스타일에 맞거나, 그런 트렌드를 이끌어 갈 만한 명품형 관광자원이 거의 없는 실정이다. 특히 지금 이 순간을 최대로 즐기기 위해 나홀로 또는 친구들끼리만 여행을 떠나는 국내외 젊은 관광객들의 트렌드에 맞는 문화관광 관련 시설과 콘텐츠는 많이 부족한 편이다.

우리 정부가 국내 관광여건을 국제적 수준으로 발전시키기 위해 여러모로 노력했으나 안타깝게도 디즈니랜드와 같은 세계 최고의 관광위락시설은 아직까지 한 개소도 없고 한국적 테마파크를 새롭게 개발해 내지 못했다. 멋진 해안이나 수천 개의 섬들이 있으나 지중해 클럽 같은 리조트나 프랑스 랑독루시옹의 그랑모뜨 같은 명품 휴양 관광도시를 개발하지 못했다. 일본 지바현의 마쿠하리 메세 같은 전시컨벤션 산업을 전문으로 하는 세계적 MICE단지도 확보하지 못했다. 뉴욕의 MOMA, 런던의 테이트 모던과 스페인 빌바오의 구겐하임 분관 같은 세계 일류 문화시설을 보유하지는 못했다. 불국사와 석굴암, 5대 고궁, 남한산성, 수원화성 등 세계문화유산을 10여 개 이상 갖고 있으나 만리장성이나 리장고성, 히메이지성, 피라미드 같이 외래관광객들이 꾸준히 몰려오도록 활용하지는 못하고 있다. 파리 에펠탑, 뉴욕의 자유 여신상 같은 세계인들이 기억하는 상징적 랜드마크도 아직 없다.

우리나라 발전과정상 여러 가지 이유가 있어서 그렇게 되었겠으

미국 뉴욕 자유의 여신상 　　　　　프랑스 파리 에펠탑

나, 결과적으로 우리나라에는 세계 일류급 볼거리, 놀거리, 할거리, 쉴거리, 살거리들이 없어 국내외 관광객들에게 제대로 어필하지 못하고 있다. 세계인들은 점점 더 SNS 소통과 교통의 발달 등으로 세계 일류나 명소가 아니면 별로 관심을 주지 않고 있으며, 단순 여행보다는 지적 호기심 충족과 자기계발에 유익한 문화관광을 선호하는 트렌드가 늘어가고 있다. 그렇기 때문에 국가 핵심정책으로 국내 관광산업의 대외경쟁력을 서둘러 제고시켜야 한다.

현 시점에서 자동차, 반도체 등 기존의 제조업 이외에 AI, 로봇, 자율주행차 등 4차산업혁명을 도래시킨 첨단 과학기술 분야를 발전시키기 위한 정부의 노력은 당연히 계속되어야 한다. 더불어 세계 각처로 여행을 떠나는 국제관광객들을 우리나라로 한 명이라도 더 유치하고 국내 관광산업의 경쟁력을 제고시키는 정부의 노력도 시급히 강화되어야 할 것이다.

세계 일류급 관광자원, 명품 관광거리를 확충하기 위한 정부의 노력은 이제부터는 신속하고 강력해야 한다. 제조업 분야 이외에 관광

서비스업 분야에도 우수한 인재와 자본, 기술이 몰려들도록 정책과 제도를 새롭게 마련하고 민간과 적극 협력해 나가는 정부 역할이 필요한 시점이다.

무엇보다도 능력 있는 국내외 민간기업들이 우리나라의 명품형 관광거리를 많이 개발하고 능력껏 수익을 벌어갈 수 있도록 정책과 제도를 일신해야 한다. 아직 우리나라의 제도나 관행 속에는 민간이 자유롭게 역량을 발휘해 획기적 결과를 도출하도록 해주지 않는 장벽 같은 것들이 존재한다. 우리나라 이외에 다른 나라까지 종합적으로 비교하고 행동해 가는 세계 각처의 인재들과 투자가, 자본가들이 우리나라에서 추진하려는 세계 일류 관광 프로젝트들에 주목하도록 제반 환경을 만들어 놓는 게 필수적이다. 관련 비즈니스 환경을 개방적으로 만들고 예상수익을 가급적 높게, 그리고 철저히 도와주고 보장해 주는 방향으로 법제도를 마련하는 게 민간투자를 끌어내는 첩경이다. 국내 인재와 투자만으로는 세계적 명품관광 자원을 만들어 내기가 어렵다는 점을 유념해야 한다.

이러한 관점에서, 특히 관련 공직자나 언론인 같은 오피니언 리더들이 관광산업은 소비성 산업으로 나라 발전에 별 도움이 안 된다는 식의 부정적 인식이나 소극적 자세를 갖지 않아야 한다. 그들이 개방적이고 국제적이며 21세기적 관점을 갖고서, 국내 관광자원의 수준을 세계 일류급으로 빠르게 업그레이드시키고 관광산업의 국제경쟁력을 제고시켜주는 행동에 적극 나서는 게 성공에 필수적이다. 그래야 관련 정책이 바람직한 방향과 내용으로 마련될 수 있으며 세계 각처의 인재들과 자본들이 국내기업과 상호 협력하여 우리나라에 진출하고, 월드클래스급의 관광시설들의 확충과 전체 관광산업의 발전이 촉진된다.

다시 말하지만, 지금 같은 시기에 관광산업이야말로 제2의 한강의 기적을 가져다줄 국가적 전략산업 대상이라는 데 관계자들이 인식을 같이 하고 과거 1970년대 한강의 기적을 만들어 낼 때 제조업 육성 분야에 적용했던 각종 정책수단들을 다시 활용할 필요가 절실하다. 물론 요즘은 정부가 앞장서서 관광산업을 육성하기가 어려운 시대이지만, 과거보다 민간부문의 역량이 커졌기 때문에 가능하면 민간기업이나 단체를 앞세우고 정부는 뒤에서 간접 지원하는 방식으로 정부 역할을 전개해 나가면 될 것이다. 관건은 우리 정부가 관광산업을 우리나라의 21세기를 희망차게 열어나갈 고부가가치형 효자산업이라고 확신해 새롭게 행동에 나서는 것이라고 본다. 정부가 그런 자세를 견지하기만 하면 후속 추진 방법은 얼마든지 시대 변화에 맞게 고안해 낼 수 있다.

과거 우리 정부가 고속도로, 국제공항, 항만, 고속열차 등 국가 발전에 필수적인 SOC 투자에 천문학적 재정 투자를 아끼지 않았었던 것처럼 세계 일류 관광거리 개발과 관광산업의 경쟁력을 제고시키는 데 필요한 사업들에 정부의 재정투자나 지원을 강화해 나가야 한다. 관련 정부의 예산규모를 최소 선진국 수준으로 국가 총예산의 2% 이상으로 늘려 관광인프라에 대한 공공투자를 강화시키는 게 필요하다. 적절한 투자 없이 국내 관광환경이 선진화되길 바랄 수는 없다.

관광위락시설, 문화예술시설, 전시컨벤션 시설 등과 같은 핵심 시설들은 투자 규모가 크고 하루아침에 만들어지지도 않는다. 그러나 지도자들이 국가백년대계를 튼튼히 세우겠다는 원대한 비전과 각오로 뚝심 있게 추진해 나가면 얼마든지 가능하다. 그렇지 않고 단기적 이해에 집착한다면 우리나라에 세계적 명품관광 시설이나 명소들이 탄생하기는 어려울 것이고, 관광산업을 활용한 선진국 진입도 곤란하게 될 것이다.

이제 우리나라는 세계 일류 테마파크나 리조트, 박물관, 미술관, 공연장, 전시컨벤션 센터, 문화센터, 세계문화유산과 상징적 랜드마크 등 주요한 볼거리, 놀거리, 할거리, 쉴거리들을 조속히 확충하고 질적으로 우수한 콘텐츠가 한국적 환대서비스와 함께 제공되는 모범적 관광수용태세를 조성하는 것을 국가 핵심 전략과제로 설정해야 한다. 과거 제조업을 통한 한강의 기적을 만들던 시절처럼 정부와 민간의 리더들이 합심, 노력해 간다면 그리 머지않은 장래에 주변의 수많은 외국 관광객들이 지금보다 두세 배 넘게 우리나라로 여행을 와 연간 방한 외래관광객이 5천만 명도 넘어설 수 있다. 우리는 얼마든지 일본이나 중국을 능가하는 관광 발전을 이룩할 수 있다. 이는 앞으로 우리들의 자신감과 행동에 달려 있을 뿐이다.

관광산업을 국가전략산업으로 키우려는 정책목표를 약 10여 년간 변함없이 추진할 수 있다면, 우리나라의 역량상 큰 성과를 거둘게 분명하다. 우리나라는 무에서 유를 창조해 낸 엄청난 저력이 있기 때문이다. 무엇보다 관광 관련 사업들이 활기를 되찾으면 전, 후방 연관산업 분야에 인재와 자본이 계속 몰려드는 상승효과가 연달아 발생하면서 우리경제가 제2의 한강의 기적을 맞이하게 될 것이다. 관광산업은 연관산업들에 대한 경제적 파급효과가 크고 고용 창출효과가 높은 산업이므로, 저성장 고실업에 놓여 있는 우리 경제에 새로운 가능성을 활짝 열어 줄 수 있다. 그러한 발전 과정에서 관광산업과 문화산업이 동시에 엔트로피를 주고받으며 독특한 문화관광프로젝트들이 세계 일류급으로 추진되어 우리나라가 선진국이 되는 지름길을 톡톡히 담당할 것이다.

다시 강조하지만, 무엇보다도 세계 일류급 프로젝트들의 추진에 필요한 인재와 자본이 국내외로부터 많이 흘러들어 오게 하는 정책과 제도마련에 적극 나서야 한다. 오늘날 민간자본들은 보다 좋은 투자처와 프로젝트를 찾아 세계 여러 곳으로 쉴 새 없이 움직이고 있기 때문에, 수많은 자본들이 국내 관광 분야에 적극 투자할 수 있도록 기존의 금융·조세·행정 등에 관한 제도를 혁신시켜야 한다. 불필요한 규제나 제약을 없애고, 관련 민간자본 투자를 촉발시키는 데 필요한 각종 SOC 인프라 개발은 정부가 마중물처럼 선도적으로 투자해야 한다. 과거 일본이나 홍콩 정부가 디즈니랜드를 유치할 때 제공했던 인센티브들을 뛰어넘는 수준의 투자유인 장치를 적극 준비해 놓아야 한다.

이토록 중차대한 국가전략과제를 제대로 추진해 나가기 위해 한시적이라도 정부 내에 특별행정조직을 설치해 운영하는 방안을 제안해 본다. 과거 프랑스 랑독루시옹 지역 해안관광개발을 위해 드골 정부가 활용했던 특수조직 설치 방식이나 IMF체제를 조기에 벗어나기 위해 김대중 정부 등에서 시행했던 모범적 사례들이 있다.

한시적일지라도 대통령 직속으로 범정부적 특별행정조직을 설치해 관광산업을 국가전략산업으로 육성시키기 위한 정책과 법제도, 전략 프로젝트 발굴 등을 책임지고 주도해 나가게 할 필요가 있다. 그런 특별행정조직에는 관광산업의 획기적 육성에 필요한 각종 과제 추진에 관한 세계적 경험과 국내 현장 사정에 정통한 민간전문가들과 기업가, 투자가들이 공직자들과 함께 근무하도록 조치하는 것이 바람직할 것이다.

과거 1998년 9월에 혁신적 국가정책의 일환으로 제주도를 국제자유도시로 개발토록 하라는 당시 김대중 대통령의 지시에 따라 국무총리 산하 국무조정실에 특별행정팀을 조직하여 2년간 효과적으로 활동하여 관련 정책과 제도를 만들어 냈던 사례 등 국내외에 좋은 사례가 많다. 대통령 직속으로 특수조직이 설치되어 볼거리, 놀거리, 할거리, 쉴거리, 살거리 등 국내 관광거리를 세계적 트렌드에 맞도록 조속히 확충하고 일정 지역에 대해서는 월드클래스급 명품관광프로젝트가 추진되도록 하여 관광산업을 통한 제2 한강의 기적이 실현될 수 있기를 마음 깊이 기원한다.

나가는 말

21세기 들어 4차산업혁명 기술과 새로운 가치관을 가진 밀레니엄 세대가 대두되면서 반도체, 자동차, 전기전자 등 수출주도형 제조업만으로는 우리 경제를 지속적으로 발전시켜 나가기가 어려운 상황이 전개되고 있다. 이제 우리 자신과 후손들의 밝은 미래를 위해서는 현 상황을 획기적으로 타개해 나갈 무언가 특단의 국가적 전략을 개발할 필요가 큰 시기가 되었다.

우리나라는 과거 불과 30여 년 만에 세계인들이 놀란 '한강의 기적'을 만들어 낸 경험이 있다. 수많은 후진국과 개발도상국들이 부러워하는 대성공을 이룩한 나라였다. 선도적인 정부 역할과 교육열, 신바람 기질을 가진 국민들이 합심해 도전했던 것이 성공의 근원이었다.

요즘 우리나라가 처한 대내외 환경과 경제여건이 어렵다고들 하지만, 아무것도 없었던 1960년대보다는 여건이 훨씬 좋으며, 21세기형 고부가가치 관광산업 육성에 과거처럼 정부가 적극 나서고 민간이 협력해 간다면 얼마든지 극복해 낼 수 있다. 우리 관광산업의 국제경쟁력 제고를 통해 나라 경제를 더 튼튼히 하고 멋진 선진사회를 이룩할 수 있다고 확신한다. 아름다운 금수강산과 오랜 역사와 문화를 가지고 수많은 장애를 넘어 세계 10위권 경제대국으로 발전해 온 저력의 대한민국이기 때문이다. 흥과 끼, 창의력이 많은 국민들, 특히 유능한 공직자와 기업인들이 비교적 많은 나라로서, 각계각층의 리더들이 관광산업을 제조업 이상의 효자산업으로 키워 내겠다는 각오로 행동에 나서기만 하면 충분히 실현할 수 있다.

1960년대 후진국에서 개발도상국, 중진국을 거쳐 오늘날 선진국 문턱까지 도달해 온 우리나라에서 수많은 국가과제들이 시작되고 끝나는 것을 지켜보면서, 한 인간의 삶도 그렇지만 국가 역시 모든 게 마음먹기에 달렸다는 것을 확실히 알게 되었다. 나는 지난 수십 년간 공공기관에서 근무하는 동안 서울 등 대도시 지하철, 전국 고속도로들과 KTX 고속철도망, 인천국제공항, 각종 산업단지와 관광단지, 예술의 전당과 국립박물관, 세계문화유산, 88서울올림픽과 2002한일 월드컵 대회 등 우리나라가 꿈꾸고 도전했던 많은 국가과제들이 목표를 달성해 내는 것을 보아 왔다.

21세기가 20여 년 경과되고 있는 지금부터는 우리 모두 문화와 관광산업을 세계 일류급으로 발전시키려는 꿈을 새롭게 꾸고 그 꿈을 위해 정부와 민간이 강력히 협력해 나갈 것을 제안한다.

과거 한강의 기적을 만들어 냈던 때처럼, 우선적으로 정부가 국가 백년대계 차원에서 DMZ, 대도시들, 새만금, 제주도, 남해안 등 관광

요충지에 세계 일류 관광거리들이 조성되도록 국가적 핵심전략과 비전을 마련해야 한다. 그리고 그와 관련한 개발 콘셉트와 콘텐츠를 국내외 우수 인재들과 자본가들이 활발히 만들어 내도록 각종 인센티브나 지원 장치를 획기적으로 마련하는 것이 필요하다.

그렇게 되면 우리나라는 관광산업과 문화산업 그리고 독창적인 문화관광 상품으로 고부가가치형 관광선진국으로 도약하며, 머지않은 장래에 제조업과 관광산업의 양 날개가 튼튼한 선진국으로 발전하게 될 것이다. 무엇보다 풍요로운 문화관광 환경에서 살아갈 우리 후손들이 한국인이라는 사실에 큰 자부심을 갖고 행복하게 살아갈 수 있다.

개인적으로 관광과 문화관련 공공부문에서 30여 년이 넘게 일해 오면서 관광산업과 문화관광을 통해 우리나라가 부강해지며 국민 모두가 잘사는 꿈을 꾸었고, 분명히 그렇게 될 수 있다고 생각해 왔다. 그런 생각이 빠르게 실현되는 길에 나름대로 기여하고 싶었다. 아무쪼록 이 책에서 언급한 내용들이 관련 분야에 종사하거나 관심을 가진 사람들에게 조금이나마 도움이 될 수 있길 바란다. 끝으로 이 책이 완성되도록 물심양면으로 도와주신 많은 분들에게 깊이 감사드린다.